孩子应该这样上兴趣班

陶功财　陈丽华◎著

中国铁道出版社有限公司
CHINA RAILWAY PUBLISHING HOUSE CO., LTD.

内容简介

给孩子报兴趣班已经成为每个家庭的刚需，但很多家长给孩子报兴趣班的时候都很容易陷入误区，比如乱报、多报或者跟风报等。这不仅耽误了孩子的时间，而且也给自己带来了很多烦恼。一直以来，如何选报兴趣班都是一门大学问，本书作为一本家长选择兴趣班的工具类指导书，让家长对兴趣班有一个全新的认知，特别针对该怎么选兴趣班，孩子上了兴趣班后怎么办，以及如何让孩子喜欢上兴趣班等具体问题，给出了科学的解决办法并举出生动的案例。

文章语言朴实生动，父母读者很容易接受和理解，实用性强，是孩子成长过程中必备的教育指导书和工具书。

图书在版编目（CIP）数据

孩子应该这样上兴趣班/陶功财，陈丽华著.—北京：中国铁道出版社有限公司，2020.3

ISBN 978-7-113-26374-4

Ⅰ.①孩… Ⅱ.①陶… ②陈… Ⅲ.①家庭教育 Ⅳ.①G78

中国版本图书馆CIP数据核字（2019）第244054号

书　　名：孩子应该这样上兴趣班
作　　者：陶功财　陈丽华

策　　划：巨　风　　**读者热线电话：**010-63560056
责任编辑：苏　茜
责任印制：赵星辰　　**封面设计：**宿　萌

出版发行：中国铁道出版社有限公司（100054，北京市西城区右安门西街8号）
印　　刷：北京柏力行彩印有限公司
版　　次：2020年3月第1版　2020年3月第1次印刷
开　　本：700 mm×1 000 mm　1/16　**印张：**16.75　**字数：**263千
书　　号：ISBN 978-7-113-26374-4
定　　价：59.80元

前 言
PREFACE

兴趣不会说谎

“琴、棋、书、画、诗、酒、花、茶”此乃古人八大雅事。善琴者通达从容，善棋者筹谋睿智，善书者至情至性，善画者至善至美，善诗者韵至心声，善酒者情逢知己，善花者品性怡然，善茶者陶冶情操。

《周礼·保氏》亦曰：“养国子以道，乃教之六艺：一曰五礼，二曰六乐，三曰五射，四曰五驭，五曰六书，六曰九数。”早在公元前1046年的周王朝，教育体系就开始要求学生掌握六种基本才能，即“通五经贯六艺”的“六艺”：礼、乐、射、御、书、数。“儒学之父”孔子也曾要求儒家弟子必须掌握“六艺”。

今人对“六艺”的重视程度丝毫不亚于古人，比如现在的兴趣班。孩子还在母亲肚子里时，父母就开始为孩子筹划。当孩子上幼儿园、小学后，这样的迫切感就愈加强烈。如果不给孩子报几个兴趣班，都不好意思说自己关心过孩子的未来和前程。

可怜天下父母心，很多时候家长们都在迷茫纠结、不知所措。孩子如何才会喜欢上兴趣班，到底该上什么兴趣班？如今兴趣班琳琅满目、应有尽有，又该怎么样去上兴趣班？如何有效地指导孩子参加各种兴趣班的学习，真正让孩子“德智体美劳”全面发展又乐在其中，是摆在很多家长面前的一大难题。

什么叫兴趣班？狭义及通常意义的兴趣班，专指儿童兴趣班。简单来说就是儿童常规在校课堂之外的所有能获得知识、提高能力、学习专长、培养情趣、得到快乐的一种课外组织形式。广义上来讲，兴趣班可指所有年龄段对某种兴趣爱好自发的或者有专门机构建立的一种集体学习或活动组织。通常又被家长称为“特长班”。

兴趣不会说谎（Interest will not lie），兴趣是孩子最好的老师。培养孩子的兴趣是绝大多数孩子成长过程中的必修课程，也是提高孩子的必经之路。有兴趣，学习是享受；没兴趣，学习似受刑。有兴趣，不让学偷着学；无兴趣，逼他学则厌学。

马云曾在贵州的大数据峰会上说：“现今社会，如果我们不让孩子们去玩，不让他们体验，不让他们去尝试琴棋书画，我可以保证三十年后，孩子们找不到工作！因为他们无法竞争过机器、智能。”在未来，当大数据、机器把人类知识领域的事全部做完，人类和机器的竞争关键在于智慧与体验。知识可以学，但智慧不能学，只能体验。

本书主要分10章来讲解，第1～6章由陶功财撰写，主要讲解兴趣班的选择、可能出现的误区以及艺术类、运动类兴趣班的需要注意的问题。第7～10章和附录由陈丽华撰写，主要讲解语言、思维、学科、手工类兴趣班的选择技巧和注意的问题。全书语言生动活泼、内容详实、实用性强，是家长必不可少的一本指导书。

正如一个朋友说的，我们这一代的孩子，琴棋书画已经是他们的标配，如果不懂任何艺术，那才是“与众不同”。所以，对于上不上兴趣班这个问题，我们不用纠结，在有条件的情况下建议要上，而且应该这样上。

这里要特别感谢为本书提供素材的各位家长和孩子们，是他们宝贵的经验和亲身经历成就了这本书，希望他们都能在兴趣班的学习中享受兴趣带给他们的快乐，并持之以恒地坚持下去，最终有所成就。也希望读者朋友们能为孩子找到属于他的那份兴趣，让生活充满乐趣。

目录
CONTENTS

04 第四章

什么样的孩子适合上艺术类兴趣班 /53

05 第五章

书法美术“一家亲” /88

第一章 正确认识兴趣班

1.1 孩子是否需要上兴趣班

如今，兴趣班五花八门、种类繁多令人眼花缭乱。异常火爆的兴趣班越来越呈现低龄化趋势，4 岁以上的孩子大多都参加了一个或多个兴趣班，一些两三岁的小孩也报了不同类型的兴趣班，学龄前儿童成了主力军。当然一个孩子同时赶场多个兴趣班的也不在少数，同事家 5 岁小孩，一口气报了 5 个兴趣班，一到周末就赶场般奔波于各个培训机构，忙得跟小蜜蜂一样，一点点玩耍的时间都没有。

之前也有新闻说，一个 11 岁的孩子 5 年内上了 30 个兴趣班，由于压力太大，年纪轻轻就满头白发。兴趣班原本应该是孩子热爱和感兴趣的，现在却演变成一种负担。

家长如何看待兴趣班

从父母的角度，给孩子报兴趣班，无外乎这三个目的：

（1）培养孩子兴趣和能力，也许能从中发现孩子的天赋；

（2）对孩子升学有帮助，或想让孩子走相关专业路线；

（3）培养一项长期的爱好、习惯、素养。

上兴趣班对孩子很有帮助，毕竟多打开一扇门就多了一种可能性。

记得曾经看过影星徐静蕾的采访，徐静蕾说：“在片场和黄渤、段奕宏一起探讨演戏的各种方法，让我觉得演戏这个事特别有意思，能看到各种可能性。”的确，“可能性”瞬间触动着我，脑中也闪过徐静蕾的另一些事：当年她一心要考中戏的舞美系和工艺美院，不过却名落孙山，后来阴差阳错地考入了北京电影学院表演系，成了偶像明星，更成为中国内地首个票房破亿的女导演。为什么这么偶然？因为可能性！

兴趣班的作用

兴趣班对于孩子而言，是一种可能性。多一种兴趣班也就多了一种可能性。

孩子有兴趣就让他多学，相信他的未来不会太差。让兴趣作为引子，引出无数个可能性，打开无数扇门，未来会因为这些变得更加美好。

上兴趣班是有一定必要性的。知识经济时代，孩子们不仅需要丰富的知识，也需要良好的人际交往、组织协调等能力，更需要具备发展潜能和个性，成为具有创造性的复合型人才。

另外，兴趣班也是课程改革的需要。学校的课程只是书本文化知识，而兴趣班从某种意义上说是一种综合实践活动课程。它是以基础教育课程作为生长点衍生出来的全新课程，给传统课程带来新鲜气息也更加多样化、趣味化。它更注重孩子对社会的适应能力、社会实践能力，让孩子有更加开阔的视野，更多自我展示、自我发展的空间，为孩子建立自信、发挥创造力、展示自我、发展自我搭建了更为广阔的舞台。

兴趣班可以丰富孩子的课余生活。通过自觉自愿的健康实践活动，有效培养孩子良好的思想道德品质，让孩子在全面发展的基础上充分发挥各自的特长。这些适应孩子多种需要和个性发展的兴趣班，也为我们培养、发现和选拔各种专门人才提供了必要的帮助。

在美国中学，至少有十几门课程供学生选择。除了与我们类似的语文、数学、历史、生物之外还有营养、健康、烹调、艺术等各种五花八门的课程，学生可以凭自己兴趣自由选择。

在中国，学校的选修课较少，兴趣班的出现弥补了这一缺陷。

所以，在有条件的情况下还是要让孩子选择一项兴趣，给孩子报个兴趣班并且监督他每天练习，如果这些时间仅仅用来玩，什么都不会留下，甚至孩子并不会觉得更满足和快乐，因为他们还不知道时间的宝贵。

1.2 兴趣班的种类及能学到什么

孩子上幼儿园时，幼儿园发了一个关于兴趣班的课程表，有绘画、手工、舞蹈、跆拳道、轮滑、足球等，孩子可以选择性地参加这些兴趣班。有的家长认为，孩子还小，正是无忧无虑玩耍的时候，上什么兴趣班；而有的家长则认为，在幼儿园里多学点东西也是不错的。

其实兴趣班还是可以参加的，但要做好选择。家长也别奢望孩子在兴趣班一定能学出什么，而是要通过兴趣班提高孩子素质方面的东西，使孩子的认知、感知、动作、思维、社会行为等各方面的能力得到训练，综合素质得以提高。

下面按照兴趣班的种类从对培养孩子哪方面能力、对学习的帮助、对成年后的帮助这 3 个方面，按照类别进行分析。

文化课类兴趣班

有英语、作文、阅读、珠心算、国学、奥数、幼小衔接、小升初衔接、各类补习班等。

（1）英语

培养能力：儿童阶段是学习语言的最关键期，通过英语学习可以开拓儿童的视野，了解其他国家的民俗和文化。

对学习的帮助：升学考试必考科目，有利于提高学习成绩。

对成年后的帮助：英语为世界通用语言，学好英语更容易读懂国外书籍文献，理解多元文化，工作、生活和旅行等都能派上用场。

（2）作文、阅读

培养能力：儿童时期是语言发展的敏感期，可以锻炼阅读能力，提高文字组织能力、语言表达能力、想象力，培养孩子的阅读能力和良好的阅读习惯。

对学习的帮助：升学考试必考科目，提高语文阅读能力和写作能力，有助于提分。

对成年后的帮助：有着较强的阅读能力，文字梳理能力，有过硬的文笔，加上较好的语言表达能力，是未来就业的基础和法宝。

（3）珠心算

培养能力：可以锻炼孩子记忆力、培养专注力、培养想象力，培养孩子的心算能力，提升快速计算能力，左右脑得以开发。

对学习的帮助：能让孩子学会快速运算，提高计算能力，有助于提分。

对成年后的帮助：快速计算能力、思维能力、专注力得以提升，同时开发了左右脑，对日后生活、工作有益无害。

（4）国学

培养能力：增强记忆力，提高整体认读、识字能力，扩大知识面，开阔视野，陶冶情操，鼓舞孩子追求崇高理想，培养远大志向。

对学习的帮助：现在升学国学更受重视，对语文考试有帮助。

对成年后的帮助：提高道德修养，增强民族自豪感。

（5）奥数

培养能力：锻炼孩子思维能力，包括发散思维、逻辑思维、逆向思维、空间思维等，有利于开发智力。

对学习的帮助：数学运算能力提高，成绩得以提高，比赛获奖还有择校优势。

对成年后的帮助： 思维能力、智力的提升对日后生活、工作大有用处。

艺术类

艺术类主要包括乐器、声乐、舞蹈、绘画、美术、陶艺、戏剧表演和口才类等。

（1）乐器

培养能力：培养孩子音乐鉴赏力、专注力、记忆力，锻炼手指灵敏性、协调性和手、眼、脑及全身肢体的协调配合，刺激大脑发育。

对学习的帮助：可以以特长生的优势进行择校。

对成年后的帮助：有一技之长，提高个人修养与文化素质、调节心情。

（2）声乐

培训能力：提升音乐素养、培养孩子乐感、节奏感，促进右脑发育、培养和提高自信心、提高肺活量等。

对学习的帮助：可以以特长生的优势进行择校。

对成年后的帮助：学习科学的发声方法、提高发声质量，使声音更圆润、更甜美。唱歌调节情绪缓解压力。

（3）舞蹈

培养能力：提高孩子动作协调、肢体灵活性和柔韧性，锻炼毅力、提高合作能力和集体荣誉感，登台表演可以培养自信心。

对学习的帮助：可以以特长生的优势进行择校。

对成年后的帮助：形体气质、音乐素养、通过身体语言来表达内心感受，有利于心理健康。

（4）绘画、美术

培养能力：让孩子掌握线条、构图、涂色、调色等绘画基本语言与技能，激发儿童对美术的兴趣及创作欲望。锻炼孩子的感知能力、观察能力、手脑的协调性。培养孩子的审美能力、想象力与创造力。

对学习的帮助：可以以特长生的优势进行择校。

对成年后的帮助：从事艺术类工作需要良好的美术基础，是一种表情达意的形式，通过绘画调节心情，有利于身心健康。

（5）陶艺、雕塑

培养能力：锻炼手、眼、脑协调互动，培养孩子空间感、想象力、观察力、创造力、审美观、注意力，激发孩子利用多种材料进行创造的欲望。

对学习的帮助：可以以特长生的优势进行择校。

对成年后的帮助：对以后从事艺术类工作有帮助。

（6）戏剧、表演

培养能力：培养语言表达能力、提高孩子表现力、肢体协调能力、创造性、团队合作交流能力、提高自信心。

对学习的帮助：可以以特长生的优势进行择校。

对成年后的帮助：对日后从事演艺工作有帮助，登台不会怯场。

（7）口才、主持人

培养能力：培养语言的美感和交流感、训练思维敏捷的临场应变能力、树立信念感、增强自信心、培养独立人格。

对学习的帮助：可以更好地崭露头角，参加学校各种文艺活动。

对成年后的帮助：普通话标准，说话声音柔美、铿锵有力，发言不怯场，有领导力和号召力。

（8）书法

培养能力：培养协调性、专注力、审美观。把字写得更加整洁美观，又合乎规范。

对学习的帮助：可以以特长生的优势进行择校。

对成年后的帮助：提高个人修养与文化素养。

体育运动类

体育运动类主要包括健身类个人及团体项目、益智类体育项目等。

（1）健身类个人项目

如武术、游泳、轮滑、跆拳道、击剑、滑冰等。

培养能力：全面提升孩子运动技能，培养孩子体能、耐力、身体协调性、竞争意识、灵活性、毅力等，还能强身健体。

对学习的帮助：可以以特长生的优势进行择校。

对成年后的帮助：养成健身好习惯，保证身心健康。

（2）健身类团队项目

如足球、橄榄球、篮球、棒球等。

培养能力：培养身体协调性、竞争意识、毅力、团队协作、集体荣誉感，强身健体，让孩子收获友谊。

对学习的帮助：可以以特长生的优势进行择校。

对成年后的帮助：养成健身好习惯，保证身心健康。

（3）益智类体育运动项目

如围棋、中国象棋、国际象棋等。

培养能力：培养逻辑思维、专注力、思考力等。

对学习的帮助：思维更敏捷，对学习有帮助。

对成年后的帮助：性格更沉稳，思维缜密。

（4）科技类

如航模、乐高、机器人、单片机、编程、天文等。

培养能力：培养逻辑思维、专注力、思考力、空间感、动手能力、创意思维。还可以参加一些国内外的赛事比赛，提升个人自信心。

对学习的帮助：可以以特长生的优势进行择校。

对成年后的帮助：学习理工科，从事相关专业工作。

总之，不同的兴趣班能学到不同的能力，对孩子的学业和日后都大有益处。上兴趣班的最初和最终目的，也并不仅仅是为了获取某一种有用的技能，而是为了给生命选择一种美好的存在方式。

1.3 孩子上或不上兴趣班的差距

上或不上兴趣班差距大不大？答案是肯定的。

大学时几个好友在一起聊天，有个室友说，“好羡慕晚会上那些身怀绝技的同学，如果小时候父母逼我一把就好了，也不至于现在一个拿得出手的特长都没有。”我也有同感，只是我情况略微不同，小时候由于家境贫寒，学杂费都难以支付，更别说参加兴趣班了。那时候观念也落后，读书是唯一出路的观念深入人心，也就一门心思读“死书”，无暇顾及其他兴趣爱好了。现在的我在才艺方面“一无是处”，无一门特长拿得出手。不管出于什么原因，我和室友都没有学成兴趣，以至于现在只有羡慕的份。这就是差距，上了兴趣班可以当“演员”，我们这些没上兴趣班的只能当“观众”。

的确，上兴趣班与不上兴趣班，有特长和没特长的孩子差距还是很大的，主要有以下几个方面：

气质方面

大家可能会发现，在我们生活中，一些艺术家都是非常有气质的。学习兴趣班有助于培养孩子的气质修养。比如说跳舞的孩子，在跳舞的过程中体态更加端庄，男生帅气逼人，女生则显得更加亭亭玉立，既锻炼了身体又学会了舞蹈技巧，习得一技之长。长期跳舞的孩子身上总有一种不可言说的艺术气息，这就是气质。另外，跳舞的孩子魅力值也会大大地提升，会更加受欢迎；练书法的孩子写得一手漂亮的字，我们常说“字如其人，相由心生”，写得一手好字的人，也自然显得温文儒雅更有书卷气。

我有一位同事，特别注重孩子的兴趣特长培养，不但让他女儿学了舞蹈，还逼她学了钢琴、古筝、绘画。同事说虽然现在孩子会比较“恨”他，但长大后会明白他的良苦用心。如今，他女儿才 9 岁，却已经拿了很多证书，气质也不一样，看起来很自信。身边朋友的孩子也都上了各种各样的兴趣班，每每学校搞活动，这些孩子都会崭露头角，脱颖而出，引人艳羡。

相反，没有培养兴趣的孩子，有些就是满口爆粗，略显粗俗，让人看上去很没修养。经过兴趣洗礼的孩子看上去眼神里会透露出满满的自信，而没有经过兴趣洗礼的孩子眼神里会有些恐惧迷茫。

气质是个很奇怪的东西，一个人的气质决定于一个人的修养，言谈仪表，走卧坐行皆在其中，这是可以后天培养的。

气质跟一个人所受的教育是离不开的，尤其家庭和环境，有时候无法量化衡量。学的东西多了，接触的多了，气质也就来了，不至于像我们小时候一样只会玩泥巴。

自信心方面

叶圣陶先生曾说过，教育简单来说就是让孩子培养良好的习惯。在学习兴趣时，孩子会养成坚持的好习惯，习惯是能够决定孩子的性格的，拥有特长的孩子会更有底气，也会更自信、更踏实，这是一笔无形却非常宝贵的财富。

从小就上兴趣班，又是自己感兴趣的，那么这个孩子也一定会非常自信。因为有一技之长，在某些需要表演的场合孩子就能在人群中脱颖而出，更好地表现自己，展示自己的才华，会被更多人喜欢、称赞，这都可以极大地增强他的自信心和荣誉感。一个自信的人和一个不自信的人做同一件事，结果是截然不同的。从学习和成长的驱动力上来说，一个不断被肯定、被表扬，被人关注的孩子，他的成长动力远远会超过那些不被关注，不被肯定表扬的孩子。

上过各种兴趣班的孩子，会在各个场合有展示才艺的机会，这样的孩子在人前显得落落大方，关键时刻也不会怯场，会更加有自信。而相比没有上过兴趣班的孩子，一般也得不到才艺展示的机会，孩子也相对比较自卑，即使有机会登台表演也会紧张胆怯，这样会更让孩子失去信心。

耐心方面

培根曾说，“耐心是高尚的秉性，坚韧是伟大的气质。无论何人，若是失去耐心，便失去了灵魂。”我们都知道上兴趣班是一件需要长久坚持的事情，很多孩子会因为缺乏耐心半途而废，但最终坚持下来的，必须是一个能吃苦耐劳的孩子，这样的孩子在日后的学习、生活、工作中都会表现得更加有耐心。

勤奋方面

兴趣学习不是一蹴而就的，只要是坚持下来的孩子，都能亲身体会到“勤奋”二字的重要性。

现在很多的孩子的畏难情绪都很严重，一遇到不会的题就直接跳过，一听到不懂的知识点就开始走神，只想逃避难题，敷衍了事。

相反，坚持学兴趣班的孩子，很早就懂得了只有付出才能有收获，而且也一定能看得见收获。因为学兴趣特长往往都是单线任务，目标和反馈结果非常明确，孩子也能直观地感受到。就拿弹钢琴来说，只要多练几遍，就能弹得更熟练，只要记住了谱子，就能弹出一首优美的曲子，这就让孩子更明白勤奋的好处。

孩子往往都是周末或者课后学习课外兴趣班，有时候兴趣班又不止一两个，他们的生活节奏会很忙碌，但反而会变得越来越勤奋。有时候看到别的孩子在玩，自己却要一遍一遍地练习，有时候也会很想放弃，但他们清楚地知道，中途放弃就是将自己之前所有的努力全部归零，而继续坚持的话，总有一天自己会不一样的。这在学习中也同样适用在他们面对学习上遇到的困难时，也不会轻言放弃。一般这样的孩子学习成绩也不会差。

而没有学特长的孩子就缺少这样的意识，这对他们来说是一种损失。每天放学后，他们匆匆忙忙做完作业后在家玩手机、看电视，变得越来越懒惰。叫他们看书或者干什么也只会三天打鱼两天晒网。我也曾问过我邻居的孩子，学钢琴带给他最大的收获是什么？他说学会了“不管做什么事情都要坚持到底”。

确实，上兴趣班真的能让孩子变得不一样，在学习的过程中孩子收获的个人品质，每天进步中看见的努力价值、勤奋的果实、坚持的胜利，比其他任何的说教都来得真实。

提高综合素质能力

上兴趣班的孩子会接触到更多新鲜的事物，这可以提高孩子各方面的能力。

比如绘画可以提高孩子的想象力、创造力、审美力，音乐可以提高孩子的手脑协调能力、鉴赏能力，棋类可以提高孩子的逻辑思维能力，体育运动类可以提高孩子身体协调能力、锻炼体力。从小上兴趣班的孩子能在多方面完善自己，这样有助于提升孩子的综合素质，生活也会丰富多彩，这都是书本上无法学习到的。

古语云：艺不压身。从小掌握一些才艺对孩子的成长是非常有益的，有的兴趣爱好可以相伴终生，让生活多些乐趣，给生命增添色彩。不是吗？

那些从小被父母逼着上兴趣班的孩子，长大后绝大多数都会庆幸父母的做法，因为 5 年、10 年后甚至一生都会因为有这门特长而变得不同，他们最终会明白父母的苦心。

但每个孩子都是不一样的，家长也要因地制宜地给孩子报适合他的兴趣班。总而言之，如果你的孩子有他喜欢的东西，并且正处于上兴趣班的合适年龄，为他提供一个感兴趣的兴趣班是有益无害的。

1.4 上兴趣班对孩子的十大好处

身边一位朋友给他女儿报了好几个兴趣班，每到周末，就像是赶场子，上午场、下午场，还有晚上场。每次送孩子去上兴趣班的时候就会有人问，那么小就让她上那么多不累吗？其实哪有不辛苦的，只不过在父母的内心深处已经笃定想让孩子“多才多艺”，培养孩子的各项能力、习惯、性格特点等。

孩子们空闲时大多都是在家看手机、电视、玩电脑，那为什么不利用这些时间去学点其他的东西呢？

家长们不仅要考虑到孩子的学习，更多的应该是对孩子性格的塑造和兴趣的培养。家长们要从孩子的角度出发，看孩子喜欢什么，让他学到学校接触不到的东西，从而养成一种专心致志的生活态度，对他们的人生大有益处。

（1）开拓视野

孩子总是待在家里，接触到的人或事相对来说比较少，视野很窄。而参加兴趣班无疑能提供给孩子一个从未接触的环境，可以让孩子接触到更多新鲜的事物，接触更多小伙伴，扩大孩子的交往空间、开拓视野，丰富他们的童年生活，孩子也会觉得受益匪浅。

（2）陶冶情操

上兴趣班能陶冶孩子的性情。课堂上学到的知识终归是有限的，孩子们还应该多接触课外的东西。也许上兴趣班不能让孩子的文化成绩提高，但会潜移默化地影响他们看待问题的角度和方式。孩子参加各种兴趣班，手脑并用，能培养其独立性、创造性，也能陶冶其高尚情操。

（3）增加自信

楼上邻居家有一个可爱的小姑娘，我们坐电梯上下楼时总能遇到。小时候她总是躲在妈妈背后一声不吭，显得有点畏畏缩缩。后来我发现她有了翻天覆地的变化，电梯里再遇到她时会主动跟我打招呼。我心想这孩子是长大了，懂事了不少，后来和她妈妈闲聊，发现她特别注重孩子的兴趣特长培养，当女儿年龄合适了，她就给女儿报了各种兴趣班，不但学了舞蹈，还有钢琴、古筝、绘画、口才，孩子气质都变了，难怪变得那么自信。

家长陪伴孩子的时间终究是有限的，而电子产品的泛滥更不利于孩子的成长。上兴趣班能让孩子找到乐趣、找到真正的爱好，就会转移孩子的注意力，避免过度依赖电子产品。

在兴趣班坚持学习的孩子往往都有自己的一技之长，当学校、班级举行各种文艺活动的时候，他们会脱颖而出，尽情展示自己的同时也增加了自己的受欢迎度，他们会更加地自信。

（4）锻炼意志

上兴趣班是一个很辛苦的过程。不管刮风下雨、严寒酷暑，都要按时按点地去学习。这不仅是对家长的考验，更是对孩子的考验。

如果能坚持学到底，不管学习成果是什么，也不管取得了什么成绩，其实都已经成功了。因为他知道了什么是坚持，什么是学习，什么是成功。哪怕是阶段性的成功，也起到了一定地培养意志的作用。

面对被放弃的玩乐时间以及枯燥无味的反复练习，孩子的心理会变得更加成熟和稳定。这种不断地反复练习“被折磨”的过程，其实就是锻炼孩子坚持不懈的意志品质的过程。

如果一个人遇到困难就退缩，遇到问题就逃跑，遇到难办的事情就放弃，那还有成功的希望吗？从这个意义上讲，兴趣班被赋予了更加严肃的意义。

（5）练就胆量

如今，有很多内向胆小的孩子，兴趣班恰恰给了他们广阔的舞台，让他们有更多的展现自己的机会，同时也锻炼了自己的胆量。

（6）塑造品质

良好的品质是靠后天磨炼出来的，让孩子参加兴趣班可以通过对其兴趣的学习，认识到无论学习什么都需要经过努力。骄傲与荣耀是一时的，成长中的抗挫力、自信心、意志力、交往能力等个性品质的增强，才是最美好的收获。

（7）提高能力

儿童时期是孩子感觉、知觉、动作及思维发展的敏感期，上兴趣班有助于发现孩子的兴趣，挖掘并重点培养其潜能，提高各方面的能力。同时也可以让你的孩子更聪明，据统计，大部分坚持上兴趣班的孩子在动手能力、解决问题等能力、反应速度、语言、记忆力等方面都要优于不上兴趣班的孩子。

（8）耐心勤奋

上兴趣班的孩子会更加有耐心。上兴趣班是一件需要长期坚持的事情，很多孩子会因为缺乏耐心半途而废，但最终能坚持下来的孩子，必定是能吃苦耐劳的，这样的孩子就会在以后的学习、生活中，都会表现得更加有耐心。

同时，上兴趣班不仅需要吃苦耐劳，更需要勤奋，孩子需要一遍又一遍地练习。而这一重复的练习是很见效的，一首曲子多弹几次就熟练了，孩子能在练习的过程中更加体会到勤奋的好处，也就会在其他各方面变得越来越勤奋。

（9）学会坚持

上兴趣班，让孩子知道学习兴趣并非一蹴而就，只有坚持、持之以恒才能学好。兴趣班学习目标相对比较单一，任务也明确，孩子只要坚持、勤加练习，一般都会见成效。每天的努力、勤奋、坚持带来的胜利，会让孩子受益很多。

（10）懂得放弃

上兴趣班同时能培养孩子学会放弃的精神。现在可以选择的兴趣班太多，孩子会面对很多感兴趣的事情，眼花缭乱、难以选择。这就需要冷静下来，理性思考，如果没有主见，不能根据实际情况去选择最恰当的兴趣班，今天学这个，明天学那个，可能会错过好的选择，最终一无所得。

让孩子选择兴趣班的过程，就是教会孩子选择的过程。孩子需要选择自己最感兴趣的一项来学习，也就教会了孩子学会放弃。如果不教孩子学会放弃，贸然选择了那些看上去很美的项目，却又无法坚持半途而废，就会既浪费了时间又浪费了金钱。所以说选择比努力更重要，的确，教会孩子面对诱惑做出正确的选择，懂得放弃，可以让孩子少走弯路。

第二章
正确选择兴趣班

2.1 选择兴趣班的十大因素

“人家小孩都在上兴趣班，我也想让孩子学一学。”

“培养一项特长，让孩子能更有自信。”

“业余时间那么多，上兴趣班既有用又能交到新朋友。”

“兴趣班能锻炼孩子，让他多学好处多。”

“我家孩子性格内向得很，我想让他去兴趣班锻炼锻炼胆量。”

……

不管是出于什么原因，家长们送孩子上兴趣班的现象越来越普遍。

开发和培养孩子的兴趣，能激发孩子的最大内动力，发挥最大潜能，因此有的家长会送他们上一些兴趣班。一方面，家长忙于工作，把孩子放在兴趣班，有老师和同龄的伙伴陪伴比较舒心；另一方面，可以在孩子启蒙之前发现他们的潜力。但面对各种兴趣班，该怎样选择成了家长们面临的难题。

前一阵子去朋友家玩，聊起孩子学国画的事情，他家小豪学国画一年多了，班上有一些孩子准备不学了，朋友也不准备给孩子报了。

我问他：“为什么不报了？”“我感觉钱花了不少也没学到啥，没啥用。”他一个劲地摇着头。“那之前上的一年不就白耽误功夫了？”想当初他报名时是那么的热情高涨，我情不自禁地又追问了一句。

“白瞎就白瞎吧，我也没时间管他，他也不想学了，我已经给他报了拉丁舞班，他说想学，学那个也不错的。”

选择兴趣班对很多家长来说都是一件十分头疼的事，不报就觉得孩子没事在家玩电脑、手机、看电视，既伤眼睛又伤神。而且，别人家的孩子都在学特长，万一自己的孩子长大后什么也不会，岂不“悲催”。报吧，孩子似乎也并不是那种有天赋的人，学了也成不了什么人才，既费财力又费人力，折腾一番感觉都白瞎。

不管什么样的兴趣培训班，如果没有父母的督促和坚持，最后的结果很可能就是半途而废。孩子可能会形成惯性思维，遇到难题就逃避，这对他们的发展极其不利。

兴趣班，顾名思义是以培养孩子的兴趣爱好为主，选择兴趣班绝不像有些家长想的那样——只是可有可无的东西，相反，这很有可能会影响他们的一生。

那么家长应该如何选择培养孩子上好兴趣班呢？这十大因素也许对家长有所帮助：

（1）兴趣为主，慎重选择

有些家长选择兴趣班太随意，看到别人选什么自己就选什么，或者觉得哪个能速成就选哪个，很少考虑孩子的实际情况和意愿。有的家长也许会说：“孩子那么小，他们知道什么？”但孩子虽小，也有自己的思想和选择权，一定要以孩子的兴趣为主，尊重孩子的兴趣。家长可以带孩子多去几个兴趣班，体验一到两节课，如果孩子有兴趣就报名，没有兴趣就放弃。务必要慎重选择，切不可草草决定、不断更换。

（2）项目不能贪多

兴趣班是课外学习的，挑选几个孩子最喜欢的兴趣学习即可，不能贪多。因为孩子与家长的精力都是有限的，要给孩子留有自由玩耍的时间，学得太多，搞得孩子筋疲力尽，甚至会对兴趣产生厌恶情绪。选择时建议动静结合，比如选一门艺术类课程再选一门运动类课程，同一类型的课程不要重复选，比如有的孩子学了乒乓球，又学足球，都是体力型的，孩子就会太累。

（3）家长的陪伴

很多家长都是给孩子报了兴趣班就觉得一劳永逸，至于孩子学得怎么样，一概不关心，结果往往孩子没了兴趣，家长也没信心，最后的结果就是放弃。有的孩子学口才的时候，老师每次都要布置家庭作业，要求孩子和家长一起练习课本中一段对话，然后拍视频发给老师，这样的方式很好，不但锻炼了孩子，也增加家长与孩子的亲子关系。孩子天性好玩，也经常坐不住，自控能力差，培养兴趣时尤其需要家长的陪伴。

（4）家长鼓励

在孩子学习兴趣班的过程中，家长不要不闻不顾，对孩子的每一次进步，每一次努力都要鼓励，让孩子感觉到有成就感，这也会增强他的信心。很多孩子上兴趣班，回家第一件事都是开心地给父母展示自己的作品，然后投来渴望的眼神，就是想得到大人的肯定和夸赞。

（5）教孩子学会坚持

“坚持”二字说起来很简单，但做起来却是有难度。不仅孩子经常想放弃，家长也会这样想，尤其是自己的孩子表现并不出色，或是持续一段时间没有看出效果的时候。当孩子在兴趣学习上遇到瓶颈的时候家长要能够正确面对，要教会孩子学会坚持，不可半途而废。

（6）懂得放弃

懂得放弃和坚持并不矛盾。坚持是因为只是遇到了小麻烦，还需要时间的验证，而放弃是因为有些兴趣班也许真的不适合孩子。孩子学得非常痛苦，丝毫感受不到乐趣，那就不要再勉强。还有就是有时候选的项目太多，时间有冲突，孩子精力不够，也需要不得已而放弃一些，这个视情况而定。

（7）根据年龄选择

虽然现在很多兴趣班并无年龄的硬性规定，但基本上兴趣班都有最佳学习年龄的，如果在孩子的身体和心理没有发展到一定阶段时强行让他学习，会是对他的一种伤害。所以要根据孩子的年龄来选择，年龄不宜太小。

（8）术业有专攻

兴趣班的专业度一定要高，也就是说教学质量一定要高，这是选择非常关键的一个问题。家长需要为孩子选择专业机构和好老师，对老师的专业能力要有一定的了解，好的老师懂得用生动有趣的语言和方式调动孩子的积极性和学习兴趣，这更利于培养孩子学习兴趣和习惯。

（9）经济原则

有一些兴趣班的价格非常昂贵，比如钢琴，一节课上百元，这对于普通家庭而言，是很难承受的。当然，如果孩子喜欢，那花再多的钱也值得一学。

但是，还是应该尽量选择家庭承受能力范围之类，毕竟上兴趣班不是孩子培养兴趣的唯一条件和唯一道路，昂贵的费用必然会给家庭带来压力，同时也会给孩子带来无形的压力，不利于孩子身心健康。

（10）就近原则

选定的兴趣班不能离家太远，否则每次接送孩子都得花费很长的时间。尤其是容易堵车的大城市，单边路程就得花上一两个小时，大人小孩都跟着受累。兴趣班很容易成为负担，在漫漫征程之后，孩子不容易享受到它的乐趣。

距离近、方便接送，并且让你能在第一时间关注到他们的一举一动，在孩子需要你的时候，你能及时出现。这样也让你有更多的时间来陪伴他，近距离地感受他，同时他也感受到你的存在，富有安全感。

总之，选择兴趣班的因素很多，每个人的侧重点也不一样，但在选择兴趣班时有一点是最重要的，那就是——**“最适合孩子的才是最好的。”**因此家长一定要慎重选择，多方实地考察比较，综合考虑，为孩子择优选择最适合他的兴趣班。

2.2 选择兴趣班的三大技巧

曾和一位朋友聊天，她说她很“苦恼”，不知道给孩子报哪个兴趣班好。她说：“唱歌怎么样？听说这个比较容易，但是好像又学不到什么。有点想让他学古筝，那可是我小时候的梦，希望他帮我完成这个梦想，但好像女孩学得比较多。其实学拉丁舞也很帅的，看别人家孩子跳这个可酷了。孩子说想学画画，他喜欢画画，只是我怕他三分钟热度，那么小的孩子哪知道自己有什么兴趣？”

这么多的兴趣班，到底该报哪一个呢？确实让人头疼，每个兴趣班又都充满着诱惑力，似乎每个都有学的理由，给孩子选兴趣班还真是家长的一道难题。到底要怎么选择？一般来说，要遵循三大原则。

第一，学孩子擅长的。

每个孩子都有自己的闪光点，发现他的闪光点然后放大，将会让孩子在将来的人生路上得到很大的自我实现。马斯洛的需求理论说，自我实现需求就是最高级的人生需求，所以建议家长一定要发现孩子原本就有的天赋再锦上添花。

第二，学孩子欠缺的。

这需要家长深入了解孩子究竟是哪方面比较欠缺，趁着年龄小一定要补上去。比如，不擅长与人交流的孩子要学学口才，静不下心来的孩子学学书法。在补的同时一定要抓住孩子的关键期，时机选择很重要，如若不然孩子会产生抵触心理，只会让他越来越讨厌，起不到任何有用的效果。老师的选择也很重要，孩子是有向师性的，只有爱上这位老师，他才会爱上这门课程。

第三，学孩子喜欢的。

促使一个人学习的最大诱因就是学自己喜欢的，这个才是上兴趣班的初衷，孩子有兴趣，他才愿意去上课、去练习，才会享受做这件事的乐趣。

我一个朋友的孩子，她上了很多兴趣班，有与学习有关的，也有培养兴趣的。一到周末孩子忙得不亦乐乎，时间都排得满满的。但她学习的积极性非常高，也非常愿意去学。我问朋友怎么让孩子学这么多，孩子也太累了。他说：“这些兴趣班都是她自己选择的，她愿意学。”

给孩子选择兴趣时，家长不要大包大揽，一定要尊重孩子的需要，让孩子自己决定，把决定权交到孩子手中时，家长做好引导工作即可。

总之希望各位家长能够科学为孩子选择兴趣班，不要让兴趣班没有乐趣，让它变成孩子的累赘，最后自己的投资得不到任何回报。

2.3 考核资质非常重要

兴趣班良莠不齐，在给孩子选择时，很多家长对培训机构是否有经营资质，老师是否能够胜任其实并不了解。

一位朋友给孩子报了好几个兴趣班，在问及对培训机构资质是否了解时，他说：“根本没关心过。”

我又问他：“你不关心资质问题吗？那你是怎么选择的呢？”他说：“没管那么多，只要老师教得好就可以，我选择时主要就是看看价格，还有离家的远近。”

他跟我说，孩子选择的葫芦丝培训班是学校音乐老师办的，老师租了一间几十平方米的民房，然后带着几十个学生学。还有书法班就在小区楼底下，主要是距离近，也就是一个退休的书法爱好者办的，一间门面，十几张桌子，十个孩子，仅此而已。

现在市面上这样的私人培训班也很多，不质疑他们的教学方式与效果如何，但总觉得我那朋友为孩子这样选择有点过于草率。

我家孩子也同样上了不少兴趣班，就拿给孩子选择口才班来说，在选择之前，我们就了解到老师是师范大学汉语言文学系毕业的，资质过硬。还和孩子试听了课，详细了解了老师的教学方式。

一节课 2 个小时，一个老师一个助教，中间有三次休息环节，孩子们会利用教室里面的玩具摆设一起玩。孩子之间有矛盾时，老师会给予适当引导，孩子们打成一片，学习环境很愉快。

课程内容也非常丰富，练习发声、动作表演、讲故事、模仿等基本穿插在游戏中，寓教于乐。

还有老师一边表演一边讲故事内容，加上手势辅助，让孩子一边做手势一边跟着念，辅助发音精准，感受故事的语气起伏、情绪，然后进行故事复述，锻炼孩子们的记忆力以及准确表达能力，最后让孩子进行故事总结，这些故事说明了什么道理，以此来锻炼孩子的思维能力。

期间还有一些想象表演游戏，让孩子模仿一些动作。有时候还会分组比赛，锻炼他们的团队协作能力。

整节课在内容上基本都是语言和表演动作相结合，课堂氛围非常欢乐，孩子们情绪高昂。课堂上老师会关注到每个小朋友，基本上每个孩子都有上台表演锻炼的机会，老师也在每一个分阶段游戏结束后适当给孩子以语言、手势或贴纸的鼓励。

正规的兴趣班会让家长比较放心，家长不仅要考虑孩子的兴趣、性格和天赋，也要慎重选择培训机构和老师，最好多家走访，带孩子上体验课，体验后再决定是否报班，选择有资质的培训机构参加兴趣班。

2.4 帮孩子选择兴趣班的六大维度

兴趣维度是选择兴趣班的第一标准

兴趣是最好的老师，在给孩子选择兴趣班时，兴趣自然也是首要标准。

但是兴趣这东西有时候并非一眼就能看出来，不过有些现象还是能够慢慢观察到的。

我家孩子小时候就是爱玩，刚开始我们也没有刻意对他进行早期教育，而是任其自由自在地玩耍，享受童年的那份快乐。

男孩子多数爱玩、好动，有些是跟家长的影响有关的。有些家长喜欢运动，爱打乒乓球、踢足球、打篮球，有空的时候就会带孩子一起出去运动。有时候大人看电视比赛，孩子也会感兴趣。一般在大人的影响下，孩子可能就慢慢感兴趣了。不要小看潜移默化，它带来的影响远远超过父母一字一句地教他。

所以家长要努力地去发现孩子的兴趣，有一双善于发现的眼睛，发现千里马的人便是伯乐，能发现孩子长处的家长是称职的家长。有一位教育家曾经说过，每个孩子都有潜在的天赋和兴趣所在，再加以适当地培养，其教育才是有效的。爱迪生之所有能成为伟大的发明家，正是因为他有一位善于发现他潜能的母亲。

家长要花时间多跟孩子在一起，多观察孩子，多跟孩子交流，多方位去了解自己的孩子。很多孩子在幼儿时期就会表现出与众不同的地方，比如有的孩子爱运动、有的孩子想象力非常丰富、还有的孩子好奇心强或是动手能力特别强，这些也许就是他的潜能所在。家长们一定要留心观察，用不同的方法唤醒孩子的潜能，发现他感兴趣的点，并提供不同的环境条件来帮助孩子实现潜能，就比如报兴趣班。但是，一定要根据孩子的天赋、潜能、爱好和兴趣来选择兴趣班。

其实孩子就是一张白纸，可塑性非常强，方方面面都存在着巨大的潜力。只要方法得当，可以在各方面有意无意的培养出兴趣来，这就需要家长的正确引导。

比如孩子喜欢在家里墙上乱涂乱画，很多家长就会觉得把墙糟蹋了，对孩子一顿数落，孩子幼小的心灵受到了打击。可能孩子画得乱七八糟，常人看来并没有任何意义，但对孩子而言，那就是一幅作品，是他想表达的东西，他内心的表达就是他的兴趣爱好。如果家长换一种方式鼓励孩子，可以跟孩子说在本子上去画，渐渐他会表现出对画画的更多兴趣，也更愿意动笔画，这才是正确的引导。相反，一味地责骂与批评只会让孩子对画画失去兴趣。

家长正确的引导可以让孩子对一件事情感兴趣，不当的话就会导致他对这件事情失去兴趣。

天赋维度是提高上兴趣班质量的最佳选择

孩子的兴趣固然要考虑，但天赋也不可忽略，如果仅有兴趣没有天赋，要将一项兴趣坚持不懈地学习下去也是很困难的。

热播的印度电影《摔跤吧，爸爸》里，正是女儿们跟男孩子打架时，爸爸发现了女儿们的摔跤天赋，他才下定决心将女儿们培养成摔跤选手，事实也证明，他的决策非常正确。

小时候，我的孩子也是什么都喜欢，只要是新鲜的都想尝试，每次带他去游乐园骑儿童电动车，他骑一辆又换一辆，基本上每台车骑个遍，直到没了新鲜感才算完事。

说回兴趣班，孩子看到其他小朋友学什么就想学什么，可一个周末也只有两天，兴趣班那么多，怎么能学得过来。

为此，只能先带他体验，也算是一种难得的经历。我带他去试听了很多门课程，一开始他都说："好玩，我要学。"

家长都知道要尊重孩子的兴趣，可看到孩子没主见，什么都想学，只能根据自己的经验和判断给孩子参考，让他自己来选择。

有时候孩子的兴趣及天赋需要父母去发现、挖掘，孩子的一举一动、一言一行，父母都要关注，切不可因为大意埋没了孩子的才能。

但是大多数孩子的天赋并没有那么明显，也并非一眼就能看出来。而且孩子年龄太小，更是不易看出来，那么家长怎么才能在日常的生活中发现孩子的天赋呢？

美国耶鲁大学罗伯特·斯腾伯格博士研究了一种天赋自测法，通过孩子的20种日常行为来判断孩子的天赋，家长可以做个参考，看看我们的孩子有哪些潜在的能力：

1. 他/她在背诗和有韵律的句子方面很出色；

2. 他/她很注意你在愁闷或高兴时的情绪变化，并作出反应；

3. 他/她常常问诸如：时间从什么时候开始，为什么小行星不会撞到地球，这样的问题；

4. 凡是他/她走过一遍的地方，他/她很少迷路；

5. 他/她走路的姿势很协调，随着音乐所做的动作很优美；

6. 他/她唱歌时音阶很准；

7. 他/她经常会问打雷闪电和下雨是怎么回事；

8. 你如果用词用错了，他 / 她会给你纠正；

9. 他 / 她很早就会系鞋带，很早就会骑车；

10. 他 / 她特别喜欢扮演什么角色或编出剧情；

11. 出外旅行时，他 / 她能记住沿途标记，说：我们曾到过这里；

12. 他 / 她喜欢听各种乐器的声音，并能辨别它们发出的声音；

13. 他 / 她画地图画得很好，路线清楚；

14. 他 / 她善于模仿各种身体动作及面部表情；

15. 他 / 她善于把各种杂乱的东西按规律分类；

16. 他 / 她善于把动作和情感联系起来，譬如他 / 她说：我们做这件事兴高采烈；

17. 他 / 她能精彩地讲故事；

18. 他 / 她对不同的声音发表评论；

19. 他 / 她常说某某像某某；

20. 对别人能完成与不能完成的事，他 / 她能作出准确的评价。

如果孩子在 1、8、17 条表现突出，代表他 / 她可能有很好的语言天赋。具有语言才能的孩子父母应该常请他 / 她描述一些对象，一件事、一个自然现象等等，并经常给他 / 她提供这方面的书籍。

如果孩子在 6、12、18 条表现突出，代表他 / 她可能有很好的音乐才能。这类孩子在很小的时候（2~3 岁）就特别注意倾听有规律的声音，只要有音乐出现，他 / 她就会瞪大眼睛专注地聆听，这时他 / 她所表现出来的专注程度，连七八岁的孩子都比不上。这表明他 / 她在音乐方面潜能很大。

如果孩子在 3、7、15 条表现突出，代表他 / 她可能在数学、逻辑方面有天赋。他 / 她喜爱下棋，能很快明白一些等量关系。如果给他 / 她一些完全混乱的玩具，他 / 她会分门别类地把它们归类。这种孩子，也许他 / 她读书时数学成绩并不理想（可能由于他 / 她对讲述的课程语言方式不适应，或者注意力太容易分散引起的），但他 / 她在这方面的潜能是毋庸置疑的。

如果孩子在 4、11、13 条表现突出，代表他 / 她有很好的空间方面才能。他 / 她有丰富的想象力，他 / 她对绘画、机械组装有浓厚的兴趣。应该多带

他 / 她去远行，并从小让他 / 她画地图的游戏。

如果孩子在 5、9、14 条表现突出，代表他 / 她有很好的身体动觉才能。通常运动员和舞蹈家都有这方面的天赋。

如果孩子在 10、16、20 条表现突出，代表他 / 她有很好的自我认识才能。通常剧作家或者导演会有这方面的才能。

如果孩子在 2、10、19 条表现突出，代表他 / 她有很好的认识他人的才能。这类孩子对自我和别人都常常不由自主地做出判断和反省，具有与人交往、沟通、组织方面的潜能。

所以，在孩子兴趣班的选择上，天赋也是一个很大的影响因素，值得每一位家长重视。

性格维度决定孩子上兴趣班的幸福感

每一位家长都希望自己孩子能够多才多艺，所以很小的时候就考虑要给孩子报兴趣班。可是面对各种各样的兴趣班，还真不好挑选。

小高同学的爸妈十分注重对他的兴趣培养，五岁的时候他妈妈给他报了小主持人班，他妈妈说："小高这孩子性格太内向，经常躲躲闪闪的，让他在大家面前说话都不敢说，即使说出来声音也小得可怜，说句话面红耳赤、支支吾吾，所以就给他报了个小主持人班，就是想让他锻炼锻炼。"

小高妈妈是根据"扬长补短"的原则来选择兴趣班的，以此来弥补孩子的不足。同样，小美的爸爸也是这样，他给孩子报了围棋班，就因为小美平常太活泼，常常坐不住，经常被老师批评，想着培养一下他的专注力。

然而事与愿违，小高和小美都是学到一半就放弃，原因就是不喜欢也不擅长，孩子学起来很难、很累。像小高本来就说话不利索，学的还是他不擅长的主持人班，让他的信心备受打击，每次回来都哭着说不想去学，后来小高一期都没学完就放弃了，这样的方式只会让孩子的缺点被放大，打击孩子的信心。

"扬长补短"的原则没有错，但是完全不顾孩子性格的做法有点不妥，报什么兴趣班应该由孩子的性格特点来决定。一般来说，每个孩子的兴趣都来源于不同的感官刺激。大体可以分为视觉型、听觉型、感觉型、动觉型，具体到不同特点的孩子又适合学习不同的兴趣项目。

（1）性格安静类型的孩子：适宜学棋类兴趣班

这类孩子，通常观察力都比较强、有耐心还有比较好的逻辑思维能力。像拼图一类的游戏，足以让他快乐地摆弄上几个小时。这类孩子总是不经意地去探索和寻找事物之间的联系。所以，对于性格安静的孩子来说，参加棋类兴趣班会是一个比较好的选择。

（2）性格外向的孩子：适宜学艺术类兴趣班

性格外向的孩子通常对音乐、旋律等比较敏感。有时听到电视里传来一段音乐，立即会跟着唱起来、拍手打节奏或者扭动起来，这类孩子比较适宜学艺术类。

（3）动手能力强的孩子：适合学手工类兴趣班

这类孩子一般都很有耐心，做事情也有始有终，家长可以为其选择参加一些手工方面的兴趣班，如积木、书法、机器人搭建等，帮助他们在拓展个性的同时学到一些技能。

（4）好动的孩子：适合学一些需要动起来的兴趣班

运动能力是与生俱来的，有些孩子天生好动，很有活力，但他们注意力往往不够集中，也总是坐不住，常常不是在跑就是在跳，即使在吃饭的小小间隙也不消停。家长可以根据其特点让他参加跆拳道、武术和游泳、舞蹈等兴趣班，消耗他们旺盛的精力，充分发挥其好动的性格，反而有利于他们日常安静地学习。

（5）喜欢模仿的孩子：适合学表演类兴趣班

这类孩子不会害羞，属于常说的“人来疯”。人越多的场合表现得越活跃，越希望自己是主角。当然这些孩子也有能够吸引更多人注意力的能力，譬如丰富的表情、手舞足蹈的样子以及高亢的声音等。这类孩子适宜到表演、舞蹈等兴趣班去学习。

（6）爱打扮的孩子：适合学绘画类兴趣班

这类孩子非常注意自己的个人形象，每天都自己选择要穿的衣服，不喜欢的颜色和款式的绝不会穿，会自己选择搭配衣服。这类孩子有着强烈的审美判断，对色彩、构图、造型比较敏感，可以选择绘画、剪纸、泥塑、陶艺等兴趣班。

总之，家长在为孩子选择兴趣班时应该根据孩子的性格，适当选择兴趣班，让孩子感到有兴趣，才能真正学到本事，强迫去学反而会适得其反。

弱项维度是让兴趣班成为孩子最好的老师

雅丽记忆力非常好，但性格有点内向，平常不怎么爱说话，即使说话也表达不好。为此，妈妈给她选了一家口才训练班，主要就是让孩子多开口说话，锻炼孩子的胆量。

妈妈想着让雅丽通过学习口才来改进她不爱说话、性格内向的缺点，效果也非常不错，雅丽记忆力好，这样的长处恰好能补回她不擅表达的短板。口才课的老师通过一些分组、小团队的游戏任务来教学，刚开始雅丽有点怯于表现，后面慢慢就能积极发言并和同学们沟通了。每次老师提问，别的同学都记不住一些绕口令或贯口的台词时，雅丽都能完全记住。上台展示时其他人都要拿书照念，雅丽却可以脱稿，偶尔也会说得不利索，但老师会鼓励她，表扬她能脱稿、记忆力好，渐渐雅丽信心增强了，敢于说话也敢于表达了。

为孩子选择兴趣班，有些家长会为孩子选择强项发展，有的家长就会选择孩子的弱项来进行弥补。选择弱项、短板时一定要慎重，要防止孩子的缺点被放大，这对自信心是一种打击，会让孩子更加自卑。

孩子都有不同的性格特点，但人无完人，有长处就有短处，有的孩子能言善道专注力却不好；有的孩子自觉听话但不够自信，遇到困难容易放弃；有的孩子记忆力好，却又不爱说话，性格内向……

家长是最了解自己孩子的，很多家长也都能说出自己孩子的性格特点，家长可以通过观察能力、动手能力、语言表达能力、记忆力、思维能力等等方面来分析孩子的特点，看看自己孩子在哪些方面有优势、哪些方面还有待加强，然后通过“扬长补短”的原则来给孩子做选择。

当然，扬长补短也有先后，不能一开始就补短，很多家长会让孩子什么不好就学什么，选择初衷是好的，只是这样一上来就把缺点放大只会适得其反，给孩子自信心带来打击。

所以，根据孩子弱项来选择兴趣班时首先还是要选择可以让孩子“扬长”的项目，促进孩子的优势能力进一步发展，提升孩子的自信，然后再搭配选择一些“补短”项目弥补其不足。就像雅丽那样，有一个相对擅长的技能做后盾，才不至于把缺点一览无遗地暴露出来，也多少有点“底牌”。

发展维度是选择兴趣班的终极目标

现在几乎每个家长都会给自己的孩子选择兴趣班，选择时我们经常会发现家长有这样的疑问：“学绘画的前景如何？将来能干什么？”“学篮球发展方向怎么样？能打到市队、省队、国家队吗？”“学围棋能达到几段？孩子将来能当职业棋手吗？”等等。

家长们关心的也是未来发展方向和前景问题，希望自己的孩子除了通过兴趣班学到一技之长，还能有一个美好的前途。

考虑孩子的发展前途，根据其发展需求选择兴趣班也是一个重要条件。

我初中同学有个10岁的女儿颖姗，现在在省体育学院进行着专业的乒乓球训练学习，水平很高，如今已经进省队集训，经常参加各种大小比赛，获奖无数。

问及颖姗学乒乓球的经历，我同学说她家的理念简单粗暴，就是希望孩子能打进国家队，为国争光，拿冠军是她们的终极目标。

我问她：“你是根据什么给颖姗选择乒乓球训练的呢？”

她告诉我：“就是为了颖姗的发展前途，就是想让她好好发展打进国家队。”

她告诉我，颖姗刚开始也就是对乒乓球十分有兴趣。颖姗爷爷是个业余乒乓爱好者，很小的时候颖姗就跟着爷爷玩乒乓球，时间一长自然就喜欢上了。等年龄大点她们就给颖姗选择了一家专业的乒乓培训机构进行学习。

颖姗很努力，球也打得不错，经常能在班里脱颖而出。教练发现颖姗是学乒乓球的好苗子，有天赋也有发展前途，就建议孩子去更高级别的机构训练学习。我同学一听教练说有发展前途，也就笃定了让颖姗好好发展，按照教练的建议规划着。

于是，老师推荐颖姗到省队集训。为此，我同学甚至辞掉了原来的工作，在附近租了一间房，一门心思专门照顾颖姗，只为培养她成为一名专业的乒乓球运动员。

其实，发展前景应该是家长为孩子选择兴趣班的终极目标，当然说到发展情景，也无非就是两条路，专业的和业余的。

一部分家长一开始没打算让孩子走专业的道路，只是想让孩子有个兴趣爱好，培养他一些相关的能力，锻炼一下。

而另一部分家长起点很高，学习运动竞技类的就想让孩子成为专业运动员，拿冠军；学艺术类的就想让孩子考级，参加各种表演拿奖牌，以后甚至想当明星，他们的终极目标就是 NO.1。

有终极目标是好事，家长要坚持这样的目标，着重培养孩子，朝着目标前进，但是也并非所有的项目都要有一个特定的发展方向，都有一个特定的目标。

学业维度帮助孩子查漏补缺

很多家长都把孩子的学业放在第一位，对于这些孩子来说，发展其他课外项目是次要的，学业才是最重要的。

孩子学习成绩跟不上老师的进度，这时候孩子可能就需要上一些补习类的培训班，进行一些有针对性的补课。

蔓蔓今年读小学三年级，学习成绩中上水平，可就在两年前她却是老师眼中的差等生，一年级时还曾留过级。

现在很多家长都希望孩子早日成才，虽然学校明文规定了孩子上小学的年龄，但有些父母会揠苗助长，迫不及待地让孩子早点上学，有些家长甚至会想方设法提前个一年半载让孩子去读书，蔓蔓爸妈也是这个心态。蔓蔓上完幼儿园中班就直接上了小学一年级，跳过了幼儿园大班，提前一年上小学。

蔓蔓比班里其他小朋友都小一些，其他孩子通过幼儿园大班有一个过渡，蔓蔓却没有。学习上她跟不上进度，学起来很费劲，成绩也都是垫底，久而久之没了信心，也不愿意学了。生活中别的同学也嫌她小，觉得她动不动就爱哭，不爱陪她玩，有时候大家孤立她，蔓蔓性格也开始变得内向起来。

一年读下来，蔓蔓的语文数学都不及格。家长把蔓蔓当天才，结果却成了“废才”。老师也说蔓蔓年龄偏小，学习跟不上进度，建议留级重读。无奈之下蔓蔓重读了一年级，家长知道是他们急于求成的行为害了孩子。幸好发现得早，亡羊补牢未为晚也，他们及时补救，又给孩子报了补习班，让蔓蔓把学业补上去。

其实蔓蔓是个比较聪明的孩子，就因为家长让她提前上学，跳跃式地学习打击了她的信心，让她产生了厌学情绪，失去信心的结果就是自己都不相信自己。

还别说，补救的效果很显著，重读了一年级，再加上课外补课，蔓蔓成绩上升自然不说，重要的是她找回了自信，变得更爱学习了。

蔓蔓这样的例子可能并不多见，但也在警醒家长，不要拔苗助长，不要让孩子学习超越他这个年龄段的知识，不同的年龄、不同的阶段，都有适合孩子学习的东西和项目，学校的课程都是根据年龄编制的。如果一年级的年龄去学适合二年级年龄学的课程，孩子能跟得上吗？

很多孩子并不是天生就是差生，可能由于他学习习惯不太好、时间安排不合理，方法不正确等才学起来很吃力，慢慢就会失去信心，不自觉地对自己放弃。这样的孩子，家长需要从学业的角度去考虑，选择一些有针对性的补习辅导班提高孩子的学习效率，规范学习过程，培养其自主学习的习惯，把信心补回来。

2.5 孩子厌烦兴趣班怎么办

现在的孩子，尤其是小学生，不是在上学的路上，就是在上补习班、兴趣班的路上。家长们都害怕孩子输在起跑线上，希望自己的孩子在各方面都成为高手，无论什么情况都快人一步。

然而现实是很多孩子高高兴兴地进兴趣班，却垂头丧气地出来，兴趣班变成了扫兴班，孩子也因此对兴趣班产生了厌烦，甚至兴趣全无。人家都说兴趣班是保护孩子的兴趣，可这却是在打击孩子的兴趣。

有位朋友说，他儿子很喜欢打乒乓球，每次看见别人打乒乓球都很入迷，于是他给孩子报了一个乒乓球班。孩子很开心地去学习，可每次回去都感觉没什么兴致，提不起精神。他还以为孩子训练累了，后来他去看了几次训练课，就是在那练习发球、推挡、抽球训练，都是这样反反复复的单一动作，偶尔有那么一两次对抗比赛。

孩子也说几十节课都是学这些东西，怪不得没了兴致。这样的确是很单调，孩子喜欢乒乓球，有时候喜欢的就是它的对抗性和趣味性。兴趣兴趣，要有趣才有意思，这么单调无聊，谁会有兴趣呢。这就使孩子从一开始的激情高昂，慢慢到兴趣索然，以致于再也不愿意去学，觉得没意思。

练习基本功是没有错的，但是兴趣班还是应该保护孩子的兴趣。对孩子而言，应该保留其趣味性，一上来就按照职业运动员的套路——十几节课的基本动作再开始打比赛。十几节课枯燥乏味的动作训练会让孩子们体会不到快乐和成就感，慢慢地把兴趣磨没了，兴趣班也就变成了扫兴班。

曾看过一篇文章讲国外篮球兴趣班的训练方法，一开始就让孩子们自由地玩耍，因为年龄小，不管是抱着球跑还是走步运球，教练都不会叫停。先让孩子们在对抗游戏中感受到竞争的快乐，加强对篮球的兴趣。慢慢再灌输篮球规则，逐步规范动作。这样孩子们不但学到了东西，兴趣还会越来越浓。

游戏是孩子的天性，最能提起孩子兴趣的是游戏，最能保护孩子兴趣的是成就感，最能激发孩子激情的是荣誉感。孩子们就喜欢在游戏中学习，享受游戏带来的趣味。

相比之下，我们有的兴趣班一开始就是枯燥的套路，孩子学习自然也就由开始的兴趣满满变成厌烦，这需要我们找出原因和解决办法。可能是培训机构教育方法的问题，又或者是家长给孩子选择时候的原因。

培训机构应该适当地借鉴一些好的方法，将完善人而非增加技能作为唯一目的。用最适合的方法保护、引导孩子们多变而脆弱的兴趣，增强、激发孩子们的激情。

作为家长，要确认孩子真的是没兴趣了吗？家长就要引导他遵守原则，要教育孩子有耐心、有毅力，学会自我管理，同时家长也要及时发现他们的小小进步并及时鼓励，甚至也可以稍微夸张一点地表扬，这就是最原始的“自我超越”的感觉，没有任何一种玩具或者零食可以带来这种感觉，这就是培养孩子的自信心。

当孩子厌烦的时候，家长需要教孩子学会坚持，帮孩子度过厌烦期，甚至陪着孩子一起学习。家长小时候因为条件有限没有学，现在不防也可以和孩子一起学习学习，让孩子在学习的道路上也有个伴。孩子兴趣继续下去的同时，也让它成为你和孩子共同的爱好，何乐而不为！

当然，一旦选择了，就需要有更好的耐心，不能半途而废，一定要坚定内心的那份信念，时间会给孩子最好的答案。

第三章
给孩子报兴趣班的十大误区

3.1 多报不等于多学

每到周末或者节假日，各个培训机构都是人山人海。孩子们学着五花八门的兴趣班，家长们也都抱着不让自己孩子不输给别人家孩子的心态，毫不吝啬地为孩子报名，这让很多孩子都感到“吃不消”。一周三四个兴趣班很正常，五六个也很常见，有的更是多达十几个。

“童年时代正是孩子学习能力最强的时候，现在有大把时间不学习，以后想学都来不及了。”

“反正他们平时休息和周末在家都是无所事事，还不如送去兴趣班多学点本领。”

有些家长会这么认为，孩子玩耍就是在浪费时间，于是只要孩子有时间他们就给报兴趣班，他们认为多报兴趣班，可以让孩子的生活变得忙碌而充实。还有些家长就希望自己的孩子样样精通，技多不压身，当然是学得越多越好，会得越多越好。

只是给小孩报兴趣班真的“多多益善”吗？

身边不乏这样的家长，给孩子报了很多班。朋友的小孩浩浩就是每个周末都没空闲时间，他爸爸给他报了四个班，周六日上下午各一个班，排得满满当当。周末一大早起床去学钢琴，下课后匆匆忙忙回家吃了饭，下午又是绘画，周日还有乒乓球和珠心算，一天下来比上学还忙。

以这样强大的节奏去赶场般地上兴趣班，会让孩子失去很多自由玩耍的时间，别的小朋友在尽情玩耍时他却在努力学习，便会觉得是兴趣班夺走了本该属于他自己的时光，从而会不愿意学习，也会渐渐失去兴趣。孩子在这个年龄离不开亲情，需要父母的关爱，过多的兴趣班占据了亲子时间，使父母和孩子交流机会变少，长此以往孩子会觉得孤单、寂寞，和父母之间产生隔阂，脾气也会逐渐变得暴躁、不听话。

别看浩浩学了这么多兴趣班，却从来没听他爸爸说过学得有多好，大概是过犹不及，浩浩可能只是在完成任务，如此这般，还不如不学。

是啊，想让孩子全面发展是不可能的，因为孩子没有时间、没有精力，所以一定要会选择，也要学会舍弃。

发现问题的症结之后，和孩子商量给他减少了多个兴趣班，只留一两个他最喜欢的。这样孩子有一定的自由玩耍时间，也有了更多的时间练习，在剩下的兴趣班里表现得越来越好。

一味地让孩子参加各种兴趣班，累了孩子也苦了父母。不仅孩子容易疲劳、厌倦，还会学而不精，甚至引起他们的抵触情绪，不愿再学习。

对于学龄前的孩子，家长比较难看出其究竟对什么感兴趣，所以可多报一些让孩子去体验，然后再择优选择。

而开始上小学的孩子，各大类的兴趣班选择一两门就可以，孩子如果在哪个项目上特别有潜力，就多花时间重点培养。

3.2 乱报兴趣班的后果很严重

在给孩子报兴趣班的过程中，很多家长会陷入这样的误区：乱报。受环境的影响、受其他孩子报兴趣班的影响、受孩子的影响……很容易给孩子报了很多不喜欢或者不适合孩子的兴趣班。

让孩子赢在“起跑线上”是现在众多家长的共同心愿，家长对孩子的教育也无比重视，只要觉得是对孩子的学习发展有帮助的，不管三七二十一，先报名让孩子学了再说。

“别人家孩子报了，我家孩子也报。”

“周六周日不能看着孩子，与其让孩子乱跑，还不如让孩子多学点知识。”

“只要孩子去，学成什么样无所谓，我对孩子要求不高。”

…………

很多家长有这样的心态，没有针对性也没有目的，只要孩子想学，只要有时间就报班。

佳佳妈妈看到好多孩子报了钢琴班，特别是每天听到隔壁孩子练习传来悠扬的琴声，就会被深深吸引，于是也为孩子选择了钢琴。

她兴冲冲地跑去给佳佳报了钢琴班，立志要把她培养成一名钢琴家，甚至不惜花血本，为佳佳买了一台钢琴。然而事与愿违，佳佳并不喜欢学钢琴，她是个好动的女孩，根本坐不住，两个小时的钢琴课她无法集中精力学习，最后学得一塌糊涂。老师建议家长让佳佳去学点她喜欢的。孩子不喜欢，家里的钢琴也就闲置了，后来也只有忍痛处理掉。

过了段时间，妈妈听亲戚说画画能锻炼孩子的专注力，能让孩子静下来，又给佳佳报了绘画班。谁知她还是不喜欢，学得也不起劲。后来妈妈又听说学围棋可以锻炼孩子的思维能力，也能让孩子安静，她又张罗给佳佳报了围棋班……就这样，妈妈为佳佳来来回回报了六七个兴趣班，花了不少报名费，结果她什么都不想学，什么也没学到，都是半途而废。

后来，佳佳妈妈的朋友说“佳佳这么好动，你应该让她学体育。”其实打心底妈妈不想让佳佳学体育，她觉得一个女孩子就该学点文静的东西。但试了一圈下来，再试一次又何妨，在朋友的建议下妈妈让佳佳学起了乒乓球，佳佳总算来了兴趣，没有中途放弃坚持下来了。

其实，佳佳妈妈就是没有真正了解孩子的兴趣所在，刚开始的一通乱报，不但浪费了钱财还耽误了时间，更大的弊端是容易让佳佳养成见异思迁的不良习惯。

像佳佳这样的情况，作为妈妈应该留心观察，看准孩子对哪些事物感兴趣，然后从这些兴趣下手，根据孩子的性格特点给孩子报班，切不可乱报。比如佳佳好动、坐不住，妈妈就应该考虑一些诸如体育运动类需要动起来的项目，充分发挥其好动的特点。

佳佳妈妈只是听人家的话后一厢情愿地觉得哪些兴趣班好，而不了解孩子的真正兴趣所在，盲目给孩子乱报，这是很大的误区，属于父母的“三分钟热度”。

另一种情况是孩子的三分钟热度，比如孩子看了武侠电视剧想成为大侠，就去报跆拳道班、武术班，孩子迷上了拉丁，就去给报舞蹈班……

还有一些家长本身自己对这些兴趣班也并不是十分了解，去培训机构了解，听着一些天花乱坠的介绍，孩子也觉得好玩有趣，家长就按孩子意愿报了班。

我们常听到一句话“兴趣是孩子最好的老师”，兴趣班是能够让孩子开心、让孩子一直有着高度兴致，自主愿意去学习的班。迎合孩子的兴趣去报班往往事半功倍，忽视了孩子的兴趣往往事倍功半。舍得给孩子投资，重视孩子的兴趣培养是没有错，但不能一味投资却忽视孩子的感受。

不想让孩子输在起跑线上，家长作为孩子的“领跑者”，要做的不是盲目随大流给孩子报各种兴趣班，更不能三分钟热度，随心所欲地给孩子乱报，而是要考虑这些班是否真的适合孩子，把钱都用在刀刃上。

当然，有的兴趣班学起也来并不轻松，孩子有可能因为这样那样的原因失去了兴趣逐渐想放弃，家长此时也会非常烦恼，常常硬逼着孩子继续学习。其实这个时候，家长应该放宽心态，好好地和孩子聊一聊，知道是什么原因不想学，如果只是热度减退怕辛苦怕困难，就要鼓励孩子再坚持，培养孩子坚韧的品格，如果孩子真的完全没兴趣，也不要勉为其难。

既然是兴趣班，就一定要从兴趣出发，只要孩子有兴趣，就能自主学习，快乐地享受学习的乐趣。让孩子开心愉快地在玩中学习，享受兴趣班带给他的乐趣。

3.3 不给孩子报兴趣班就一定不好吗

“望子成龙、望女成凤”是许多家长的心愿，天下哪有父母不希望自己的子女“出人头地”？也许就是这份期盼，家长会给孩子报各种各样的兴趣班。

“绝不能让我的孩子输在起跑线上！”这是绝大部分家长一直坚守的“座右铭”。

孩子一出生，这场没有硝烟的战争愈演愈烈。尤以“让孩子接受最好的教育”首当其中。

挑最好的学区房，上最好的学校，选最好的老师，上最好的兴趣班……很多家长就在这样的生活中“迷失”了自我，忙忙碌碌只为孩子而活。

孩子一定要上兴趣班吗？也有一些家长会有不同的想法，觉得人生是一场马拉松，笑到最后才是笑得最好。他们不想让孩子赢在起跑线上，觉得人生的智慧绝非是在简单的特长学习中获得的，主张孩子应该在玩中学、在玩中成长，让孩子有个欢乐的童年。

同事的孩子小伟 8 岁，他没有给孩子报任何兴趣班。他说：“孩子在学校学习负担已经够重了，再加上兴趣班，多累，孩子就应该有一个快乐的童年。”

刚开始他也和大多数父母一样，对着妻子的肚子放音乐、讲故事，孩子出生后更是开展了各种早教，家里房间墙壁上贴着许多孩子学习的挂图，一个个地教孩子识字，可孩子却没什么兴趣。看到孩子这样，他觉得小孩子只要健康快乐就好，也就没有再对孩子进行早教，只是任其玩耍，让他用心享受童年的那份快乐。

可后来看着身边的孩子一个个多才多艺，自己的孩子只认识一些简单的字和一些简单的儿歌，同事又着急了，他买了一些英语挂历，每天教孩子一两个单词，甚至开始考虑给孩子报一些早教班。

然而孩子刚开始对英语单词很感兴趣，可没过几天就不想学了，只想听故事。看到这样的情景，妻子也说："他还那么小能懂那么多英语吗？再说了现在也用不上，关键是培养他的性情，知识的多少并不重要，你也别再强求他了。"

同事想想觉得对，既然孩子对故事感兴趣，那他就多讲一些好故事给他听，相信孩子在故事里也能学到很多东西。

之后，他就不再给孩子压力，更会不刻意教他学东西、逼他学习，而是让他尽情玩好，开心地过好每一天。

现在孩子8岁了，别人家孩子都是学着各种兴趣班，他依然我行我素，一直秉承之前的理念，没有给孩子报任何兴趣班，他孩子也依然在快快乐乐地玩耍着。

面对孩子选择兴趣班时，报与不报，每个人都会有不同的选择，他这样"一刀切"的方式，不值得提倡，但也不反对。

就学习而言，高明的教育者，即使纵容孩子游玩嬉戏，也是一种学习。平时的一言一行、一颦一笑都可能化为各种思维启蒙和潜能开发，甚至可以说人生本就处在一种时刻学习的状态。不一定非要进去课堂，孩子在玩耍中也可以学到不少知识。

如果孩子有兴趣，不给孩子报任何兴趣班会阻碍孩子的兴趣，让其得不到应有的发展。当然，也确实有一些特殊情况比如家庭难以承担昂贵的兴趣班费用而不能报班的。

不能说不报兴趣班就一定不好，任何事情都不能过于绝对，如果孩子确实在某些方面有一定的兴趣，家庭经济实力也允许，孩子也有时间，还是可以考虑给孩子报的，毕竟这是在给孩子的未来着想，至少未来孩子不会责怪自己的父母没给他报。

3.4
错报了兴趣班怎么办

孩子三四岁的时候，父母就开始考虑给孩子选报兴趣班。创造机会和条件发展孩子的兴趣是件好事，既可以培养孩子的特长、促进个性发展、激发学习兴趣，还可以锻炼孩子适应环境变化的能力，丰富孩子的文化生活，提高孩子的文化修养和社会适应性，可以说是一举多得。

然而现在很多孩子都是独生子女，父母没有积累这方面经验的实践机会。因此，在给孩子选报兴趣班时往往带有很大的盲目性。如果在选择上出现了偏差，进入下面这样的误区，不仅达不到预期的目的，还很有可能挫伤孩子的学习兴趣和积极性，为以后的发展埋下隐患。

误区 1：选择了孩子不擅长的项目

小花平常性格内向，让她在大家面前说句话就面红耳赤、支支吾吾，所以她爸爸给她报个小主持人班让她锻炼锻炼。

然而，小花平常与人交往都费劲，学小主持人本来就是她不擅长的。在小主持人班面对更多的人更不敢说话，她的性格缺点也就被无限放大，每次上台说话吞吞吐吐，同学们就笑她，慢慢她更没了信心、更自卑，甚至都讨厌上小主持人班。

很多家长对自己孩子的能力特点还是了解的，那么在为孩子选择兴趣班时不要为孩子选择他不擅长的。

误区 2：没找到孩子兴趣

有的父母，偶然发现孩子在一两岁的时候，就喜欢爬上钢琴琴凳在琴键上胡乱地拍打，便误以为孩子天生就喜欢弹钢琴，脑瓜一热就把一架庞大的钢琴抬回了家。

其实，孩子在学龄前兴趣爱好是多变的。家长给孩子报读兴趣班最重要的是尊重孩子的兴趣爱好，平常要多留心观察，看准了孩子对哪些事物感兴趣，然后从孩子的兴趣和个性特征出发，同时也要给孩子留出宽松的学习环境。

误区 3：一味“补短”

小海的爸爸把他送去学弹钢琴和练书法，想训练一下小海的专注力，想让他静下来，同时也开发一下音乐才艺。偏偏小海根本就坐不住，加上钢琴和书法也并非他擅长，要坐下来安静地学习这么难的事情，对他来说难度很大。

选择兴趣班时，要看孩子是否具备基础条件，如果不具备，往往不适合孩子。钢琴、围棋这些兴趣班需要的恰好是孩子的专注力，孩子本身好动，根本坐不住，结果只能是白白浪费了时间和金钱。小海妈妈让本就专注力极差的小海去学一个他并不擅长且又是十分需要专注力的项目，会使其在专注力的反方向上越走越远。

以这种“什么差补什么”盯着孩子短板去选择兴趣班的做法需慎重考虑，选择不当反而会伤害了孩子的学习积极性。

误区 4：不顾孩子性格选择

“我家孩子太内向，不自信，所以我给他报了个口才班，让他锻炼锻炼。”小李爸爸这样说。

小刘妈妈也说，“我给孩子报了围棋班，想培养一下专注力，不过他太活泼，常常坐不住，经常被老师批评。是不是应该考虑换一个兴趣来培养呢？”

小李和小刘都是学着学着就不想学了，究其原因，就是爸妈选择的时候没根据孩子的性格特点来选择。

内向的孩子适宜选择群体组合型的课程，如音乐、舞蹈等。但过于内向的孩子并不适宜一下子就将其“暴露”在人群面前，像主持人班这种受“瞩目”的课程更适合性格活跃、表演欲望强烈的孩子，性格太内向的孩子身处其中是种“折磨”，更不利于心理健康。

误区 5：忽视年龄

贝贝 3 岁时妈妈给她报了钢琴班，学了一个月也没什么进步。贝贝妈妈说：“她同事的孩子就大贝贝一岁，学一个月已经学得不错，是不是我家孩子不够努力或者没有钢琴天赋呢？”

3 岁和 4 岁虽相差一岁，但不容小觑。其实学习效果好不好跟年龄还真有很大的关系，贝贝学琴一个月没什么进步，很可能就是因为孩子各方面能力没有达到 4 岁孩子的程度。

这就需要家长充分考虑其年龄的符合性，不要揠苗助长。年龄太小学习内容超出能力范围，孩子学起来很费劲，自然也就没什么进步。

总之，在为孩子选择时一定要选择适合孩子的兴趣班，否则，不仅兴趣得不到应有的发展，还会适得其反。

3.5 轮流给孩子报兴趣班不妥当

轮流给孩子报兴趣班会给孩子带来什么样的影响呢？让我们来看下面这个例子。

小费经常和爸妈一起看电影，看到电影里的人物会武功很厉害就嚷嚷着要学武术，看到别的小朋友穿着一身白色的制服，学跆拳道很帅就又要学跆拳道，看着人家弹钢琴很厉害又想学，后来又想学油画，看见了什么就想学什么。

小费的兴趣还真是广，爸妈看着孩子都喜欢也无法拒绝，加上他家经济条件不错，爸妈也不在乎这些投入，于是小费喜欢的兴趣班爸爸妈妈统统都给报，可以说各种兴趣班小费都上了一遍。但其实这些并不是真正的兴趣。

据小费爸爸说，小费 3 岁开始上兴趣班，到现在已经 10 岁，前前后后总共上过快 20 个兴趣班，培训机构里的兴趣班几乎都轮流上过一遍，最长的也仅学过两年，最短的也就学了半个学期。

家长希望孩子能才艺双全，尽量地满足孩子的愿望是好的。可是，这样一味纵容却适得其反，本以为孩子会“样样通”，结果却是“样样不精”。

事实也如此，小费在课余时间忙于奔波一场又一场的兴趣班，最终，既弹不了一首完整的钢琴曲，也画不出一幅漂亮的画，更跳不了一支完美的舞蹈，孩子终究没有在各种兴趣班中学成多才多艺，反而还影响了正常的学习。

孩子在学龄前兴趣爱好容易改变，“兴趣班”变成“兴去班”的现象十分常见，父母让孩子报读兴趣班，着重点更应该放在培养孩子的兴趣爱好或优势与能力。

另外还有一种情况，家长一听孩子说苦就转班，舍不得孩子吃苦，这样三心二意地频繁更换，既浪费金钱又浪费时间，也让孩子滋生了畏难的心理，不利于培养他们的耐心和毅力。这个时候，家长就需要仔细观察该课程是否适不适合孩子继续，另一方面也需要督促和鼓励孩子坚持。

这些都是家长培养孩子兴趣时经常会碰到的现象，家长在报之前一定要了解清楚，切勿盲从。

3.6 强迫给孩子报兴趣班只会适得其反

每位父母都希望自己的孩子有一技之长，最好还能在比赛中拿名次，这才叫才艺双全。

在这样的氛围里，各种各样的兴趣班也就铺天盖地应运而生。孩子在小时候多学一些各种技能确实对以后的发展会有所帮助，但是望子成龙、望女成凤的迫切愿望又难免让家长走进一个又一个误区。

我们这一代小时候家庭条件都不太好，也就没有机会去实现理想。等上了大学、参加工作，同学、同事们都有很多特长，每次表演节目的时候他们总是光彩夺目。没有兴趣特长的我们多少会有些自卑，甚至内心深处有那么一点点对家庭的埋怨，就想着如果当时自己有条件去学点才艺，也不至于长大后什么也不会。

“小时候没有条件，想学没机会，现在有了孩子，当然希望他能帮我实现我小时候的梦想啦！”

“学乐器可以提高孩子的艺术素养，孩子年龄小哪懂什么感不感兴趣，给他报了名坚持练下去就行了！”

“别人家的孩子钢琴、舞蹈、书画样样精通，我的孩子也可以。”

不少家长都有这样的想法，把自己的理想愿望强加给孩子，可孩子不是大人的附属品，他也有自己的梦想也知道自己喜欢什么不喜欢什么。

如果家长非要把自己的意愿强加给孩子，而孩子对此并不感兴趣，那学习过程就变成了一种痛苦和负担。

孩子们年龄还小，缺乏自主选择的能力，在很多家庭里孩子往往是“被选报、被安排”，由家长替孩子做决定就难免带有主观性。

因此，在选报兴趣班后问孩子是不是喜欢，得到的回答常常是“不喜欢”、“没兴趣”，这就导致了很多孩子三天打鱼两天晒网、不用心学习，甚至有的会半途而废。

比如，现在给孩子选报钢琴班的比较多，但能够一直坚持下来的孩子却比较少，原因是什么？

当初家长并没有考虑孩子喜欢与否，全是“一厢情愿”。有的是在“补偿心理”支配下给孩子选报，家长小时候特别喜欢弹钢琴，那时候没条件，留下了终生遗憾。现在一有条件就要让孩子替自己实现小时候的梦想。

家长往往心气很高，孩子却根本没有兴趣，钢琴犹如一个黑乎乎的“庞然大物”，成了压在孩子身上的一座大山。这样强迫给孩子选报班一般是坚持不下来的。

重视孩子的教育，无疑是最值得的投资，但不能一味地投资却忽视孩子的感受。挑选兴趣班的时候，一定要从孩子的实际出发，尊重孩子的兴趣指向和兴趣发展水平。“强扭的瓜不甜”“强摁着牛头不喝水”做家长的要明确地知道，是“给孩子”选报兴趣班不是“给家长”选报。

作为有长远眼光的父母，不妨让孩子按照自己的个性特长来发展自己，让孩子挑选自己感兴趣的东西，这样才能学得又快又好，才能快乐地享受学习的乐趣。

3.7 最贵的兴趣班不一定是最好的

当然如今只要涉及“孩子”俩字，所有的东西都很贵。很多孩子培训市场都有这样的怪现象，越是贵的培训机构，报名的家长就越多。

家长也舍得投资，只要孩子能多才多艺，在以后的学习生活中不输其他人，即使不富裕，砸锅卖铁也要支持。

在这些家长眼里，总觉得最贵的就是最好的，于是这种“富人心态”让他们给孩子只选最贵的兴趣班报名。

小雅爸爸就是这样的心态，他是一个私人老板，虽说赚了不少钱，可就是缺少文化。有了孩子后，他就认定一定要给小雅最好的，报兴趣班也一定要是最贵的，钱花再多都没关系。

小雅爸爸为她报名了一家知名培训机构的钢琴大师所办的钢琴班，一节课高达 1 000 多元，还选择了一个英语外教兴趣培训课。报名这样的兴趣班，她爸爸看中就是贵。

我们都知道便宜没好货，一分钱一分货，可是最贵的一定是最好的吗？其实未必。

一个班收费很贵，家长就会想着报名费要值得，急于看到效果，毕竟花了那么多的钱，也是人之常情。家长不懂孩子的身心发展规律，看到孩子喜欢画画，就想让孩子能拿出像样的作品，看到孩子喜欢舞蹈，就想让孩子能上台表演，看到孩子喜欢乐器，就想让孩子能演奏名曲。

小雅学的钢琴班，是由钢琴大师教学，无可挑剔。爸爸自然也期待小雅有着精彩的表现。确实也如此，小雅三个月学下来会弹好几首钢琴名曲，再看其他学钢琴的孩子，两三个月只会弹一些简单的片段，都弹不了一首完整的曲子，证明多花点钱还是值得的，爸爸心中也窃喜自己的正确选择。

但小雅弹琴从来不看乐谱，全靠记忆弹奏，爸爸还觉得这家伙不得了，都记在心里。有一次叫小雅演示一下，小雅把学过的钢琴曲弹了一遍，可爸爸没听够，他还想继续享受自己投资的成果，于是叫小雅继续弹。小雅说："老师教过的我都弹完了。"

爸爸随手翻开乐谱，递给小雅："你就照着这上面的再给我弹几首，我再听听。"

小雅却犯难了，她说："我不会，老师没教过。"

原来，小雅不识谱，老师也没有教过她们这些乐理知识，她没法自己弹奏新的曲子。当然，不能说是钢琴大师水平不高，应该说是一些兴趣班的弊端，培训机构为了迎合家长"急于求成"这一需求，一些班就办成了速成班，就像钢琴班，两三个月下来就要求会弹好几首钢琴名曲，这些都是很多家长想看到的，否则你学了两三个月就只会识个谱，或者只会弹一点点，那怎么对得起这么贵的学费。家长只要成果，虽然钢琴大师知道要先学识谱，学乐理知识，可时间不允许，那就只有一上来就教弹曲子，虽然起步有点难，但只要有耐心，一点点教，反反复复弹，还是能按家长要求完成目标。

小雅学的就是这样的"速成班"，靠着记忆曲子会弹几首名曲，算是小有成果，爸爸刚开始也觉得再贵也花得值，只是小雅自己不会识谱弹新曲子，这不就是白耽误功夫吗？

就说弹钢琴，真正好的老师不会一来就教孩子弹曲子，肯定首先是教一些基本乐理知识和识谱，除非孩子学过一定的乐理知识才可以跳过这一步。最后随便给一本乐曲，他都能自己看着乐谱独立完成弹奏，这才算是学会弹钢琴。

学习是循序渐进的，只要孩子保持浓厚的兴趣，持之以恒地去做某件事，成果是早晚的事。功利心太强结果会适得其反，甚至会害了孩子。

所以贵的不一定就是最好的，主要是家长要端正心态，不要急功近利。当然，有时候贵也会有价值不对等或者被培训机构套路，或者宣传言过其实，这些都有可能。

给孩子报班，费用贵不贵还真不是决定因素。虽然大家都觉得便宜没好货，好货不便宜，但在兴趣班这个市场，这个原则还真未必适用，关键是看老师的水平、教育方法、责任心如何。

在为孩子选择兴趣班的时候，一定要综合考虑，结合孩子的兴趣，正确评估兴趣班的性价比，金钱绝非选择的第一标准。

3.8 路途最近的兴趣班的利与弊

为孩子选择兴趣班的因素很多，路途的远近也是很多家长考虑的因素之一。很多家长就会根据“就近原则”选择自己家小区附近的兴趣班给孩子报名。但如果只是一味地考虑距离近就给孩子选择，很容易走入误区。

文文家住在一个比较大的小区，小区楼下就有一家培训机构，这为文文学习提供了得天独厚的优势条件，在文文可以上兴趣班的年龄时，妈妈毫不犹豫地选择了小区楼下的那家培训机构，甚至都没去别的地方看过，直接就定了这家。

看着小区里好多穿着白色跆拳道服装的孩子，再加上文文好动，妈妈首选就是跆拳道。不过报名的时候去晚了一点，文文钟情的跆拳道班名额已满，只剩下绘画和舞蹈班。听着老师的一通介绍，看着培训机构墙上展示的别的小朋友的一幅幅画作，文文也挺喜欢。

妈妈又想，文文这孩子本来就好动，还去学什么跆拳道，一个女孩子踢来踢去的不怎么好，还是绘画好些，女孩子就应该文静。于是文文妈妈退而求其次给她报了个绘画班。

的确很方便，每次文文都是自己下楼去学习，然后自己回来，帮爸妈省了很多事。刚开始文文还有些新鲜感，学得也挺好，可没过多久就没了兴趣。看着学跆拳道的孩子她就心情不佳，就会想起自己不能学的遗憾，总是想着要学跆拳道，基本上每次学完绘画后她都会对妈妈说：“妈妈，我还是想学跆拳道，只想学跆拳道，不想学画画。”

见孩子每次都这么要求，妈妈也答应让文文学完这期后，下学期再学跆拳道。

就这样将就着学完了一期绘画，文文妈妈终于给她报名了跆拳道，不过还是没有如愿在小区楼下学成，因为很多孩子都是报名学一年的，没有名额。文文妈妈也只有“舍近求远”，去另外一家离家几公里远的培训机构给文文报了名，也让文文开始了她的跆拳道之旅。

文文之前的那一期绘画班算是白学了，主要是文文根本不喜欢，心心念念的就是跆拳道。

在给文文选择兴趣班的时候，刚开始妈妈只为了考虑距离，根本不考虑其他的，甚至在跆拳道班名额已满的情况下，还非要选择她并不喜欢的绘画班。这样的选择明显是错误的，文文妈妈也因为一味地在意距离远近而走入了误区。

本以为可以不需要接送孩子，可以躲个懒，图个方便，可最终还是没能躲过，还白白耽搁了孩子一学期的学习得不偿失。

文文喜欢学跆拳道，其实妈妈完全可以去别的地方报名，而不是只考虑距离在小区楼下报名，甚至不惜选择别的班，只为距离近。

很多时候，家长因为工作忙没有时间接送孩子，在为孩子选择兴趣班时，通常会将距离远近作为第一要素来考虑，往往会为了方便就近选择。有时候就会选到孩子不喜欢的班，或者有些距离近的培训机构质量不高。

在为孩子选择兴趣班的时候，距离的远近不应该是第一要素，家长应该多方面综合考虑，最重要的是尊重孩子的兴趣。距离近确实方便了家长，却不利于孩子。我觉得，家长多辛苦点无所谓，不能一味只在乎距离远近，而更应该要注重质量，注重孩子的兴趣发展。

3.9 最好的兴趣班不一定是最合适的

在给孩子选择兴趣班时，有些家长目的很明确，就是为了考级，为了孩子今后升学做准备。于是，他们一定是选择最好的，学钢琴、绘画的一定要找大师办的班，学英语的一定要找外教，在他们看来，最好的老师才最适合孩子。

身边不乏“拜”入大师或名师门下学习的孩子。小阳爸妈为了给她报班走遍了全城大大小小的培训机构，因为爸妈知道英语对孩子的重要性，毫不犹豫的让孩子去学英语，专门给小阳找了一家有外教的英语培训班。

美国外教说着纯正的英语，水平自然没得说，小阳所学的英语班自然也是同类中最好的。小阳在外教的指导下学得很好，5 岁的时候，她就已经拿下了剑桥少儿英语一级证书，按理说已经不错了。可考级就是个无底洞，一级过了，就得备考准备着考二级，二级过完还有三级在等着她，妈妈也让小阳接着考级。于是，小阳的生活就成天围绕着考级，不但孩子很疲惫，家长也非常的忙碌和辛苦。

妈妈也经常不断地催促着小阳学习、备考，有时候妈妈还会为了兴趣班的事情和小阳发生冲突，加上考级的压力，这些都让小阳丝毫感受不到兴趣班学习的乐趣。小阳小小年纪就搞得每天都闷闷不乐，渐渐对学习没了兴趣，可妈妈硬要逼着她学，说这么做都是为了孩子今后好。

家长为了让孩子具备一定的竞争优势而强迫孩子参加某项兴趣学习。比如孩子学习美术、音乐等就是为了以后参加考级，为升学增加优势。

虽然家长为孩子选择了最好的兴趣班、最好的老师。但如果是出于这样的目的让孩子参加兴趣班学习，家长只是努力创造自己心目中的孩子，而忽略了孩子自身发展规律，其结果对孩子的成长过程毫无快乐而言。

为孩子选择兴趣班时，选择最好的，却不一定是最合适的。选择老师不必一定是最好的，但一定要了解孩子。有的家长给孩子找老师喜欢找领域里最拔尖的。但老师自己业务精是一回事，能够讲出来让孩子理解和接受又是另外一回事。同事说他给女儿选兴趣班时就选了一个对孩子特别了解的老师。她女儿学舞蹈，只上了几节课，老师就能一语中的抓住孩子们的特点，并且能把每个孩子的特点秉性都摸得一清二楚，同样的教学内容，他会根据每个孩子不同的特点来教，比较人性化，这就是好老师。

事实上，为孩子报名兴趣班，要多方面考虑是否合适孩子，不要盲目地认为最好的班、最好的老师就是最好的，也不要强迫孩子去学，甚至带一些功利的想法。最好的不一定是最合适的，选择老师也不一定要是专业最好的，能了解孩子、有爱心、责任心就好，这样孩子学起来也会很快乐。

3.10 最热门的一定就好吗

几乎每个接孩子的家长见面第一句就是“报班了吗”，这好像成了接头暗号。身边的孩子很多都在外面开小灶——国学班、舞蹈班、画画班、英语班、钢琴班层出不穷。

家长们在一起聊天的时候，聊得最多的也都是孩子的话题，而大多又都是孩子的学习及兴趣班的问题。

有时候热门的兴趣班都是无知的家长捧出来的。就说现在学艺术的孩子基本上都会选择钢琴，钢琴成了热门，这恰恰就是家长捧出来的。家长们总喜欢用“别人家的孩子”来和自己的孩子作比较，无意中都会提到“人家的孩子多聪明，在学钢琴”之类的话来满足自己。因此，别人家孩子在学的东西，自己家的孩子也一定要学，学钢琴的孩子越来越多，也就成了热门。

给孩子选择最热门的班，却没有考虑他是否喜欢、是否擅长、是否有兴趣。这会让孩子真正的兴趣得不到发展，容易打消孩子积极性，让孩子产生自卑心理，自然也会辜负你的期望。

其实，为了攀比而一窝蜂报热门的兴趣班是不可取的，一定要坚持自己的原则，不要给孩子选择那些不喜欢的热门兴趣班。

兴趣班最好从孩子兴趣和个性特征出发，让孩子在兴趣班的学习过程中获得人格全面发展，提高学习能力和交往能力等。如果孩子的兴趣特别广泛，家长也应对这些兴趣做出筛选。孩子的课余时间已经非常有限，保证他们的休息、玩耍和课外阅读的时间也就是捍卫他们的健康与快乐。

第四章
什么样的孩子适合上艺术类兴趣班

4.1 艺术类兴趣班种类多，该如何取舍

有一次，幼儿园的班主任老师在QQ群里统计孩子们课外兴趣班情况，全班五十几个人几乎都报了课外兴趣培训班，有的孩子甚至一周要上三四个兴趣班，这着实让人惊讶。

孩子低年级时作业相对较少，还有时间和精力去学各种兴趣班，但到了高年级，随着作业量和学习科目的增加，家长一般也会本着学业优先的态度对兴趣班做一些取舍。

那么，坚持和学习了很久的才艺，家长跟孩子也都付出了心血和时间，这如何取舍是好呢？

杰杰小时候很喜欢音乐，看到电视里钢琴演奏时悠扬的琴声就爱上了钢琴，并主动要求学习，父母也给他报了钢琴班。从幼儿园时开始一直在学，后来虽然学习繁重了，但杰杰是真很喜欢，也一直坚持了下来。

除此之外，杰杰从上幼儿园开始就断断续续上过英语、舞蹈、书法、儿童绘画、钢琴、国画、羽毛球等班，后来发现有些项目只是短暂有兴趣，自然也舍弃了。随着学业繁重了，父母也考虑给他舍去一些项目，比如学校设置了英语课，就舍去了英语班，儿童绘画和国画有些重复，也就去掉了儿童绘画，只有钢琴坚持了下来。

在针对兴趣班的取舍时，家长首先要考虑的就是哪些是孩子最感兴趣且持续时间最长的。其次，考虑哪些兴趣班是对孩子的成长及将来产生深远影响和

帮助的。第三，舍弃那些因为孩子的一时冲动、好奇选择的兴趣班，或者按照家长自己的兴趣选择的，以及舍掉那些家长硬塞给孩子的以及充满功利性的兴趣班，同类型的兴趣班也可以舍弃。

一般来说，给孩子选择兴趣班，要遵循“适量”原则，让孩子学习一两门特长是好事，从长远发展的角度来看，有特长的孩子往往生活都比较快乐。但让孩子学得太多，一下把所有的好东西都强加在孩子身上，也会造成消化不良。

一味地贪多求全，盲目地跟风的做法都是不可取的，有时候会适得其反，竹篮打水一场空，严重时还会破坏了孩子的学习信心和欲望，得不偿失。

所以，父母不能强迫孩子，重要的是孩子的兴趣，根据孩子的精力和学习情况适当取舍，让孩子度过一个快乐幸福的童年。

4.2 艺术素养大于技艺素养

“我家孩子一听音乐就打瞌睡，就跟听催眠曲一样。”

“给他报名学习舞蹈、音乐、绘画班都是半途而废，说没兴趣，不想学。”

“我到底要怎么做才能培养孩子的艺术特长？”

“和他听音乐会他根本听不进去。”

“每次我们去看画展她都是心不在焉的。”

……

家长给孩子报艺术兴趣班时会遇到这样的问题，给孩子报班，目的是想增强孩子在未来社会的竞争力。

这无可厚非，可为什么要让孩子学习艺术呢？艺术对孩子会有怎样的影响力？为了让孩子学会音乐还是为了让孩子以后成为艺术家抑或是为了培养孩子欣赏美的能力？

其实，我们需要培养的是孩子的艺术修养，这往往被很多家长忽视。

艺术修养主要集中体现在思想、知识、情感、艺术四个方面。艺术家之所以成为艺术家，其个人的努力起着决定性作用，这种个人努力就是艺术修养。艺术修养的深浅决定着其作品艺术水平的高低。

对于孩子而言，培养其艺术修养尤其重要。很多家长一开始就直接让孩子学习技术，想让孩子有一技之长，对孩子的艺术修养并不重视，他们眼里的艺术修养就仅仅是让孩子去学学音乐，或者是学学舞蹈，再不就是画几张画，就认为是拥有了艺术修养。

实际上，这只是表面艺术，并非接触一下，就能让孩子从内而外散发艺术的气息。孩子会弹几首曲子，我们会发现这曲子虽然中规中矩，可听起来没有感觉，没有灵魂，这就是我们常说的技术娴熟，却没有艺术修为。有时候一首美妙的曲子需要用心去体会去演奏，可孩子的人生阅历、艺术素养达不到，虽然可以按照老师所教授的完成演奏却始终缺失了点什么。

艺术素养，指的是对艺术的欣赏能力和表现能力的综合体现。主要包括了对音乐、舞蹈、绘画等艺术的欣赏、感受、认知、表现能力的综合体现。简单说，艺术素质就是感受美、鉴赏美和创造美的能力。

艺术素养的来源，是生活的艺术性的积蓄、沉淀与再造。在欣赏世界经典名曲时将身心投入到那旋律节奏的氛围里，来感知艺术领域不同的表达境界。在学习名画中培养艺术的素养、修养，在阅读经典名著艺术中领略先贤的思维创意境界过程。只有艺术素养修养的不断提升，才会有欣赏艺术，分析艺术境界的提升。一首精彩绝伦的乐曲，在每次欣赏时，都有不同收获，不同的感想。

所以在为孩子选择艺术兴趣班之前，不妨先对孩子进行一些艺术素养的和熏陶，比如让孩子多听音乐、多欣赏舞蹈等等。

艺术学习的根本意义不在本身，而在于孩子的素养培养，除了“考个好学校可以作为特长加分”之外，掌握了一门艺术技巧，对今后的工作、学习和生活是有用的。

其实，艺术学习的意义还不止这些，让孩子在艺术学习与实践中学会建立形象感知与思维，并在对美的感知、感受中形成完善的人格，进而有更好的比较、判断、联想和创造的能力，更强的表达、表现能力。这样的孩子以后做什么事情都会比别人更优秀。

现在我们经常听到“通才教育”“复合型人才培养”等等说法。一个人在多种能力结构中，艺术素养和技能常常是不可或缺的。或者说，无论从事什么样的职业，都需要有艺术感觉和美学素养才能做得更好。没有良好的艺术素养再好的技术也不能设计出有内涵的东西，没有精湛的技术再好的艺术素养也不能更好的表现出来，这两者是辨证统一。拥有良好的技术只能是匠师级，而拥有良好的艺术素养则是大师级。

在孩子学习兴趣班的过程中，不能只注重表象的短期化艺术形式，应该注重孩子优秀艺术素养的培养，让孩子从内心深处喜爱上艺术，他将受惠一辈子。

4.3 艺术类兴趣班选择技巧

近年来艺术素质教育已成为教育的重要组成部分，同时对促进学生全面发展有着不可代替的作用。但是选择兴趣班是有门道的，不仅要看孩子适合什么，还要考虑很多其他因素。

为此，我也带孩子考察了一些培训机构，看都有哪些学习内容，老师怎么教之类的。孩子看着培训机构里面各种新奇的玩具和教学设施，他很好奇，跟几个小朋友在一起玩得很愉快。

小朋友们之间也炫耀着：“我妈妈给我报了绘画班哦，你妈妈给你报了吗？”

回家后孩子就在我面前央求：“爸爸，我要去学绘画。”“我要学弹钢琴。”“我要学舞蹈。”……

看着孩子渴求的眼神，我有些犹豫，什么都喜欢，这如何选择？

“一入培训深似海”，我也想让孩子再肆意疯狂地多玩一段时间，别那么早入“坑”。

可孩子一个劲地央求，妻子也实在听不下去了，就说：“报吧，如果班里很多人都报了，他不报会心理不平衡的。”

我妥协了，也就开始让他报班。

第二天，我带孩子去试听他喜欢的课程，最终他暂时敲定了钢琴和绘画，因为这是他最喜欢的。我尊重了他的决定，不管以后结果怎么样，不管从中收获到了什么，这都是生命中最宝贵的珍藏。

在为孩子选择艺术兴趣班时，家长要注意以下四个原则。

首先，一定要尊重孩子的兴趣。培养一个良好的兴趣对孩子的将来非常重要，只有孩子喜欢的才是他最愿意学的，并且学得比较好。如果孩子不喜欢，花了钱也学不到东西。有的孩子天生喜欢画画那就让他画画，如果喜欢弹琴就让他弹琴，尊重孩子的兴趣才能让孩子学得更久、更深。有的家长自己喜欢什么就让孩子学什么，还有的家长就是人家孩子学什么就让自己孩子学什么，这些都是不尊重孩子的决定。

其次，给孩子报班的时候，年龄不宜过小。太小的孩子理解和接受能力有限，这样去报班的话，班内的学生比较多，老师不可能完全照顾得过来，孩子也学不到什么，一般孩子到 5 岁的时候就可以有选择性的报班。

第三，给孩子报班不宜过多过杂。家长都希望孩子成为全才，所以就想让孩子什么都学，可是孩子精力有限，如果课程安排得太满，孩子整天都得不到休息，时间久了会累，还会造成厌学情绪。所以给孩子报班的时候，根据孩子自身的需求，针对性地先报一至两个班，而且两个班的课程不宜每天都有，最好是隔天的，如果是每天都有的课程最好只报一科。

最后，根据自己的家庭实力选择。兴趣班是要花很多钱的，特别是钢琴，一节课几百块甚至上千，对于普通家庭很难承受。如果孩子对于钢琴那样贵的兴趣班不是太喜欢，那就没有必要花这么多的钱去学习。

总之，在选择时遵循一个原则：最适合孩子的才是最好的。

4.4 选择艺术类兴趣班的几大注意事项

给孩子选择艺术类兴趣班的时候，还是要注意以下几点：

（1）不要把自己的意愿强加给孩子

很多家长都是小时候由于经济条件或者其他条件没有机会参加兴趣班，为了弥补自己童年的遗憾，把愿望强加给孩子。如果孩子没有真正的兴趣，难免会产生一些厌学的情绪。因此，选择兴趣班时，家长一定不能把自己的主观意愿强加在孩子身上，防止孩子“被兴趣”， 要坚持“兴趣为王、快乐至上”的原则。兴趣班的选择也应该尊重孩子的意愿，对于孩子在艺术方面表现出来的兴趣，应顺其自然、因势利导。

（2）陪孩子一起学习，监督孩子学习

给孩子报完兴趣班，很多家长就甩手不管了，不要把一切都交给老师，要陪着孩子一起学习，及时关心和了解孩子的学习情况，多和老师沟通、配合，平常在家多监督孩子学习，让孩子始终保持浓厚的兴趣，持之以恒地学习。

（3）太远的兴趣班不要选

对于小孩而言，距离是很重要的，离家近才够好，每天舟车劳顿孩子会很累。就像我家孩子刚开始学的兴趣班就在我们小区楼下的一个培训机构，孩子每天都是开开心心走路去，几分钟就到，很方便。

（4）夸大其词的不要去

现在有一些培训机构，宣传力度很大，对家长过分投其所好，普遍的急功近利，鼓吹能让孩子赢在起跑线，宣扬可以培养神童，其实这样的机构都有些夸大其词。能说的不一定能做，把精力都花在“吹”上了，真正上起课来水平也就一般，所以这样的兴趣班，建议还是不要去选择，对孩子好处不大。

（5）价格太贵的尽量不选

现在很多家长为了孩子的事都舍得投资，也就导致了涉及孩子的东西都是那样的贵。但最贵的其实不一定是最好的，所以要选性价比高、确实能帮助到孩子的就行。

（6）不要盲目攀比

可怜天下父母心，父母们为了孩子的前途，无一不是挖空心思、绞尽脑汁，希望孩子将来能成才，为了孩子不输给别人。但为了攀比就盲目跟风报兴趣班这其实是不可取的，孩子学习兴趣班是为了更加健康、快乐地成长，而非攀比。

（7）不要急功近利

在为孩子选择艺术培训班时，家长的理由五花八门，但基本的一条就是想让孩子通过这些培训班全面发展得更好。家长们不要急功近利，学习是一个长期行为，只要孩子在认真学习总能学到点东西的。

4.5 报艺术类兴趣班的出路在哪

随着生活水平地不断提高，现在家长除了重视孩子的学习成绩以外，也很重视孩子在德智体美劳全面发展。为此，艺术类兴趣班也成了当下热门，很多家长会选择给孩子报几门艺术类兴趣班。

家长报名前都会想得很远，目的性都很强，一到培训机构报名，首先想到的就是我的孩子学了有什么用，将来能干什么，出路在哪这样的问题。

作为家长，在孩子学习艺术类兴趣班之前，确实也应该想想。

学习艺术有什么用？其实还真没有标准答案。一些家长也都是只要求孩子学习，凡是和学习无关的事，家长都认为是在“浪费时间”。甚至有一些家长在网上秀出自己的成功育儿经验，那就是在他们给孩子安排的时间表中，一切和考试、升学无关的东西都没有。当然，这些家长的做法有些极端。在教育改革、推崇素质教育的同时，很多家长也都开窍了，让孩子学习这些“没什么用”的艺术。不管有没有用，孩子学得一技之长，有一项基本技能起码能保证他将来在社会上能填饱肚子。

说到出路，无非就是两个方面，一个就是走专业的道路，一个就是业余爱好。

走专业的道路可能是很多家长选择兴趣班的终极目标，学画画的就想将来孩子成为画家，学音乐的想成为音乐家，学钢琴的想成为钢琴家……然而这样的人只是凤毛麟角，况且想要成为金字塔的顶层也并非易事，这需要一定的天赋，再加上足够的刻苦和持之以恒地学习。爱因斯坦也曾说：天才就是 99% 的努力加上 1% 的天赋。

在学习的过程中，如果你的孩子获得了一些证书，拿了一些比赛奖牌，对他的学业之路会有一定帮助的。目前我国很多学校都要招收一定的特长生，这对孩子来说是一个重要的砝码。有一定的水平后，就可以参加艺考，考入更专业的学校进行更深层次的学习。当然，也有些人会考不上。毕竟，并不是所有学艺术的孩子都一定会有所成就的，很多人穷极一生也没有走到金字塔顶层。毕竟，很多人都只是普通人，孩子也只是普通孩子。学画画的，以后可以做一下设计方面的工作，学音乐的可以从事一下音乐教育方面的工作，这样的出路都是可以的。

还有相当一部分家长一开始没有立志想让孩子在艺术方面有什么成就，只是为了培养孩子的品性，不少家长一直想让孩子以学业为主，等学业繁重了，孩子也就没有更多的精力学习，也就只是作为爱好业余活动而已。

有时候，让孩子参加艺术类兴趣班，是为了给未来更多的可能性。能否学到东西，并非短时间内可以看到效果的。

学艺术，就是为了让孩子学会体味幸福。最好的特长，最大的幸福，就是孩子有能力以自己喜欢的方式过一生，一技之长会为孩子的未来增添更多可能性。

所以，父母不一定要对孩子有过高的期望，学画画就一定要成为画家，学音乐就一定要是音乐家。**不管走不走职业道路，也不管出路如何，只要孩子学习了，艺术类兴趣班的诸多功能诸多好处，都会让孩子受益终身。**

4.6 孩子报名舞蹈兴趣班千万要重视甄选

舞蹈起源于劳动，与文学、音乐相伴而生，是人类历史上最早产生的艺术形式之一。

学习舞蹈能让孩子在气质、形体，以及身体的协调性、柔韧性等各方面都有所提升，更能让孩子学会坚持，在集体中学会如何与人相处及团队协作。

因此，很多家长选择让自己的孩子也学习舞蹈，尤其是女孩子。看着孩子翩翩起舞，再配上各种舞蹈服饰，漂亮极了。

现在国家大力推崇学生的艺术发展，我家孩子就读的小学特别注重学生的才艺特长发展，每周一早上学校会举行表演才艺展示和升旗仪式，每个班轮流表演，有唱歌、舞蹈、架子鼓、演讲、小品等等。有一次轮到我家孩子他们班表演，班主任邀请我们家长前去观赏。

印象很深的是一个男孩和女孩表演的双人拉丁舞，看他们婀娜多姿的体态，轻盈优雅的步伐，美得让人陶醉，我甚至有些词穷，只会感叹“好”。除了女孩子，男孩子原来也可以跳得这么好。我内心也萌发了让孩子去学舞蹈的想法，可孩子死活不去，说那是女孩子学的。

事后我了解到那孩子叫小军，也打听到他学舞蹈的培训机构，为了让孩子去学习，打消他的疑虑，我决定实地考察一番。

小军学习的那家培训机构很大很专业，有很多的舞蹈兴趣班，如芭蕾舞、现代舞、民族舞、街舞、拉丁舞、肚皮舞、踢踏舞、爵士舞等等，荣誉墙上展示着孩子们参加各种比赛、演出的照片，其中就有小军，我一眼就认出了那个帅气的男孩。

看了小军的比赛我就专门找拉丁舞老师了解了一番，恰巧接待我的老师就是给小军授课的刘老师。说到我的疑虑，刘老师告诉我，她学过现代舞、民族舞、拉丁舞，确实在她学舞蹈时一般都是女多男少，包括现在教学舞蹈也基本上是女多男少。其实这是我们的一个误区，因为很多舞蹈都是偏向于抒情，动作一般都很柔美，所以有些家长会觉得男孩子学了舞蹈后少了阳刚之气，也就不让男孩子学舞蹈。其实舞蹈真的是没有男女性别的界限的。很多舞蹈除了柔美也需要力量的，男孩子学习恰恰更合适，既有力量又练就了柔软，舞蹈是不分男女的，拉丁双人舞还需要一男一女搭配。

小军跳得好的秘诀就是坚持不懈地刻苦训练。小军很有灵性，身体柔韧性好，这些都是学习舞蹈的最好的潜质，他 5 岁开始学跳拉丁舞，现在已经四年了，参加过很多演出也获得过很多荣誉，这些都归功于他刻苦地训练。

然而这只是开端，慢慢技术动作越来越多，越来越难，老师的要求也越来越高，训练时间也就慢慢长了，这就需要格外地辛苦。想要在众多的孩子中脱颖而出并不是一件容易的事，需要加倍的努力。小军很好强，希望能有所收获，训练也格外地卖力。除了在学校训练外，回家也经常练习，有时候为了参加比赛或者演出，刘老师还会给他“加餐”。

小军有时候也会受一些小伤，也常常掉眼泪，刘老师告诉他：“不要哭，咬牙坚持下去，你能学好舞蹈，能战胜学舞蹈的困难，以后遇到什么困难也就都能够战胜。”

小军就这样一直坚持着，这一坚持就是四年，同时也获得了很多荣誉。刘老师说，学会了坚持就是舞蹈带给小军最宝贵的财富。

有时候家长因为小事情就不想让孩子学了，其实这是在找理由让孩子放弃，有些东西并非一蹴而就的，家长应该去掉那些功利化的思想，让孩子学习坚持。有人说选择比坚持重要，我想说**坚持更重要，即使最终毫无成绩可言，但至少孩子学会了坚持，这就是最大的收获。**

孩子学习舞蹈有什么好处

（1）提高身体素质

练习舞蹈需要一定的体力消耗，同时活动到全身各个部位。长时间的练习，身体可以得到充分的锻炼，这样可以提高孩子的抵抗力和身体素质，减少生病。

（2）培养坚毅的精神

孩子刚开始学习舞蹈的时候会学习基本功,然后就是学比较有难度的动作,当孩子通过自己的努力克服了这些困难,也就无形之中培养了孩子坚毅的精神。

（3）提高身体灵活性和柔韧性

在学习舞蹈过程中会涉及到下腰、压脚、劈叉等动作，这可以充分地提升孩子身体柔韧性，同时也锻炼到孩子身体的灵活性。

（4）培养协调能力

在学习舞蹈过程中孩子会调动全身的各个部位，不管是上肢、下肢或是头部都会配合着音乐进行各种动作。学习舞蹈可以让孩子更有节奏感，可以更好地培养孩子的协调能力。

（5）能让形体更优美

孩子正处于生长发育阶段，经过舞蹈的学习，比如抬头、挺胸、收腹等动作会使孩子规范站姿、形体优美，而且能纠正驼背、耸肩等形体问题。

（6）增强自信心

表演舞蹈时孩子们在舞台上努力表现，这对增强孩子的自信心很有帮助。

（7）培养合作能力

孩子学习舞蹈，并不仅仅是独舞，还有双人舞、集体舞，这就需要两人或者多人默契配合，在舞蹈学习的过程中也就培养了孩子的合作能力。

（8）提高审美情感

舞蹈是通过音乐、动作、表情、姿态来表现内心世界，在舞蹈学习中，孩子也可以接触到音乐或者其他艺术，这样就不断培养了孩子的审美感，在无形之中也可以得到更多的艺术熏陶。

舞蹈兴趣班适合什么孩子什么年龄

舞蹈对于孩子的身体柔韧性发展有较好帮助，根据孩子的发育情况，舞蹈学习并不适合 3 岁前的孩子。

学习舞蹈的适龄期为 4~5 岁，这个年龄开始学习，身体柔软度好，但因为年龄小，认知能力弱，这个时候一般以启蒙教学为主，主要进行一些兴趣培养，培养其对舞蹈的感知、协调性、律动、节奏感等，因为孩子这个时期骨骼还未完全发育好，不宜进行严格的舞蹈技巧训练。

专业的舞蹈训练建议等到10岁以上。因为专业舞蹈训练强度大、时间长，有的动作会使人体组织负荷较重，容易损伤肌肉，对于10岁以下孩子的生长发育不利。

当然除了孩子的年龄段以外，父母还应该根据孩子的兴趣所在，以及自身天赋条件来进行选择。一般而言，身体柔韧性好的孩子更适合学习舞蹈，身体过于僵硬的孩子学起来会很费劲。

4.7 钢琴兴趣班究竟该怎么上

钢琴被誉为“乐器之王”，是西洋乐器里最有意思的一门，有很多和声、音色等，音乐体系非常丰富。它可以训练乐感、音准、节奏，只要是学音乐的，钢琴是必修课。时下，钢琴几乎是每一个家长在给孩子选择乐器学习时的首选。

聪聪从小对音乐就有兴趣，每次电视机里播放音乐的时候，他都会立马被吸引住，竖起小耳朵仔细聆听，身体还会跟着音乐的节奏左右晃动、翩翩起舞，一副很享受的样子。

看到他出现对音乐喜爱的苗头，聪聪爸爸妈妈就在窃喜，不愁孩子没兴趣爱好。在聪聪4岁的时候，他们问孩子想上什么兴趣班，聪聪竟然毫不犹豫地说：“学钢琴。”问及其缘由，原来是他在看电视时看到一位钢琴家演奏钢琴，被那个帅气的技能深深折服，为那天籁悠扬的琴声而痴狂，觉得会弹钢琴是特别了不起的一件事。

这和聪聪爸妈的想法不谋而合，让他们很高兴，但他们也有一些担忧，因为要成为钢琴家并非是一朝一夕的事，而是经过长年累月的坚持刻苦练习出来的。

刚开始他们也没多想，只希望孩子能认真学，练出一双“巧手”。聪聪对钢琴也饶有兴趣，信心十足，学得很刻苦，很快就通过了钢琴一级考试。爸爸妈妈看着聪聪有点“成绩”，心态也变了，变得越来越看重成果，开始让孩子筹备考二级。目标也变得越来越明确，盯着聪聪练琴，“逼”着他学习。

不到一年的时间，聪聪的劲头没以前足了，越来越没耐性，甚至有了一些抵触情绪。聪聪觉得这样反反复复的练习没意思，他不想考试，甚至有些厌烦了。

的确，钢琴学习就是日复一日地练习，再加上不断的级别考试，很容易把孩子对钢琴的好感消耗殆尽。一些培训机构在理念上相对比较传统，一味地重视技能教学和考级成绩，单调的授课方式、孩子们枯燥的学习，再加上父母的功利心都会导致孩子失去兴趣。

爸爸妈妈让聪聪休息了一段时间，但他们并不想就此放弃，因为任何学习都是需要花费时间和努力的。他们也咨询了很多朋友，思考着如何让孩子重拾对钢琴的热情。

调整了一段时间，爸爸妈妈又重新给聪聪找了一家培训机构，这家机构与之前比较注重结果的理念有所不同，他们的音乐理念就是：全面培养孩子的音乐能力，让孩子充分享受音乐的乐趣。

来到新的兴趣班学习，聪聪重新找到了钢琴的乐趣，这里上课不再是之前枯燥的指法练习，也不是那样反复弹一个曲子，老师在教学过程中甚至加入了一些变化。比如老师弹一个音节让孩子们听、辨别等等，有时候还加入一些游戏环节，每堂课内容都有很多变化，孩子们觉得很有新鲜感。

这个机构的老师甚至不赞成孩子考级，没有考试的压力，上课也很“娱乐化”，聪聪很喜欢，也很开心。看到聪聪这样，爸爸妈妈也放弃了当初那种一味追求成绩的心态，只要他学得开心快乐就好。

每次上完课聪聪都是兴高采烈的，回家练琴也很积极，状态也越来越好，他会喜欢把自己弹得很棒的曲子展示给家人，一曲完毕，听到家人的掌声，脸上就会露出满满的幸福感，音乐不仅带给了他快乐，也给家人带来无尽的快乐。

是啊，让孩子上兴趣班，不就是想让孩子在学习的过程中享受乐趣吗？这样寓教于乐的方式才是孩子们喜欢的。

有时候家长过于注重结果，恰恰是在剥夺孩子快乐的童年，绑架孩子的兴趣，孩子也会在学习过程中慢慢失去前进的激情。家长过度关注孩子学习的结果，无形中会给孩子带来巨大的压力，孩子会觉得原来感兴趣的事情变成了不得不完成的任务和考试，这跟读书没什么两样。渐渐也就没了兴趣，甚至开始厌烦。

其实，**学习的过程远比结果更重要**。在学习的过程中，家长更应该关注孩子究竟学到了什么、培养了哪些能力、获得了那些提升，而这些都是贯穿在学习过程中对孩子的未来影响深远的。

结果固然重要，但是过程决定结果。只要孩子尽力了，他也体会到在学习的过程中的喜悦和快乐，那将是最大的收获。

学钢琴，学音乐，就是让孩子玩音乐，享受音乐带来的乐趣。

孩子学习钢琴有什么好处

弹钢琴的好处显而易见，诸如开发孩子的音乐智能、促进孩子大脑的发育、锻炼手指的灵活性以及身体的协调性、陶冶情操、提高对音乐的鉴赏力，让生活变得更加充实更有品味。

（1）提高修养及素质

孩子从小学习钢琴，接受良好的音乐熏陶，不仅可以提高他们的音乐素养和艺术修养，还会让孩子学习严谨踏实的学习态度，刻苦努力的学习能力。同时对孩子的个人文化涵养、情商、性格都有着潜移默化的影响。

（2）开发智力

学钢琴需要通过手、眼、耳朵、身体、大脑的联合运用，可以锻炼孩子的反应能力、协调能力。两只手同时弹奏的时候，左右脑也在同时运转。

（3）锻炼协调能力

孩子弹奏练习钢琴的过程中，要求十个手指在各自独立的前提下保持积极敏捷的活动，听觉也要十分专注，手、眼、脑等多方面协调配合对促进孩子的灵活性、协调能力都有显著的提高。

（4）锻炼耐心

钢琴学习需要一个漫长的练习过程，这就需要孩子不断的、持久的进行重复练习，这种练习过程可以慢慢的磨练孩子的耐心、恒心，让孩子看到努力的结果，孩子会变得越来越有信心和勇气。

（5）增强音乐鉴赏能力

孩子在钢琴学习的过程中，不断接触和聆听大量的经典优秀作品，通过训练和作品的熏陶，结合自身的练习，可以提高对音乐的鉴赏能力。

（6）提高个人整体能力

钢琴需要不断的多次练习，长此以往，孩子的逻辑思维、记忆力、协调能力、视听觉能力、情绪控制力等都会得到提升，能全面提高孩子的能力。

（7）积累精神财富

没有任何一件乐器能有钢琴那么多的独奏曲，在无数的乐器中，钢琴称得上最高端、经典、恒久的乐器，对孩子来说钢琴演奏就是无价的精神财富，孩子的情商、智商、认知、世界观、价值观、人生观都会得到提升。这笔精神财富将让孩子受益一生。

钢琴兴趣班适合什么孩子什么年龄

从生理学和心理学的角度来看，孩子在4~5岁左右无论是大脑的发育、身体的发育，还是注意力、理解力、接受能力、认知能力等方面都具备了良好的前提条件。加上这个时候孩子还处于学前状态，有充足的时间来练琴，一般认为4~5岁是学习钢琴的最佳年龄。学钢琴也有男女之分的，女孩子要在4~5岁之间比较好，而男孩子要靠后一年，也就是5~6岁可以开始学。

孩子年龄太小也不合适，因为钢琴对孩子的手指力度和力量有一定的要求，年龄太小就无法达到这一力度要求，这不仅不能很好地学习钢琴的演奏，而且时间一长还会对孩子手指的正常发育有损害。同时学习钢琴也需要孩子具备一定的能力，这其中包括认知能力发展到一定的水平——能认识简单的五线谱、有一定的听力分化及对音乐的感受能力，如区分音乐的高音、音色、单调等，还包括手部精细动作的发展、一定的手眼协调能力及手指的力度、手发育的大小等。

不过，因为孩子之间存在着很大的个体差异，身体条件和智力发育情况也不尽相同。年龄也没有严格的界定，还是要根据孩子自身的条件进行选择，身体与心理素质方面都要考虑进去。比如孩子年龄不大，身体发育却很好，辨识能力、专注力、听力也都很好、乐感也好，这样的孩子也可以开始学钢琴了。相反，如果一个孩子年龄大了却不具备这些条件，那就只有等等再学。

对于钢琴适合哪些孩子学习，一般而言没有严格的要求，只要五指健全的人都适合学习钢琴。

你的孩子适合学习钢琴吗？如果你的小孩具备以下条件之一，也许他更善于学习钢琴。

（1）喜欢音乐、喜欢唱歌，对音乐节拍节奏等反应灵敏；

（2）耳朵灵敏，对各种声音敏感，喜欢聆听，辨别各种不同的声音；

（3）自控能力较好，有专注力，能够在一段时间内集中精神；

（4）已经具备一定的认知、理解、想象能力；

（5）有坚持精神，不怕枯燥、能吃苦。

4.8 古筝兴趣班适合哪些孩子

古筝是我国的独特的传统乐器之一，它音色优美、音域广阔且具有相当强的表现力，深受大家的喜爱，尤其备受女孩子青睐。很多家长为了让孩子有一些特长，也会选择让孩子去学习古筝。

同事有个女儿恬恬就是学古筝的，冲着对古筝的喜爱，我也自然对她多了几分关注。

有一次去同事家聚会，大家都带着孩子，孩子们逐一展示着才艺。轮到恬恬时，她坐在古筝前，古筝前也没有放谱子，她坐着那轻松地弹着。我们坐在沙发上静静地聆听着，悦耳的古筝声仿佛是从她的心里流淌出来的，婉转悠扬，每个音符都像是有生命一样，跳着钻进了我们每个人的心里，让人感到温馨舒畅。

她妈妈告诉我这首叫《高山流水》，看着恬恬随心所欲的样子，甚是得心应手。随后恬恬又弹了一首，我们齐声称赞。我问她妈妈：“恬恬这水平，级别很高了吧。”

她妈妈说，恬恬没有级别，孩子没有考级，她们也没有逼她考。

我有些惊讶：“这是为什么呢？”

她妈妈告诉我恬恬喜欢古筝就给她报了古筝班，古筝老师留的作业，妈妈会督促恬恬完成，但从不逼迫恬恬练习。恬恬一般也都是完成好学校作业再去练习，时间也都是自己安排，妈妈给她很大的自主性。老师跟妈妈说恬恬特别有天分，只要肯努力，很快就可以考过古筝十级，但妈妈没有逼恬恬去考。

她妈妈说：“孩子考过了十级又怎么样呢？孩子每天被逼着练习就是为了那张十级证书吗？让孩子早早考级除了证明孩子是个古筝天才，我们家长有面子，可以让别人羡慕之外，对于孩子自己没有任何正面的意义，万一孩子为了考级被逼迫得厌倦了，失去了兴趣，那才是得不偿失。无论她多么有天分，只要不喜欢了，考再高的级拿再大的奖也没有用的，所以不想逼孩子，也不想让她考级，我们只想让她维持对音乐的那份热爱，只想保护孩子的兴趣。”

后来我问恬恬，恬恬也说她从来没有那种被逼得很痛苦的感觉，妈妈从不逼她练习和考级，她都是想弹时就弹一会儿，每天完成作业后她都会练习一会儿，没有时间的限制，随心所欲。

曾看到新闻，有个女孩说，古筝就是我的刑具，每天要上刑一个小时，还有个孩子说：我一坐上琴凳，我妈就不再是我妈，变成了“打手”和“监狱长”。孩子们为了逃避也想法设法，有的装病，有的就借故上厕所，甚至有的小孩一到练习就想上厕所，搞成了“尿频”。慢慢兴趣班变成了扫兴班。

大多数父母并不想让孩子以音乐为专业，只是想培养孩子对音乐的兴趣，具备一定的音乐素养。但是孩子一旦开始学习以后，练习在父母的心中就成为最重要的生活内容了，也成了很多孩子的噩梦。父母忘了孩子学习的初衷，学着学着就变成为了比赛、为了考级，甚至是为了给父母争面子。

一开始孩子还兴致勃勃，可学到了一定程度之后，学习就变成了考试，一级一级地往上考，刚考过一级松了口气，又要开始准备下一级的考试。

评价古筝弹的水平高低，有时候真的不是一纸级别证书可以囊括的。**保护孩子对音乐的兴趣，让孩子感受音乐的美好**，这些才是孩子学古筝的根本目的和初衷。

孩子学习古筝有什么好处

古筝历史悠久、个性独特，它能以潜移默化的方式影响孩子的认识、灵魂和气质，是孩子美育、德育的“仁智之器”。

（1）提升气质修养

古筝是雅乐，常习者气质趋于古典优雅。古筝学习需要孩子有一定的传统文化底蕴，这样才能更好地理解曲目的内涵，从而弹奏出动听的乐曲，达到更高的水平和境界，这就在潜移默化中提升了孩子的文化和艺术修养。

（2）陶冶道德情操

古筝作为中国传统乐器，具有深厚的历史文化底蕴，其弹奏出的天籁之音具有滋润灵魂的作用，能让孩子在弹奏过程中陶冶高尚的道德情操。

（3）发展专注力

孩子弹奏古筝时需要眼睛看乐谱、耳朵听音乐、手指在古筝上准确地移动，手臂配合手指运动，同时身体也要配合手臂运动，在整个过程中孩子必须集中注意力，否则就会弹奏失败，这有助于培养孩子的专注力。

（4）有助于智力发展

练习古筝的时候，需要手、眼、耳、脑都使用到，可以说是真正的一心多用。左右手联弹，双手既有联系又不能互相干扰，这就需要孩子在大脑中清晰地调动，左右脑同时工作对孩子的智力发展有很大的帮助。

（5）有利于身心健康

古筝弹奏是需要全身心投入的，身体配合综合指法全身发力，常弹对身体是极好的锻炼。同时优美的乐曲对心灵是滋养，古筝是一种有益锻炼身心健康的乐器。

（6）培养音乐的鉴赏力

学习古筝要接触和阅读大量的优秀古筝作品，长期的训练和作品熏陶不仅可以使孩子情感丰富、情绪开朗，还可以提高音乐鉴赏力。

（7）缓解学习压力

学习古筝不仅可以学得一技之长，更重要的是可以修身养性，特别是在学习压力大的时候，心烦气躁，练练古筝，更是能让你静下心来。

（8）让孩子更加自信

学古筝的时候，需要每天认真学、认真坚持，等到完全学会一首曲子的时候，孩子就会很有自信心，同时孩子也会在音乐的熏染下变得更有气质，在其他方面也会更加自信。

古筝兴趣班适合什么孩子什么年龄

古筝是一种需要手指弹奏的乐器，这就对孩子的手指力度有一定的要求，年纪太小力度不够，且不能自制，注意力也不集中，还会影响正常发育。建议古筝学习最早从五六岁开始。这个年龄段具备了学习古筝这样的基本条件，孩子的发育、手指的条件，同时自制力、注意力、记忆力、模仿力和求知欲望有明显的发展。

当然，具体学习古筝年龄还是要根据孩子来决定，大一点孩子接受能力明显增强，自觉性、理解力、持久的耐力和毅力都要强些，在这个时期孩子学习弹奏技能、技巧、理论更容易接受，弹奏的进展速度也会很快。

4.9 孩子如何学小提琴

小提琴是大家非常喜欢的而且生活中很常见的一种乐器。

小提琴声音优美有韵味、价格适宜、体积不大、携带方便，能锻炼孩子的气质，培养意志力，好处不胜枚举。

给孩子选择一种乐器培训似乎是每位家长必要的项目，现在学校也重视孩子才艺方面特长的发展，孩子的同学中大部分都学了一两项乐器，锦烨学的就是小提琴。

初见锦烨表演，一身黑色的燕尾服，里面是白色的衬衫、红色的领结，肩上是小提琴，温文尔雅，帅气逼人。

锦烨爸爸告诉我，他们家并没有从事音乐有关的人，甚至对音乐都是一窍不通，他们也没有想到孩子会喜欢上小提琴。锦烨的音乐启蒙大概源自于他外公，外公是一个唢呐师，每次去外公家，外公都会吹曲子给他听，锦烨听得津津有味，也逐渐喜欢上了乐器。

7 岁的时候，锦烨上小学了，爸爸想给孩子选一种乐器学习，他们试听了很多乐器的课程，钢琴、葫芦丝、小提琴、架子鼓、巴乌、古筝等等，偏偏锦烨对小提琴情有独钟，小时候在电视里听到有人拉小提琴，锦烨就被那悠扬的琴声迷住了。

锦烨想学，爸爸并没有立刻答应，他去学校跟老师沟通了解，也网上查找一些学习小提琴的相关问题，他知道学小提琴很辛苦，尤其入门很难，都说弓弦类的乐器难学，尤其是小提琴。爸爸把这些以后会遇到的困难都给锦烨讲了，锦烨却依然坚定，最后爸爸也尊重了他的选择。

刚开始是最难的时候，弓弦类乐器弹出声音并不难，但是弹出音乐就难了，每次去音乐培训机构，小提琴班经常会出现“咯吱咯吱”的声音，就跟“锯木头”一样。这是学小提琴的孩子都会经历的过程，不像钢琴那样的乐器，即使入门，弹出的声音依然悦耳，这都是乐器本身决定的。

很长一段时间学小提琴的孩子拉出的声音都不好听，孩子甚至会怀疑，到底能不能拉出那种悠扬的音乐。

锦烨也经历了这样的一段时间，拉着难听的声音，老师说刚开始都是做好基本动作，学会姿势，拉空弦，为以后打好基础。大概学了两三个月，锦烨才学会拉一首简单的曲子。

锦烨有时候会有些小情绪，甚至一度不想练了，但他想着当初自己选择时的那份坚定，咬着牙坚持着。有时候练琴也都要爸爸和妈妈催促，老师也鼓励他、开导他，说乐器只要坚持练习，量变的积累会发生质变的，很多音乐大师都是日积月累练习的结果。锦烨就这样坚持了下去，一年多后，总算有点起色，现在还能在学校经常上台表演了，很有信心。他爸爸说，锦烨现在练琴都是高高兴兴地去。孩子度过了困难期，坚持下来就是最大的成就。

对于锦烨将来的发展，他们也没有设定目标，也不一定要成为小提琴家。只要孩子喜欢，只要孩子有时间就会练习，不管学琴对孩子的学业有没有帮助，他们都会坚持。毕竟生活中有音乐相伴，心情会变得更加美好，整个人都会很阳光，这才是最大的益处。

家长给孩子选择兴趣班的时会面临很多选择，除了家长的正确引导还要尊重孩子自己的选择，孩子自己做出的选择更容易坚持下去。

孩子学习小提琴有什么好处

小提琴是一种在结构与声音上都十分完美的弦乐器，被誉为“人类设计最完美的艺术品”。无论是对孩子智力的开发、手脑的配合、对美的追求还是对修养和气质的提高都有着其他学科无法代替的益处。

（1）提高听辨能力

小提琴跟其他乐器相比，要求孩子的听辨能力非常高。因为它的声音不像钢琴，按哪个键就是哪个音，小提琴的音准，需要自己用听力判断，这是一个非常严格的锻炼听力的办法。一般学习小提琴的人，听辨能力都非常高。

（2）提高孩子智商

拉小提琴时左右手动作要协调，手、眼、耳、脑同时调动起来能开发左右脑的思维，拉琴过程中孩子的眼睛也要不停地看乐谱，这对他们的观察力、注意力是很好的锻炼，拉小提琴还有利于同时开发孩子的左右脑，提高智商。

（3）锻炼自己的毅力

学习小提琴是一个艰难的过程，需要日复一日长时间地练习。学的时候也会遇到种种困难，当跨越每一个困难时，孩子的毅力都会不断地加强。

（4）培养孩子的修养

小提琴是一门典雅的乐器，学习小提琴会促使孩子接触更多古典的、经典的文化，这些文化不但包括音乐，还有美术、文学等等方面的内容。所以，学习小提琴，有利于提高孩子的整体修养。

（5）提高时间利用率

也许孩子会面临学业和练琴的时间冲突，但只要把握好分寸，每天适当地练练琴，一是可以让孩子在紧张的学习压力中得到放松，二是能让孩子更加紧凑地安排自己的时间，提高时间利用率，一定程度上来说，可以促进学习的进步。

小提琴兴趣班适合什么孩子什么年龄

小提琴演奏是单手拿琴站立演奏，这就要求手指有一定的力量和力度，孩子年龄尚小，力量不够，对孩子来说过于勉强，还会影响正常发育。建议孩子可以从 5~6 岁开始学习，这个时候孩子发育较好，手部力量也够，并已经具备了基本的语言表达能力和理解能力，同时也需要孩子有专注能力，能坐得住，这个时候学习比较适当，在这之前有条件的父母还可以让孩子做一些准备，进行一些音乐启蒙，学习一些基本的乐理知识，培养其对音乐的兴趣，这对学习小提琴有很大的帮助。著名小提琴家盛中国说过的一句话：“让孩子学琴，主要为的不是造就小提琴家，而是造就人，音乐对人的性情有极大的陶冶作用，会使人成为一个感情丰富的人，一个有格调和品位的人，一个富有同情心的人。”

所以说，孩子学琴最重要的是一种素质的培养，是为孩子创造一个良性循环的开始，让孩子爱艺术、爱生活、爱创造、人格健全。乐感、节奏感、两手的灵活性，以及良好的记忆力都是很重要的条件。因此，只要小孩子的手机能都正常，手不是太小，都可以学琴，甚至不是很聪明的孩子都能学习。

4.10 架子鼓学起来并不难

除了传统的钢琴、小提琴，架子鼓也越来越受欢迎。架子鼓是上世纪20年代源于美国的一种打击乐器。它那激昂有力的声音，复杂多变的节奏，小小鼓手挥洒自如的表演，深深扎根在每个人心中。

越来越多的爸妈支持孩子学习架子鼓，因为架子鼓学习不需要很强的乐理基础，孩子能很快入门。但也有家长觉得还是学钢琴、小提琴比较高雅，打鼓在哪个乐团演出都是配角。

确实架子鼓不是场上的主角，但却至关重要。让孩子学习架子鼓，也恰恰是让孩子由“以自我为中心”心态转变为团队协作，让孩子懂得配合意识。一场完美的音乐演出，并不是因为某个人或者某种乐器的突出精彩表演，而是整个团队的完美协作。

现在虽然开放了二胎，但独生子女还依然很多，很多孩子也都是生活在“四二一”结构的家庭中，享尽了各种宠爱，有些孩子会很自私很自我。

荣飞就是这样的一个被“宠坏”了的孩子，在家里一切以荣飞为中心。

孩子性格也很外向，比较好动，就是很自我、自私，这可能也是家庭环境造成的。有一次我带孩子去他家玩，孩子看着荣飞琳琅满目的玩具很好奇，很想玩。荣飞爸妈劝他和孩子一起玩，可他就是不干，自己一个人玩着玩具，孩子就只能在边上看着。后面又去了他家几回，每次孩子也只能当着观众，我心想，这也太自私了。

还有一次，我们几个家庭一起聚会，在草坪让孩子们玩“背夹气球游戏”

比赛，两个人背与背之间夹一个气球，运送到指定地点，两人一组进行比赛，这需要两个人的默契度和协作能力。荣飞和小瑞一组，比赛开始，荣飞根本不管小瑞和气球，大步流星地走向终点，当时把大家笑得不行，等大家提醒他游戏规则后，第二次还是如此，折腾几次，其他组都完成了，他们没前进几米。小瑞十分想赢，急哭了，一个劲地埋怨荣飞，大家也只有开导小瑞。大概荣飞当时也就只是想着自己，回想之前去荣飞家的情形，我知道答案在于荣飞的自我心态。

后来，他爸妈也看出了孩子的问题所在，想让孩子改变一下这种自我的性格，给他选个乐器项目进行学习。荣飞十分好动，钢琴那样的项目，需要孩子坐得住，也需要孩子安静下来，选来选去，选了一个比较活泼的项目——架子鼓。

有节奏地敲打着架子鼓，酷劲儿十足，荣飞很喜欢，不需要爸爸妈妈监督催促，只要一做完作业就会自己主动练习，老师也说荣飞很努力，很自觉。这就像打开了他的音乐大门，挖掘出了他体内的音乐潜能。

现在荣飞打架子鼓有了一定的水平，可以登台表演，有时候会单独表演一段架子鼓，但很多时候乐器老师会让他和别人合作一首乐曲。毕竟架子鼓不是单纯的自我炫技，更重要的是学会配合，与其他乐器合奏。

说起学习架子鼓给荣飞带来的好处，除了让荣飞变得不再那么自我，能与人协作配合了，还有就是让孩子发自内心地喜欢一样东西，喜欢上音乐并且会坚持下去。也许架子鼓不会给荣飞带来什么实质性的“好处”，纯粹只是培养荣飞的一个兴趣爱好。但有时候孩子学习乐器或者音乐兴趣班，不一定要想着走什么专业音乐之路，只要给孩子的喜好和艺术启蒙开启一扇窗就是好的，让孩子懂音乐、爱上音乐，感受音乐的美好。

孩子学习架子鼓的好处

（1）锻炼肢体协调性，开发左右脑

架子鼓是一门手脚并用的乐器，孩子练习架子鼓的时候，用双手敲鼓，用脚踩镲，不但锻炼到四肢协调性，左右手的运动还能刺激左右脑，孩子的左右脑智力得到开发变得更聪明，学起文化课来就更容易。

（2）培养孩子的节奏感、乐感

音乐有节奏、和声和旋律三大要素，其中节奏是灵魂，有节奏感之后无论学什么样的乐器，都会很容易。架子鼓是十分讲究节奏感的乐器，通过架子鼓学习，可以培养孩子良好的节奏感和乐感。有了节奏感和乐感，孩子再学其他乐器都会容易不少。

（3）有益孩子身心健康

学习架子鼓本身要大量活动四肢，自然也就起到了锻炼身体的作用，同时还可以让孩子性格更开朗，孩子可以通过鼓槌敲击来释放压力，节奏型的乐器学习能更平衡孩子的各种性格，让孩子保持良好的身心健康。

（4）提高孩子艺术气质

通过架子鼓的学习和表演，孩子的自信心会明显增强，个性得到展示，既提高了音乐素养，也增强了艺术气质。

（5）增强孩子团队意识

学习架子鼓除了能进行独奏，更多的是胜任各种乐团中打击乐的合奏，这就需要孩子在合奏中与其他学员交流学习并全力配合，对增强团队合作意识大有益处。

架子鼓兴趣班适合什么孩子什么年龄

架子鼓属西洋打击乐器，是节奏感比较强的乐器，能为学习其他乐器打下良好的基础。架子鼓对小孩的身高、体重、肌肉群都有要求，年纪太小的时候，很难按标准完成动作，一般来说，4 周岁以上男孩女孩都可以开始学习。只要能握锤就可以学习，在所有乐器演奏中敲击的动作是最简单容易上手的动作，入门的门槛非常低，常人基本都没有障碍。

4.11
葫芦丝真的不会“伤气”

深藏在偏僻傣乡的葫芦丝音乐一经传到各大城市，便让很多人相见恨晚。因其音色独特优美、外观古朴、柔美典雅、简单易学、小巧易携带，在民族乐器中广受孩子们的喜爱。有家长担心让孩子学葫芦丝会伤元气，其实并不会，相反只会对身体有好处。

葫芦丝很好学，只要能吹响，它的音色就非常美妙动听。特别是在浮躁的城市，吹起葫芦丝能让人心情平和下来，感觉到生活的美好。

东东初遇葫芦丝是在一个景区，那年他六岁，一家三口去旅行，不远处传来悠扬动听的声音，一群人密密麻麻地围着，东东被那音乐声吸引了，拉着爸爸妈妈靠拢过去，看见一位老者拿着葫芦丝在吹，时不时地扭动身体，特别投入，旁边还摆着很多葫芦丝在卖。

东东看到后跟爸爸说：“爸爸，那不是我们吃过的葫芦吗？真神奇，还能吹出这么好听的声音来，样子也好好看，我也要买。”

小时候家里种过葫芦，嫩的时候就能当菜吃，长老了后在里面掏空安上一根管子，加工一番就变成了一种乐器。30元一个，价格不贵，给孩子的投资爸爸当然舍得，可东东都没学过，买了也只能当个玩具，可能他只是觉得葫芦丝好看，只是好奇。爸爸就跟东东说：“你没学过，也不会吹啊。”儿子坚持要买，一顿软磨硬泡之后，爸爸同意了。

于是向老者购买了一个，询问了如何入门，手如何放置发什么音。老者从包里拿出一张纸说：这上面有指法，你照着吹就可以了，又给东东嘀咕了一会儿。拿到葫芦丝后，东东如获至宝，一路上都在研究怎么吹，也无心欣赏美景，尽情地研究他的葫芦丝。

回去后，东东更是爱不释手，没事就研究他的宝贝葫芦丝，把他学过的钢琴曲目都挨个吹了个遍，都还不错，像那么回事，就是经常吹到关键时刻要换气，影响了整体的效果。

看着东东对葫芦丝感兴趣，爸爸想着给他报一个葫芦丝兴趣班。

爸爸带着东东一起考察了几家葫芦丝兴趣班之后，报了一个离家不远的。慢慢东东学会了控制气息，也更好地掌握了指法，算是小有所成，经常在学校组织的活动中表演。

葫芦丝简单易学，就那么几个孔，按按松松的，吹出音乐来并不难，但是如果要吹奏到一定的水平，那就需要老师一定指导，比如气息控制、指法等，再加上大量地练习。

音乐、乐理都是相通的，学一门乐器之后，再去学另外一种，就容易上手，有一定的基础，学习其他乐器就容易很多。

孩子学习葫芦丝的好处

葫芦丝是五好乐器，即“好听、好学、好看、好带、好买”，非常适合孩子学习，对孩子的成长非常有益！

（1）提高心肺功能

吹葫芦丝要先吸气，然后慢慢地吹气，一吸一吹，有节奏地反复循环做深呼吸，控制好气息的流量，平稳地呼出，使之时间长而不费力。长期练习吹葫芦丝，能加强人体气体交换、提高肺活量、促进血液循环、提高心肺功能。

（2）有利于身心健康

葫芦丝可以对孩子的气和手指锻炼，对健康的好处自不必待言，古人也曾讲：“乐者，药也”。葫芦丝的声音柔和飘逸，绵长动听，吹葫芦丝可以调整心态，稳定情绪，放松心情，排解压力，非常有益于孩子的身心健康。

（3）简单易学

葫芦丝是投资最小、见效最快的乐器，且携带方便，随时可即兴演奏。在老师的指导下，孩子很快就能吹奏出一定的水平，即使不懂乐谱的孩子也能学会。

（4）培养孩子自信心、耐心、恒心

学习葫芦丝，相比其他乐器来说容易入门，通过一个阶段的学习孩子就能掌握葫芦丝的基本演奏方法，能够上台表演易学简单的小曲子，经常登台表演也能锻炼了孩子的胆量，让他们在大庭广众也不怯场，再大的场面都能从容自若，越吹越自信。

（5）做事变动从容淡定

学吹葫芦丝是一件很枯躁很漫长的事情，孩子得反复持续地练习基本功，还要背很多曲谱。直到孩子能登台吹奏出悠扬的曲乐，甚至达到一定的级别，熬过那些困难才会有一种雨过天晴的感觉。在未来的学习和生活中，就算有再多的困难也能轻松应付，毕竟只有淡然从容面对才能找到解决办法，熬过苦难就是光明。

（6）眼界会更加开阔

任何乐器的学习都能学到方方面面的知识，葫芦丝也不例外，曲目很多，很多都是民族乐曲，在学习吹奏的时候，孩子们也会了解对应乐曲背后民族相关的故事，这不但丰富了自身的知识，也让孩子眼界更加开阔。

（7）陶冶情操

教育界有句名言：“学音乐的孩子不会学坏”。一般学音乐的孩子学习成绩好的比例很高，而犯罪的比例非常低。最重要的是音乐本身的潜移默化功能，让孩子在学习乐器的同时能学习美、感受美、实践美，对于陶冶孩子的心灵和性情无疑是大有裨益的。

（8）强身健体

葫芦丝的吹奏主要是气息、手指、吐舌三大技巧，要想演奏好，手指、嘴、舌头就需要密切配合，同时还需要动脑子记谱子，孩子的肺活量提高了，手指灵活性增强了，记忆力就会得到提高。

（9）丰富娱乐生活

孩子学习葫芦丝，能让他在课余时间少玩游戏少看电视，经常去参加一些表演，也会让业余生活更加丰富，精神生活更加充实，还能结交到更多朋友。

葫芦丝兴趣班适合什么孩子什么年龄

一般而言，判断孩子能不能学葫芦丝的条件是：孩子垂直站立、脖颈挺直时，能向前倾斜 45 度状握拿葫芦丝，且同时两臂能舒适的从胸前两侧伸展，另外就是气息，也就是肺活量。如果孩子需要靠低头和缩颈来控制双手臂的伸展长度，且孩子不能有足够的气息吹灭 20cm 距离左右的蜡烛，说明孩子肺活量还太小。手指不能按严音孔，说明孩子还太小，不满足条件，不能开始学习葫芦丝。小孩因为身体的发育和控制能力等客观因素的影响，特别是气息的控制，仅能凭自己的感受来调整状态的客观现实。学习葫芦丝理想的年龄一般在七八岁左右，葫芦丝学习难度并不大，有一些音乐基础学起来就相对简单些，主要是乐感和气息控制，再加上指法也不难，技巧难度也而不大，一般学一两年就能登台表演，是个“短平快”的项目。

4.12 古典高雅的萨克斯究竟要怎么学

除了传统乐器，现在也越来越多的西洋乐器受到国人的推崇，西洋乐器种类也很多，很多家长也会为孩子选择一种西洋乐器来学习。

在诸多乐器中，萨克斯浪漫温婉的音色颇受孩子们喜欢。

萨克斯很好看很洋气，吹出来的音乐很优雅，记得以前老听那首萨克斯《回家》，实在是太好听了。

朋友的小孩成哲，他 6 岁就开始学萨克斯，不过只学了一年半就没学了。

成哲很喜欢音乐，家里也十分支持他，学习萨克斯也是他主动提出来的，爸爸自然本着尊重的原则给他报名了兴趣班。即便家里并不富裕，爸爸还是花了将近一个月工资给成哲买了一个萨克斯。

成哲很开心，然而只学了一年半就没学了，我问他爸爸为什么没让成哲学了，他爸爸告诉我，成哲有些驼背，平常没注意，仔细一看，成哲还真的是，比一般孩子严重不少。

他爸爸告诉我，虽然成哲平常读书写字姿势不太对，但驼背跟成哲学萨克斯有很大的关系。萨克斯很重，即使是儿童学习的小号萨克斯也很重，有三四斤，孩子就那样一直背在肩上，一节课一般也就是两个小时，长期的负重，确实会让孩子的脖子被压得变形，加上孩子正值发育期，自然而然就更容易驼背。这里有个最大的问题就是成哲开始学萨克斯的时候年龄太小，这就加剧了他驼背。

其实，并不是说学萨克斯就会负重造成孩子驼背，成哲只是个例，但也提醒我们家长，孩子学习萨克斯一定不能过早，孩子年龄稍大点，身体足够承受得起萨克斯的重量了，自然是没有问题的。

孩子学习萨克斯的好处

（1）陶冶孩子性情

品质高尚的音乐对孩子的个性有着潜移默化的效果，同时也是孩子情绪宣泄的窗口，一曲动听的萨克斯，能让人心潮澎湃，能打动人心，孩子在演奏时能让自己的性情得到改变。

（2）增强记忆力

音乐对记忆力的帮助是非常大的，一首复杂的乐曲需要孩子可以不看乐谱就一字不差地演奏出来，这本身对记忆力就是很好的锻炼。

（3）提高听觉能力

学音乐的孩子，听力都较其他孩子具有一定的优越性，通过萨克斯的学习，不断锻炼、提高听觉能力，比如区分高低音、各种声音、音色、节奏等。

（4）增强智力

萨克斯想要吹得好，手指的熟练程度是必不可少的，同时也需要脑、手、眼睛、耳朵等协调作用，这就能刺激孩子身体协调发展，并刺激大脑细胞发育，让孩子更加聪明。

（5）锻炼肺活量

学习萨克斯，需要一定的肺活量，萨克斯是管弦乐器，主要靠吹，在不断的学习和锻炼中，孩子的肺活量自然也得到了锻炼。

萨克斯兴趣班适合什么孩子什么年龄

一般来说，孩子七八岁左右开始学习萨克斯比较合适。因为萨克斯属于吹奏乐器，需要一定的气息来支撑演奏，年龄太小的话，力气小，肺活量也相对小。孩子年龄太小也不会换气，学习起来比较困难，加之乐器自身又有相当的体积和重量，孩子需要背着吹，虽然有背带，但脖子承受的重量很多，7 岁以下的孩子脖子甚至有可能会被压变形，7~8 岁的孩子理解能力、接受能力都具备了一定的程度，学起东西来也相对较快一些。

年龄太小的孩子，主要得看手指发育情况，手指太短长度不够，按键就有可能够不着，加上肺活量小，气息不够，甚至都难以吹响萨克斯，所以不合适。

4.13 上音乐兴趣班不一定要成为音乐家

18 世纪，罗杰诺斯曾说：“音乐的目的有二，一是以纯净之和声愉悦人的感官，二是令人感动或激发人的感情。”的确，音乐能让人产生共鸣，好的音乐总是能满足人们的需求，陶冶人的情操，激发人的进取心。如今，经济高速发展，音乐不断渗透到人们的生活中，也已经成了日常生活的必需品，打开电视、电脑，总是会听到不少音乐。即使在大街上，很多人也是耳朵里塞着耳机沉浸在音乐的世界里。

除了让孩子学好学业，对孩子进行音乐培养也是很多家长的选择，音乐的形式有很多种，有家长会给孩子选择一种乐器学习，有的则会给孩子选择歌唱类的，如美声、民族、通俗等。

慧慧从小就喜欢唱歌，不到10岁就已经学了四年多音乐。慧慧妈妈小时候也非常喜欢音乐，可惜由于条件的限制，与音乐只能擦肩而过，自己没有学习音乐，也就是爱听听音乐，偶尔去KTV一展歌喉，仅此而已。

慧慧在妈妈的引导下开始音乐学习之路，从小慧慧就被音乐充分滋养着，由于妈妈对音乐的酷爱，慧慧还在肚子里时妈妈就整日耳朵边挂着一幅耳机，或者家里音响放着音乐，毫不夸张地说家里随时可以听到音乐，慧慧就是这样从小受着音乐的熏陶。长大后，自然也被妈妈引导着学音乐。

读小学二年级的时候妈妈给慧慧报了兴趣班，开始学习声乐。如今，慧慧经常参加学校的各种演出。

说起慧慧的成绩，妈妈颇为骄傲，但妈妈说其实慧慧也一度不想学，刚开始学的时候，她觉得唱歌好听，也很喜欢，渴望着自己能如电视里那些明星一样登台唱歌。可学了才知道，声乐很辛苦，需要反复地练习，有时候就是练一个音，几个音，有些单调，与她心目中想象的场景大相径庭。

甚至她还有了抵触情绪，为了让慧慧坚持下去，妈妈就陪着她一起上课，可她还是无精打采，没什么兴趣。妈妈甚至有些急了，有几次在回来的路上，还训了慧慧，逼着她继续学下去，可效果并不好，慧慧依然状态不佳。

直到有一次，妈妈陪着慧慧上课后回家，在厨房做饭时，妈妈心血来潮地唱起了几个刚刚在课堂上听到慧慧学的音，毕竟是“乱哼哼”，不怎么着调。慧慧听到后立马跑进厨房来“指导”妈妈，说唱错了。后来还颇有兴趣地跟妈妈说调不对，自己唱了一遍，在厨房开始教妈妈。

原本小家伙自己学得不怎么样，居然还想当“老师”指导妈妈。妈妈知道慧慧原来喜欢当“老师”，就抓住时机，“拜”慧慧为“师”。妈妈给慧慧约定，她在学校好好学，学好了回家就在家里教妈妈唱，在学校慧慧是学生，回家了她就是老师。还别说，这一招很奏效，慧慧“现学现卖”，为了给妈妈当好老师，首先她自己必须学好，这也无疑激发了她学习的动力，她学起来更认真，有时候为了能在妈妈面前多显摆一下，甚至格外卖力地学。

在与慧慧的一起学习下，妈妈的水平也提高了不少。

有时候，家长可以用一些巧招让孩子坚持下去，就像慧慧妈妈这样，让孩子也做一会角色扮演，当一回“小老师”，孩子通过这样“复述”的方式，无形中也巩固了自己的学习，同时家长也学到了，何乐而不为呢？

慧慧坚持了这么多年，虽然也小有成绩，但慧慧妈妈说，并没有打算让她往专业的道路发展，等孩子上了初中，学业任务加重，可能就会选择停一停，还是以学业为主，如果慧慧到时候真的还想学的话，再让她继续。走专业路线太辛苦，不想让孩子太辛苦，当初让她学习也只是因为喜欢，让她学习音乐只想让她在音乐中发现生活的美。

是啊，学习音乐不仅仅是掌握一门技能那么简单，更是一种优雅的生活方式。学音乐，上音乐兴趣班，也不一定要成为音乐家，而是一种情操的培养，让音乐改变孩子的心情、性格，让孩子感受音乐带给他们的快乐，感受到音乐的美。

孩子学习音乐的好处

冼星海曾说过，“音乐，是人生最大的快乐；音乐，是生活中的一股清流；音乐，是陶冶性情的熔炉。”由此可见，音乐对人产生的影响是不容忽视的。

（1）可以提高孩子的气质和修养

孩子从小受到良好的音乐教育，能提高音乐素养和艺术修养，同时对孩子的文化素养、道德风尚、情操、性格的形成起着潜移默化的影响。学习音乐的孩子一般也更有气质更有品味。

（2）可以增强孩子记忆力

音乐对孩子的记忆力有着很大的帮助，可以让孩子变得更聪明，演唱一首歌曲，有时候需要不看乐谱一字不差地唱出来，这对孩子的记忆力其实是一种锻炼。

（3）锻炼孩子耐力和信心

演唱时需要一定的熟练程度，也需要一定的技巧，这就需要孩子要有科学、严谨、规律、持续地训练，这种训练一般需要反反复复地练一首歌，甚至是一个发音，这就需要毅力、耐力、信心和勇气。

（4）培养孩子想象力

音乐是很抽象的东西，这个世界上恐怕也很难有什么东西比音乐更抽象的了，音乐又是世界上内涵最丰富的东西，音乐对孩子的想象力的培养是任何东西都无法比拟的。

（5）培养孩子创造力

孩子对音乐的学习也不是被动的，他需要融入自己对这个世界的感受，这也激发了他自己的创造力。

（6）充实了孩子的精神生活

音乐艺术与孩子的天性是最为契合的，也是广大孩子最喜爱和乐于接受的艺术门类，它可以让孩子紧张之余放松，更可以充实孩子们的精神生活。

（7）陶冶孩子性情

在音乐的学习过程中，孩子们可以通过音乐表达自己的特殊情感，甚至可以宣泄不良情绪，既提高了交际能力，性情也在音乐学习中得到改善。

（8）提高整体能力

音乐不仅让孩子学到了一门技能，更能让孩子在学习的过程中了解音乐背后的历史、故事，让孩子多接触一些知识，提高了整体能力。

音乐兴趣班适合什么孩子什么年龄

孩子学音乐最佳时间在 3~6 岁之间，在这个年龄段里，孩子的学习能力提升得很快，对音乐感知敏锐，音乐对其影响更深，只要稍加培养，是非常容易打好基础的。3 岁左右的孩子年龄太小，理解能力弱，娇嫩的声带正在发育，稍有不慎，尤其学习高音，会破坏声带。这个时期，一般建议以欣赏音乐为主，主要是培养孩子乐感，不建议开口唱，尤其是不建议学习声乐。4~6 岁孩子注意学习一些童声唱法，这个时候孩子声音干净、空灵。孩子的学习能力也增强了，但是老师需要根据孩子的情况有的放矢，切不可让孩子过度发声，影响声带。

第五章
书法美术“一家亲”

5.1
上美术兴趣班要注意什么

现在，各种兴趣班层出不穷，家长们也逐渐认识到培养孩子艺术天赋的重要性。但选择时会让家长眼花缭乱，为了能让孩子将来在社会上立足，也为了将来多一项技能傍身，一些家长会选择让孩子去学习美术类的兴趣班，尤其画画颇受孩子们的欢迎。

美术像音乐一样，也有利于情绪的疏解。当孩子无法通过言语来表达愤怒、悲伤等多种情绪时，绘画是一种很不错的疏解方法，它对孩子身心健康的发展很有帮助。

思彤从小就喜欢涂涂画画，在幼儿园中班的时候，妈妈就给她报了绘画班。对思彤的事妈妈很上心，她觉得既然报了班就得有效果，就要好好学。妈妈还给思彤制定了每天练习的时间表，什么时候练习画画，画多长时间，全部都有时间要求。

每次思彤在家练习绘画，妈妈都是陪在身旁，监督思彤画画。她的一笔一划都保证在视线范围之内完成，她觉得如果不盯着孩子画，孩子就会随意乱画来交差。

每次妈妈站在孩子身旁，不停地说着要好好画，慢慢画，一会说这笔没画好那笔画歪了，一会说颜色没涂好，一会又说没坐正，屁股坐歪了。思彤画个画，就像她自己在画，比孩子还要紧张。画完之后，妈妈还要对思彤的“画”评头论足。

很多家长都有这样的情况，都是盯着孩子练习，要知道，不止是孩子，大人也是最怕人盯着做这做那的。其实这样，家长操碎了心，孩子也“压力山大”，有时候甚至扼杀掉了孩子的创造力，会让孩子兴趣全无。**给孩子一点自由空间，只要孩子喜欢，让孩子随心所欲地画，发挥其创造力，又何尝不可呢？**

学习美术时要注意什么

（1）不要限制孩子涂鸦

孩子到了一定的年龄，特别喜欢画画，家里的墙、桌子、椅子等，都成了他的“画板”，到处都是他的“画作”。

聪明的家长虽然也会制止孩子胡乱作画的行为，但也会给孩子一个自由画画的空间。比如，在家里专门刷出一面涂鸦墙，让孩子有自己的专属空间。如果担心孩子将衣服弄脏，那么可以穿上一件画画专用的罩衣。

（2）最好不要照本临摹

孩子画画时最好不要照本临摹，如果形成习惯，那么在自己创作的时候会受影响。而真正的创作灵感来自于生活，如果孩子有体验，自然就会画，他们画出来的东西虽然可能让成人觉得莫名其妙，但那是孩子在表达自己的东西。

（3）不要过多地干涉孩子

当孩子正在专注地画画的时候，你因为害怕孩子弄脏了而总去打扰他，强行中断是大忌，会极大妨碍孩子作画的兴致，这些行为都不利于孩子继续思考，制约他们的想象力。

（4）不要让孩子按你的印象画画

不要用家长的固定思维去纠正孩子的想象力，比如头发必须是黑的，天空必须是蓝的，太阳必须是红的……

让孩子把自己的生活体验以自己的方式用画作表现出来就可以。千万不要用大人的观点来看待孩子的审美，也不一定要画得“像”与“不像”。

（5）支持和鼓励很重要

在小孩学画画的过程中，家长要鼓励孩子大胆在纸上涂鸦，即便只是凌乱的几笔几画，但这是让孩子体验绘画的重要过程。孩子学习画画后，每一幅画作都用心学习，每一点小小的进步，家长都要给予孩子鼓励与信任，能够让他们有更多的信心去继续。

（6）孩子不想画画的时候不要强迫

画画是孩子表达自己情感的一种方式，如果家长每天都给孩子安排绘画任务，那绘画就变成孩子的一种负担，时间久了，孩子就不喜欢画画了，所以孩子不想画画的时候不要强迫他画。

家长都希望孩子能有艺术细胞，从小培养孩子对艺术的兴趣，尤其对绘画技能很是看重。但一定要注意，给予孩子充分的自由，别用自己的认知去匡正孩子的想象力，而是要让孩子自由发挥，自由作画。

5.2 书法美术适合什么样的孩子

曾经有一份社会抽样调查显示：85% 的中学生承认有人说过自己的字写得不好看。一名高中语文老师也曾说，全班 40 多名学生中，专门练过书法的不超过 5 人。经常有家长说：“现在的小孩都很急躁”。要让浮躁的孩子静心，环境要静，要学容易入门，容易奏效的东西，同时也要有感情的宣泄，而书法和绘画刚刚好。书法和绘画，是最容易培养人气质的项目。

写一手漂亮的字，是每一个人的心愿，一个人的书写很重要，尤其对学生更为重要。教育部也曾公布《完善中华优秀传统文化教育指导纲要》，称将据此适时调整课标，修订教材，并增加书法在内的中华优秀传统文化内容在中考、高考升学考试中的比重。

小奇读小学二年级了，他给人的第一印象就是“驼背、近视”。因为他小小年龄鼻梁上挂着一副眼镜，个子不高，却有着明显的驼背。

小奇妈妈后悔得不行，说为了工作，疏于照顾孩子，孩子才这样。平常爸爸妈妈工作忙，孩子就交给爷爷奶奶照顾，小奇倒是听话，就是爱玩手机和平板，没事就在家玩游戏，很少出去玩，这倒让家人省心不少。从两三岁就开始玩游戏，算下来，小奇都玩了五六年了，他总是埋着头玩游戏，长期这样的姿势，久而久之，背驼了，眼睛也近视了。

在朋友的建议下，妈妈给小奇报了个书法班，让他练习写字，希望能通过这样的方式改善小奇的驼背。

练书法时，无论硬笔书法还是软笔书法，姿势都是排第一位的。学书法时老师首先要教的也就是姿势，姿势正确是写好书法的前提。像小奇这样的孩子正是需要学习姿势，通过书法用正确的姿势来引导他，对他进行矫正。

练习软笔书法还能对视力有帮助，在书法练习时，都是写大字，又是一笔一划，写的速度比较慢，这对眼睛是一种很好的放松。

孩子们从步入学校开始，都要学习写字，也要学习书法，书法是伴随一个人一生的。虽然现在是键盘时代，但书写仍然被人们重视，书法一般也适合所有的孩子学习。但想写得一手漂亮的字，就必须通过刻苦的练习，或者经过一些正规书法培训或是专业老师指导。像小奇这样需要姿势矫正的孩子以及一些字写得很差的孩子，更适合练习书法，通过书法学习可以使其矫正姿势，把字写好。

想要写好字，就要从小开始练习，一般来说，从识字的时候就可以开始练习，规范书写，端正姿势，经过日积月累的练习，一定能写得一手好字。

至于美术，也就是我们常说的绘画，从小学开始在学生的课程中就有渗透，只是不太被重视，而涂鸦却是每个孩子都喜欢的。

画画作为一种情绪的表达，让孩子自由的随心出发，他的喜怒哀乐、梦想创意、甚至性格，都能从画画中传递出来。

虽说书法美术一家亲，书法基本适合所有孩子学习，但美术却并非适合所有的孩子。孩子喜欢涂鸦，不一定就对画画有兴趣，家长需要细心观察孩子，发现孩子的兴趣，如果孩子对绘画感兴趣，那就可以让孩子去参加兴趣班正规学习。

当然，在正式上兴趣班学习之前，家长可以让孩子自由地发挥，任其天马行空，自由地表达自己，尽情地涂鸦，充分地释放自我。

5.3 孩子上书法兴趣班要注意什么

中国书法是一门传承了几千年的艺术，具有悠久的历史，它伴随着中华文明的发展而发展，时刻散发着古老艺术的魅力。

孔子将“书法”列入“六艺”，成为学生的必修课。从古至今，书法均作为孩子启蒙教育的重要内容。而后来启蒙教程《三字经》中也提到：“礼乐射，御书数，古六艺，今不具。唯书学，人共遵，既识字，讲说文”。由此可见经过千年沉淀，人们对于少儿书法教育的重视程度。

一个人能写出一手漂亮的字，是突出他个人能力的一种方式，在学习或工作中增加了竞争的筹码。最近几年学习书法的孩子越来越多，呈现火爆势头，多数家长都希望孩子能从小把字练好。

众多兴趣班中，小雷爸爸给孩子的第一选择就是书法，因为自己读书时代根本没有这方面的意识，更没练过字，字写得极其丑陋，每次都被老师点名批评，考试也会丢掉不少卷面分，他说其实自己写作水平还不错，可每次作文老师只是给个刚刚及格分，书写上总是拖着后腿，不然估计能上个更好的大学。

长大后才意识到书写差给自己带来的弊端，也曾试着练过字，却没什么效果，这都是小时候养成的习惯难以纠正，于是他就觉得小雷一定要拥有一手漂亮的字。

书法一般又分为硬笔书法和软笔书法，小雷爸爸给他两个班都有报。小雷学完书法回家，每次都是一身墨汁，有时候弄得脸上手上都是。看到这样，妈妈苦不堪言，每次洗衣服都洗不干净，后来妈妈为小雷买了一件围裙式的罩衣穿着去学书法，可小雷还是会不小心弄到里面衣服上去。妈妈甚至都不想让小雷去学书法，嫌练书法搞得一身脏，不好洗。

小雷妈妈跟爸爸说：“要不然给咱儿子换个兴趣班，学书法弄得衣服什么的太脏了，很难洗干净。”可爸爸却坚持让小雷学下去。

小雷坚持学了 3 年，随着年龄的渐渐长大，衣服也不那么脏了，字也写得越来越好，每次过年，爸爸都是让小雷自己写春联。看着贴出来的春联，邻居都夸小雷写得真好，妈妈也暗自庆幸自己当初没有让他放弃。

弄得满身都是墨水，这可能是很多家长都会担忧的问题，小孩子生性顽皮，难免会弄些墨汁在身上，这很正常。如果就因为这样让孩子放弃，这就大错特错了。

写一手漂亮的字，是每一个人的心愿。写好字，写好书法对孩子非常重要。

书法应该从娃娃抓起，读小学的孩子已经可以开始学习书法，但书法并非一日功成，不能对孩子太过苛刻，给他们太多压力，欲速则不达。保持快乐的心情，舒适的环境，每天有计划、有目的地练习，一点点写，日积月累，就会有很大进步，切忌三天打鱼两天晒网。

学习书法要注意什么

（1）时间不宜过早，孩子年龄不能太小，否则，影响身体及局部关节发育。

（2）初学阶段动作要标准，应把字写规范、写工整作为基本要求，父母不要目的性太强，不要目标过高，不要期待孩子学书法就能成为“书法家”。

（3）注意引导孩子，在学习书法的过程中领会做人做事的道理，心正，则字正。要专注、有耐心，按老师的要求练习。

（4）每天练习时间不宜过久，虽然学好书法就要持之以恒地每天练习，但也要注意适度，最好一天的练习时间不要超过半个小时，不要勉强多写，防止孩子产生抵抗心理。

（5）多写大字，少写小字。写大字的时候手腕的活动幅度大，更能锻炼孩子手腕的力量和控制性，相对写小字来说，练大字更适合孩子提高书法水平。

（6）保持平和心态，学习书法练习时应以养身为主，学艺为辅，不可操之过急，要让孩子在日常的练习中培养兴趣，结合实际出发制定小目标，让孩子一点一点地进步。

5.4 绘画让孩子表达真实的自我

美好的东西总让会人念念不忘，我也一样，读书时学历史，被宋代张择端画的《清明上河图》所震撼，画里有着各色人物，牛、骡、驴等牲畜，车、轿、大小船只，房屋、桥梁、城楼等等，数量之庞大，种类之繁多，都是出自画家的笔下，我在看到的一刹那就深深地喜欢上了它。

画画是孩子的天性，胡乱涂鸦也是每个孩子童年必须经历的一个阶段，我家孩子也不例外。

孩子1岁左右对色彩和图案就有了浓厚的兴趣，我和妻子给他买了绘画本、水彩笔让他画，可他却不拘泥于本子，在他幼小的心灵里，随处都是“绘画本”。

于是乎，家里就成了他的“创作室”，随处可见他的“大作”，平常妻子在家会管束着他，不让他乱涂乱画，可稍不注意，他就开始“创作”了。墙上、沙发上、衣柜上、衣服上、凳子上、书桌上……只要他能画得到的地方，就有他“创作”的痕迹，甚至他还在自己的腿和脚上画。

把我心疼死了，这可是新装修的房子，家具也都是新的，多可惜啊，我埋怨妻子：“你怎么不看着他点啊。”妻子很委屈：“我哪管得住，稍不注意他就开始画。”后来，孩子到处乱涂乱画的现象更是有增无减，看来这家伙就是爱乱涂乱画。

我叫孩子在本子上画，可翻开他的绘画本，没画几笔，心想，这家伙，小小年纪就叛逆啊。于是我盯着他在绘画本上画，可他画着画着就出框了，画出了本子外，画到书桌上，我才幡然醒悟，应该是小小的画本拘束了他，框住了他，无法让他天马行空，小孩子都喜欢大的东西，也喜欢多的，画画也一样，这都是正常现象。孩子画画可能也这样，喜欢在大的平台上画，喜欢画大的东西，因为孩子太小，手还无法做出精细的动作。

看着满屋子都是他的“线条”画作，横七竖八的线条，五颜六色的色彩，我们完全看不懂他画的是什么，可能这是他表达的一种特殊“语言”，是他的情感表达，或许只有他自己能懂，有时候他也会跟我说他画的是什么，但一般都是完全颠覆我的想象。

虽然看不懂他画的是什么，但看得出孩子喜欢画，至少喜欢乱涂乱画，我又给孩子买了一面大的白板，让他画。家里也让他随心所欲地画，我和妻子渐渐默许了他的这种行为。

后来，墙上越画越多，孩子上小学了，也学了绘画，家里的墙上始终也留着他的“画作”，不过他会在原来的基础上去修改，再发挥他的想象，二度创作，经过一番改变，确实不像之前那么难看，倒有点像艺术墙的味道，我甚至都有点喜欢他的画作了。

后来，我还在他房间专门给他留了一面涂鸦墙，供他发挥自己的想象力乱涂乱画。为了满足他的兴趣，在他的要求下，给他报了绘画兴趣班。

孩子的创造力和想象力是无限的，画画是每个孩子的天性，孩子都是绘画天才，也都是创作天才。**绘画的本真，就是让孩子表达真正的自我，自由地画，天马行空地画。**

画画是孩子的一种表达方式，家长不要过度去限制孩子，孩子也不愿被家长管得死死的，尤其是对于孩子的乱涂乱画，家长更多的应该是支持孩子，让孩子释放他的天性，大胆地想象和创作，爱因斯坦说过：“想象力比知识更重要，因为知识是有限的，想象力概括着世界的一切，推动着进步，并且是知识进化的源泉。”让孩子自由发挥，充分发挥想象力和创造力，把他们的潜能和天赋充分发挥出来。

孩子学习绘画有什么好处

孩子天生就喜欢涂画，小时候在白纸、墙壁上的涂鸦，都是孩子对画画这项活动喜欢的体现，能够自由自在地在纸上信马由缰，是十分开心的事情！那除了让小朋友开心，从小学画画还有什么好处呢？

（1）提高孩子的审美能力

在绘画活动中，无论是构图、涂色都是表现美的过程。练习绘画的过程是孩子练习审美的过程，每天接触的色彩和优秀作品比较多，时间长了，审美能力可以得到自然提升。

（2）提高孩子观察能力

绘画并不容易，不是你看到了一幅作品就一定可以把它画下来，并且画好，这需要反复细心地观察所有的细节，所以画画有助于提升孩子的观察力。

（3）提升孩子的专注力

孩子画画时，想要画出一幅好画，就必须百分之百地投入，投入了自然就会专注，画画需要集中精力，久而久之，自然也养成了良好的习惯，不论是在学习上，还是生活上，对于培养孩子的专注力很有帮助。

（4）提升孩子的想象力

成人喜欢规矩、真实的东西，而孩子的世界充满了童话般的烂漫，孩子的想象力是无穷无尽的，在一张白纸上信马由缰，构建出一个只属于自己的庞大世界，跃然纸上。画画给孩子提供的是一个大胆想象、自由奔放的世界。

（5）培养孩子的耐心

学习画画并不是一件容易的事情，一幅好的作品，需要几天、甚至十几天乃至更长时间才能完成。画家也需要日复一日、年复一年的画下去，没有耐心是画不好的，孩子学习画画同样需要耐心，这对于耐心的培养大有帮助。

（6）提高孩子记忆力

孩子学画画时，需要准确地观察物体后，然后记在脑海中，再在纸上通过绘画的方式表达出来，这其实也需要强大的记忆力，会让孩子的记忆能力得到良好的训练，只依靠眼睛看是画不出好作品。

（7）磨练孩子意志力

孩子在画画的过程中，需要反复练习，包括前期的线条勾画，再到后期的完成画作，这是一个需要意志力的过程，在不断地学习中，孩子的意志力也会逐渐提高。

（8）培养孩子创造力

孩子学画画的过程，不只是模仿老师的画作的过程，而是需要根据老师的指导进行创作，孩子在画画时发挥自己的想象力，不断尝试、不断创新，这会在不知不觉中培养了孩子的创造力。

（9）提高孩子表达能力

有些孩子语言表达能力比较差，那么孩子就可以通过画画，用色彩来表达他们的情感，表达出他们对外界事物的感受，同时也可以让家长多了一种了解孩子的方式。

绘画兴趣班适合什么孩子什么年龄

涂涂画画是孩子的天性，一般 1 岁左右孩子会表现出对色彩和图案的浓厚兴趣，但每个孩子发展都有差异，最早在八九个月，最晚两岁左右，就可以开始让孩子进行绘画启蒙，让孩子进行涂鸦，这实际上是让他开始接触笔和纸，感受手的运动对白纸产生的影响。这个时候并不需要特别去报班学习，家长需要注意的是给予孩子足够的支持，不要阻止他们画，保持他们对绘画的兴趣。

真正报班跟着老师学习一般 4~5 岁比较合适，这是孩子绘画比较好的一个启蒙时间。

4 岁以下的孩子认知能力相对来说比较简单，手部的肌肉群不发达，拿笔也不灵活。

4~5 岁的孩子认知能力、肌肉能力等则有着显著的提高，想象力、观察力，甚至表现欲都很强，所以，这个时候是学习绘画的最佳年龄。

5.5 水彩水粉画色彩的世界

现在越来越多的家长会选择给自己的孩子报兴趣班，多数家长会选择让自己的孩子学习绘画。水彩水粉画作为一种绘画形式，其颜色的绚丽多彩，对孩子来说极具吸引力。孩子对各种色彩都充满好奇，自然而然也喜欢水彩水粉画。

启斌和大多数小孩一样，小时候也喜欢涂鸦，他妈妈想给他选画画班，然而画画类兴趣班很多，有儿童画、水粉水彩、素描、国画、油画、创意画等等。他妈妈都选花了眼，也不是很清楚各画种的利弊以及是否适合孩子，只好凭眼缘给启斌选班。

浏览了培训机构展示的很多孩子的作品，启斌妈妈一眼就被色彩鲜艳、画面精致的水彩水粉画给吸引了，拍了照回去给启斌一看，一问喜不喜欢，启斌说喜欢，妈妈果断报了这个班，就这样，启斌开始了学水彩水粉画。

那一年，启斌6岁，读小学一年级。色彩是孩子们学习画画的“兴奋剂”，启斌也一样对各种颜料色彩喜欢，自从学了水彩水粉画，可以接触各种颜料，还可以用水调配出各种颜色。几种单一颜色的颜料用水一调制，可以出来很多特别美丽的色彩，有时候还有一些意外的色彩，变幻莫测，启斌很享受这种色彩带给他神奇的感觉。

每次启斌都是开开心心地去上课，玩颜料玩得不亦乐乎，回家也弄得满身都是颜料，妈妈觉得只要孩子开心就好，衣服弄脏都是小事，启斌喜欢，自己也总算是选对了。

然而，过一段时间，启斌妈妈却发现自己错了，因为启斌的爱好仅限于对色彩的喜欢，他的乐趣只在于调配颜料，变化出一些不同的色彩来。虽然他喜欢画画，但对水彩水粉画兴趣并不大。

妈妈期待着启斌学一段时间能给他带回一幅精致的画作，如学校展览的那般好看，然而却失望了，每次启斌带回的作品模模糊糊，甚至有点乱七八糟。

每次上课，调完色彩，都是照着老师的画临摹，让启斌兴趣全无，加上画起来也比较难，启斌画得都是敷衍了事，算是应付地完成任务。

其实孩子年龄太小，并不是学水彩水粉的最佳时间，现在不少培训机构虽然有这方面的兴趣班，但一般也都是为了迎合家长迎合孩子，有一些“商业性质”，很多时候也都是一些启蒙训练，让孩子对老师的画作进行一些临摹。

毕竟孩子年龄太小，老师并不会教一些技法，孩子的能力也达不到自己独立创作的要求，每次也都只能照猫画虎，这就限制了孩子的想象力，让孩子觉得很无趣。

再加上孩子对颜料的控制会有一定的困难，有时候调制出的颜色不一定能满足要求，仅能满足孩子们的好奇，画出的画也会出现色彩不好、画面模糊的情况。

启斌就是这样，渐渐他没了兴趣，每次都磨磨蹭蹭，不喜欢去上课了，每次都是妈妈催着他去。他喜欢画画，喜欢色彩，但不喜欢老师这样的硬性规定，他喜欢按照自己的喜好来画，任意来画。

学了一期，妈妈看到启斌这样，也就没有逼迫他学，后来在老师的建议下，给他报了儿童绘画兴趣班。

孩子年龄太小，自己没有判断力，他看到好看的东西，都会喜欢、想学，但当他真正画起来的时候就会很痛苦，因为有时候会远远超过他的能力。

年龄太小也不合适学技法，而适合锻炼和培养孩子的创意和审美，不适合学水彩画这些高技法课程。

水彩水粉画虽好看，却不一定适合你的孩子，而且，你的孩子也不一定是真喜欢！

孩子学习水彩水粉画有什么好处

色彩鲜艳、画面精致的水彩水粉画很吸引人，学习水粉水彩好处也很多。

（1）培养孩子的色彩感觉

孩子对各种鲜艳美丽的色彩充满着强烈的喜爱与好奇，孩子学习水彩水粉，可以接触各种色彩，这可以培养孩子的色彩感觉。

（2）可以给孩子更自由的发挥

学习水粉水彩可以给孩子一个更加自由、宽广的空间，在颜料调和时，孩子可以自主控制，有时候会有一些意外的特别的美丽色彩，正因为它的变幻莫测和色彩缤纷，吸引了更多的孩子学习，让孩子感受到自由的快乐。

（3）培养孩子的个性和感觉

个性是区别于他人的独特的风格，感觉是孩子本身对色彩的独特理解能力。通过学习水粉水彩，孩子可以通过颜料用自己独特的感觉和理解能力用绘画的形式展现出来。

（4）激发孩子的创作与创新

孩子在学习的过程中掌握了一定的表现手法后可以举一反三，能独立进行绘画创作，通过自己的视角去发现生活中的美，并用画作的形式表现出来。

（5）提高孩子的审美能力

孩子学水彩水粉画，掌握初步的色彩知识和表现技法，能提高感受美、表现美的能力，丰富了审美经验。

（6）提升各项综合能力

水彩水粉画能激发孩子积极自由的心态，对孩子的观察力、想象力、创造力等提供了广阔的空间，同时有助于孩子获得积极地情感体验，从而为孩子身心全面健康发展奠定良好的基础。

水彩水粉画兴趣班适合什么孩子什么年龄

水彩水粉画的学习是比较难的，它需要把颜料用水调和，需要一定的素描或绘画基础，不像蜡笔画、油画棒那样直接画，需要将几种单色用水调配起来，这就需要理解单色、间色、复色、对比色等的关系。掌握配色规律还要学习色彩的冷暖关系，掌握色彩观察、准确的构图、色彩中的用笔和用色、色彩衔接与覆盖等各种技巧。

一般不建议小学生学习，从初中开始学习年龄最佳，初中生有一定的空间意识，再加上如果有一定的素描基础，孩子能容易地表达出画面立体感，这样学得更快。如果孩子有绘画天分，可以更早开始学。

不过也非绝对，现在很多机构都有办儿童水彩水粉班，也都招收一些小学生，这时候主要是对孩子做一些启蒙教育以及教一些简单的技法。

由于水彩水粉画对颜色分辨要求很高，视功能有问题或者视弱的，或者对颜色区分有问题的孩子不适合学习。

5.6
“素描”眼中的美丽世界

家长在给孩子选择兴趣班时，画画是很多家长的必选项目，现在素描也很受孩子们的追捧。

文森从小就对画画钟情，等年龄大点，爸爸妈妈就考虑给他报兴趣班，在充分尊重了文森的兴趣爱好后，爸妈选择了报他喜欢的素描班。

文森喜欢上素描是一次偶然的机会，爸爸妈妈带他去旅游，有一位大叔在景区做人物速写，给游客画像。旁边挂着很多画作，都是一些名人的画像，画得很像，一眼就能认出来是谁，还有一些动物，也都栩栩如生、活灵活现。

虽然没有色彩，只是黑白的单一色，略显单调，却清新淡雅。文森津津有味地在一旁看着大叔给游客画像，看了大叔画了好几个人像后，他向爸爸申请让大叔给自己也画一张。拿到大叔给自己画的画像，文森看了很久，很喜欢。后来又看大叔画了很久，在爸妈催促下才恋恋不舍地离开。

回家后，文森也一个劲地看着自己的画像，文森指着画对爸爸说：“爸爸，我也要学画这样的画。”爸爸本就想给他报个兴趣班，听他主动要求学，自然而然也就同意了，在经过一番了解后给文森报名了素描班，文森也开始了素描之旅。

能上自己喜欢的兴趣班，8 岁的文森很开心，每次周末总是高高兴兴地去，回来也总能带回一幅画作，有静物、风景、人物、山水，每一幅都很美，刚开始是一个简单的物体，后面就慢慢复杂了，拿给爸妈看，爸妈也总是竖起大拇指，夸文森厉害。

学了一年多，越画越复杂，文森的画作也越来越多，在妈妈的宣传下，很多人都知道了他画画厉害，学校老师也知道文森有画画的才艺。有一次，学校搞文艺作品展览，老师就要求他交一幅画作。

老师周五布置的，要求下周一交，文森有周六周日两天的时间来画，时间很充裕，爸爸妈妈也很期待他的作品。可文森却犯难了，他甚至不知道如何下笔，两天断断续续地画下来也就画了几条线，爸妈还以为是他拖拉的毛病又犯了，对他一顿数落，文森一下就急哭了。他哭着说：“我画不出来，我不会画。”

爸妈一听愣住了，怎么能不会画呢？之前每次不都画得很好吗？在爸妈的一再追问下，文森哭哭啼啼地道出了实情。

原来文森在兴趣班学习的时候，每周画一个主题，老师都会提前给大家发一张画好轮廓的图纸，相当于老师的半成品，老师在上面教，孩子们就按照老师的步骤一步一步画。孩子们其实只是在老师的画作初稿上进行深加工而已。

文森还说，有时候画得不好或者难的地方不会画，老师还会帮忙画一下。原来这些都是老师的作品啊，也难怪孩子回家自己就画不出来了。

后来文森也只有画一幅儿童水彩画给学校老师交差。这让文森很受打击，后来就再没什么兴趣学习了，爸妈看到是这样一个效果，也就没让孩子学了。

文森这一年多算是白学了，别看家里一大堆画作，可那都不是他的作品，都不是他画的。这个兴趣班老师教学方式也有点误人子弟，孩子跟着老师这样学丧失了独立完成能力，没了想象力更没有创造力，一切都由老师代劳，只需要在老师作品上稍稍加工就成了自己的作品。但也不能全怪老师，素描对于年龄小的孩子来说，确实有些困难，因为素描很讲究空间能力，小孩子这方面能力相对缺失，老师过早的办班采取这样的教学方式也是为了迎合一部分家长对孩子要求速成的需求。文森的爸妈在给孩子报班时没有细细斟酌也有过失。

有些家长就喜欢这种见效快的兴趣班，孩子的成绩让家长很有满足感，就像文森那样的素描班，让妈妈觉得很满足很骄傲，殊不知，到头来空欢喜一场。

为了培养孩子的兴趣，希望见到孩子有所成绩，是每个家长的期望，但切不可操之过急，有时候就会走入这样的一个误区，让孩子参加任何兴趣班，都应该一步一个脚印地来，而不是急于求成，这样反而会害了孩子。

孩子学习素描有什么好处

学习素描绘画能够给孩子带来很多好处，让孩子有更好的发展。

（1）通过对几何体的观察和绘画，能让孩子了解透视，培养孩子的立体感和空间想象力，和学校其他学科的学习形成互补。

（2）画好素描注重观察方法和比较，从中锻炼了孩子的眼力和比较能力。

（3）素描需要孩子仔细观察，同时也需要孩子在画画过程中有足够的耐心，这其实是培养孩子的细心和耐心。

（4）学习素描能开发孩子们的动手能力和想象力。

（5）素描方法是从整体入手到局部深入再回归整体。整体和局部，宏观与微观，统筹与安排等有异曲同工之妙。这个方法不光可以用在素描中，在学习、生活和工作中处理问题也很重要。

（6）素描训练大脑和眼睛，使人重新认识了生活的价值，可以将身边普普通通的物品通过自己的手变成一幅与他人不同的艺术作品。

（7）学习素描能让小孩子在学习生活中找到乐趣，对生活中常见的物品产生不同的视角，对孩子以后的学习大有帮助。

（8）素描是一切绘画的基础，也是各种造型艺术的基础。所有绘画手法都离不开它。

素描兴趣班适合什么孩子什么年龄

素描基础知识对孩子来说比较难懂，那么在多大年龄可以入门学素描？某些家长往往以为越早接触越好，这是不对的。

学习素描，一般不建议年龄太小开始学习，建议从初中开始学习比较好。

素描一定要学一些透视知识，比如近大远小，地平线、视平线、消失点等等，这些跟初中的几何多少有点儿关系，又比如明暗五调子、反光、高光等等，这又跟初中物理中的光学多少有点儿关系。

而且，素描讲究构图、空间感、立体感、质感，需要一定的艺术感觉，也需要一定的立体几何的想象力和理解力。

这些东西对于一般的小学生来说，是很难理解的。别看素描就靠线条来表现，但要想画出均匀、漂亮、密实又相互交叉的一组组线条，还要靠线条表达出立体感、质感，不是个容易事，要靠长期磨炼才行，也需要相当强的理解力和耐心。

年龄大点的孩子，理解和动手能力比较强，便于掌握，年龄太小理解不了素描技法及要求。

5.7 蒙娜丽莎的微笑——油画

如今，各类绘画类兴趣班的涌现，油画也成为一大热门。

孩子班上有个叫婷婷的女孩在学习油画。第一次看到她的画作是在他们班搞才艺展示活动的时候，那时孩子正读四年级，班主任邀请家长去观摩班里孩子们的才艺展示。婷婷的画不同于其他孩子的蜡笔画之类的儿童画，是一幅风景画，不一样的美，看不出来这是小学生的水平，就凭我们这业余的眼光来评价，也知道婷婷画得非常好，水平高于其他孩子。

后来我找到婷婷爸爸，自然而然也就聊到婷婷画画的事情上去，我找了个借口，说向他取取经，也准备让孩子去学习。

婷婷爸爸侃侃而谈，他说，孩子学习油画已经三年了，刚开始是婷婷喜欢画画，小时候在家到处乱涂乱画，他就自然觉得婷婷有画画的兴趣，婷婷也说想学画画。于是他就琢磨着给婷婷报一个兴趣班。

他带着婷婷去了很多培训机构，体验了很多绘画类课程，有儿童绘画、儿童素描、蜡笔画、国画等等，最后婷婷唯独对油画情有独钟，婷婷说喜欢那种自己弄颜料的感觉，很新奇，也就这样开始了她的油画之旅。

刚开始学的时候，婷婷才读一年级，年龄确实不大，每次学完画回家都是弄得一身脏兮兮的，画得也乱七八糟，他爸爸都有点怀疑是不是选择错了，偏偏婷婷要求继续学，孩子想学，做父母的也没有理由反对，也就这样让她坚持着。

渐渐的，婷婷的画算是入得了眼，有时候带回来的画作还很不错，别有一番风味。虽说，有时候跟老师要求的不是一个样子，但婷婷的画却很新奇，是不同的风格，老师也经常表扬她，说婷婷有创造力。

之后，婷婷还获了好几次奖。我这才知道，原来婷婷还有这么大的成绩，也不枉费她坚持了那么多年，坚持总会有收获的。

后来我又了解到学油画的特殊之处就在于其犯错成本低，错了可以重来，不像别的画，错了就要重新开始画，油画可以覆盖、可以叠加，画错了，覆盖一层别的颜色就好了，这样有时候还会得到一些意想不到的效果，这对孩子的创造力提升有很大的帮助。

孩子学习油画的好处

（1）学油画锻炼孩子的感知能力

学习油画过程中，需要孩子们在老师的指导下，对不同的事物进行详尽的观察，然后通过绘画的形式展示出来，如此日积月累，孩子就越来越能完整细致地观察身边的事物，孩子的感觉就会越来越敏感，换句话说，就是孩子的感知能力越来越强。

（2）学油画增长孩子各方面的知识

一幅油画涉及面都很广，广泛涉及艺术、文学、自然科学、历史以及生活中的各种常识。所以，学习油画可以增长孩子各方面的知识。

（3）培养孩子色彩感觉

孩子对各种绚丽夺目的色彩都充满了强烈的喜爱和好奇，油画的颜料色彩鲜艳，颜色可以自由混搭、覆盖、调和，这种全新的体验会让孩子对色彩的感觉更加深刻。

（4）给孩子提供一个更加自由广阔的空间

油画可以给孩子一个更加自由，更加宽广的创作空间，激发孩子的创新能力。在调和颜料时，不但可以在画面上产生艳丽，柔和，明亮，浑厚的艺术效果，还能让孩子在意外的探索中产生美丽的惊奇体验，同时颜色的选择与搭配也是孩子内心世界的表现，情感的抒发。

（5）激发孩子自由创作

油画不仅有绘画本身的好处，基于油画颜料覆盖能力强的特性，孩子们可以没有束缚地自由创作，在颜料的调和与色彩搭配的同时，体验颜料在画布上跳舞的乐趣。

（6）增加孩子们的成就感和自信心

油画作品是通过一层层覆盖色彩叠加，繁复美丽，立体感很强，一幅作品完成，会让孩子自信心倍增，且油画易于保存，孩子画好一幅，就可以保存下来，让孩子很有成就感。

（7）油画颜料具有覆盖能力强的特点

孩子有没有绘画经验都无所谓，画起来没有压力，犯错的成本很低，不像别的画，画错了要从头开始，油画却可以一层一层的色彩叠加，繁复美丽，反而很逼真，立体感强。

油画兴趣班适合什么孩子什么年龄

画油画需要一定的绘画基础，也就是素描和色彩知识，这也是各类绘画的基础，油画就是在这基础上加上技法而完成的。

一般来说，不建议年龄太小开始学习，建议从初中开始学习比较好，在这之前，孩子最好能有一些绘画基础学习，最好可以提高一下素描和色彩方面的能力。

当然，现在一般有些培训机构也开始接收九、十岁左右的孩子学习油画，这些班一般都是儿童油画班，程序、材料都做了相应的简化，但一些调色方面的技巧、绘画技巧还是要学的。9~10 的孩子理解能力、动手能力也相对发展得比较好，这时候开始学习比较合适。

所以，让孩子学儿童油画，做启蒙学习，一般 9~10 岁比较合适，如果想要进行专业的油画学习，还是建议初中开始学习最佳。

5.8 孩子怎么画简单又漂亮的蜡笔画

绘画是人们相互沟通，交流感情的一种艺术形式。儿童有绘画的天性，我国著名的教育家陈鹤琴先生曾说：“凡属人种都有图画之贡献，凡属儿童都有绘画之兴趣，绘画是言语的先导，表达美感之良器。”并指出绘画的价值：“可以表现儿童的美感，可以发展儿童的思想，可以增进儿童的知识，可以练习儿童的目力和手力。”

绘画有很多种形式，在儿童绘画中蜡笔画是比较广泛的一种美术形式，它可用来画人、小动物、风景等，由于作画方便、快捷、工具简单、色彩简单、风格平面化，具有一定的艺术感染力，深受孩子的喜爱。

小孩子一般也从读幼儿园开始就画蜡笔画，可以说蜡笔是小孩的必备文具。儿子幼儿园有个叫小勇的同学，特别爱画蜡笔画。

读幼儿园时学校会经常要求孩子们画画，幼儿园也会把所有孩子的作品都展示在教室外面的墙上。每次去学校接儿子，我总会欣赏孩子们的“大作”，小勇的画在墙上基本上都会被一眼看到，如此的出类拔萃，只因为他画得很好，又很特殊，每次我总是会多看几眼，虽然看不太懂。

一般孩子无非就是画一些花草树木、人、房子、动物这些，很正常的那种。可小勇的画不一样，他不走寻常路，他画的人有翅膀，会飞；他画的房子，有脚，会走路；他画的车子能在水里游，也能在天上飞；他画了一个大西瓜，里面有房子，还住着人；他画了一只大大的鞋子，长着翅膀，飞在半空中，里面坐着人……孩子的画天马行空，各种奇思妙想，非我们常人能理解，用现在的话说就是画得很科幻。

在小勇对画画有了浓厚的兴趣之后，爸爸在他三岁的时候，帮他报了一个蜡笔画兴趣班，他劲头更足了，画作也越来越多。

小勇在家没事就画，家里有很多他的画作，他爸爸给他买了无数盒蜡笔了，他调侃地说：“我家里什么都不多，就是蜡笔和蜡笔画多。”

我问他爸爸小勇学蜡笔画能有什么好处呢？他爸爸脱口而出：“想象力，培养了孩子的想象力。”

想象力是个很抽象的东西，是在人的头脑中创造出一个新形象的能力。孩子的想象力是无限的，关键是我们怎么去发现它，怎么去培养它。

从小让孩子上绘画类的兴趣班，一定要注意甄别机构和师资，以提高孩子想象力为出发点，千万不要过多地强调绘画技法，反而扼杀了孩子的想象力。

曾有教育进展国际评估组织对全球 21 个国家进行的调查显示，中国孩子的计算能力排名世界第一，想象力却排名倒数第一，可见我们国家很多孩子都缺乏想象力。

有时候孩子会问一些奇怪的问题，说话时用到一些非常夸张的修辞手法，有的孩子则会把这些用绘画作品反映出来，这些都是想象力丰富孩子的表现。作为家长，我们不要去阻止或纠正他们，更不要禁锢他们的思维，应该鼓励孩子大胆地发挥想象，合理地幻想。

有位科学家曾说过：**想象力是创造力的源泉**。是啊，小勇画的这些不正是需要想象力吗？没有想象力，能创造出这些画吗？

孩子画画都是由心而作的，他们不会在乎比例、颜色是否和现实一样，而是发自内心地去画出他们的世界。不要刻意地让他们去追求比例的协调，漂亮的颜色，让他们发挥想象，随心所欲地去作画吧。

后来，我问小勇将来的目标是什么？小勇告诉我他要当设计师，有这样的想象力，我有理由相信小勇的设计师梦一定会实现的。

孩子学习蜡笔画的好处

（1）提高孩子审美能力

绘画过程就是一种表现美的过程，蜡笔画也不例外，孩子跟色彩打交道，画出优秀的作品，自然而然审美能力也就能提高。

（2）简单易学

蜡笔画学习很简单，没有复杂的学习流程，有蜡笔有纸便可以绘画。蜡笔画基本技法比较简单，孩子们可以很快上手，对培养孩子的兴趣有很好的作用。

（3）提升孩子想象力

蜡笔画没有固定的形式，不受限制，孩子们可以自由发挥，充分想象，这无疑可以提升孩子们的想象力。

（4）培养孩子耐心、专注力

想要画好一幅蜡笔画，也需要一定的时间，孩子必须安静地坐下来，专注于画上，这就需要有足够的耐心， 没有耐心是画不出好画的，这对于耐心及专注力的培养大有帮助。

（5）培养孩子创造力

孩子画蜡笔画不一定要照猫画虎，很多时候都是凭自己的想象去画，想怎么画就怎么画，这其实就是在创作，不断地尝试、创新，无意中就培养了孩子的创造力。

蜡笔画兴趣班适合什么孩子什么年龄

学习蜡笔画一般年龄不受限，只要孩子可以拿笔就可以画，3 岁左右比较合适，孩子相对可以集中精力，能坐下来完成一幅画，加上此时理解能力、接受能力也较强，学习蜡笔画时能听懂老师所表达的意思。年龄太小，有时候孩子容易把蜡笔放到嘴里去咬着，这对孩子健康是不利的。

5.9 中国传统文化之国画该怎么延续

国画是中国的传统绘画形式，很符合儿童“好奇”的特性：用毛笔蘸墨画画，可大可小，可粗可细、可干可湿，变化无穷，孩子一般都会很喜欢。

每次看到一幅幅水墨丹青，浓墨重彩，山清水秀，栩栩如生，甚是喜欢。孩子从小也喜欢涂涂画画，小时候学了儿童绘画，后来年龄大了点，我就想让他转战国画。

本着尊重他意见的原则，我跟他说：“去学国画好不好？”他听说是画画类的也就利索地答应了，在孩子稚嫩的心中，对画画的类别是没什么区别的，我也就找机会准备着给他报名。

孩子从小就好动，静不下心来，粗心大意，读书有几次还会忘记带书。时下很多兴趣培训班除了发展才艺更能培养性格特点，我也就想培养下他的性格，让他静下心来、细心点。

给孩子报了练毛笔字的书法班，经过一段时间学习算是能坐得住了，改善不少，偏偏粗心毛病还是一样。他成绩还算可以，可每次考试总会出现一些不必要的错误，拿到试卷一看错题马上就懂了，并不是他不会，只是粗心。

我在众多培训机构中寻找着适合培养孩子这样性格缺点的兴趣班，后来无意中看到教孩子练毛笔字的黄老师还开了个国画班，就立马给黄老师打电话咨询了一下，问他适合不适合学国画？

他问我：“孩子喜不喜欢画画，之前有没有学过画画。”

我告诉黄老师，孩子很喜欢，也学过一些儿童画。

黄老师说书法、国画本来就一家亲，像他这情况是适合学国画的，他正在学书法，年龄也比较合适，八九岁进行启蒙很合适。

我又把心中的疑惑跟老师说了，国画能培养孩子的细心不？在得到黄老师的肯定答案后，我果断给孩子报了名，让他开始了国画之旅。

孩子对画画还是很喜欢的，尤其国画是拿着毛笔画画，让他更是觉得稀奇，学得也很带劲。刚开始也就是照着老师画，黄老师说启蒙阶段孩子也就只适合照着画，主要让孩子学习一些基本技巧，而国画更多的在于“意境”，但意境这东西太过于虚无缥缈，孩子往往难以理解。

每次黄老师会给他们一张宣纸，刚开始是一幅简单的画，一般也都是两三节课画一幅，孩子也都会让我欣赏他的画作，可有几回我就没看到他的画。在我的追问下，孩子说：“没画好，丢了。”

画国画确实比较难，完成一幅画，即使是简单的儿童国画作品，也需要很长时间，一幅画下来，至少几个小时。

有一回送孩子去学习，恰巧没事我就坐在教室外面等他，通过窗户看着他学习，想了解一下他学习的状态，每个孩子都认认真真地在那画着，两个小时的课程，他安静地坐着画着他喜欢的画，格外细心。

画国画真的需要百分百的细心，用毛笔画画，不像用铅笔画，画错了还可以擦掉重来，它没有重来的机会，手一抖就错了，还有墨的浓淡、色彩也不能出错，总之每一笔都要小心谨慎，否则就前功尽弃了。

渐渐我发现孩子细心了很多，在画一幅画的过程中潜移默化地改变了他，他能静下心来细心地完成画作，同时在其他方面变得细心，考试的时候也不是那么粗心了。

孩子学习国画的好处

著名画家米罗曾说，“孩子天生就是艺术家”。他们画画是用心在描绘生活，画面自然会呈现孩子具有的形、神、韵。让孩子学习国画其实是在为孩子培养各种能力，同时也激发了他们的艺术潜能，好处非常多。

（1）让孩子接触中国传统文化

通过学习国画，可以让孩子远离网络游戏，有更多时间学习中国的国粹，学习更多优秀的历史文化，在国画学习中愉悦身心，还可以了解历史文化，何乐而不为？

（2）陶冶孩子情操

国画讲究的是意境，通过笔墨抒发真实情感。学习国画，可以让孩子将自己的想法感悟通过绘画的方式表现出来，让孩子在绘画中发现美好，陶冶情操。

（3）提高孩子审美能力

国画具有极强的观赏性，孩子在学习国画的过程中，可以逐步在观赏和临摹中提升自己的审美能力，对以后的学习和生活都有所帮助。

（4）提高孩子的想象力

孩子天真活泼、好奇好动、模仿力很强，想象力丰富，是学习绘画的黄金时期。在学习国画的过程中，孩子需要根据自己想象绘画，这可以在无形中提高孩子的创造力和想象力。

（5）养成耐心细心的习惯

国画工序复杂，即使是儿童国画，也要用几个小时才能完成，所以说学习国画不仅能提高孩子的绘画水平，还能培养孩子养成耐心细致、持之以恒的做事态度。

（6）培养独立思考的能力

孩子在学习国画的时候，需要自己准备绘画工具并寻找绘画素材，还要自己构思画面，给画面塑造构型，涂色、修整等，这些都需要独立完成，这可以培养孩子独立思考能力。

（7）提高综合能力

孩子在作画过程中不能来回修改，执笔、行笔都需要用力，也需要脑、眼、手的协调能力，同时也需要注意力集中，还需要学习能力、理解能力，这些都能让孩子各方面综合能力提高。

国画兴趣班适合什么孩子什么年龄

一般来说，学习国画年龄不宜过小，6~10 岁是最佳年龄。

6 岁左右的孩子，对手的控制力大大增强，达到了灵活运用笔的要求。而且，此年龄段的孩子对新鲜事物总有好奇的欲望，国画具有线条变化多端、墨色丰富多彩、水墨渗化奇妙无穷、寥寥几笔就能勾画出多姿多彩画面的特点，能满足孩子的好奇心。

孩子太小，心性还没打开，执笔能力也不稳定不太合适学习国画，太晚则想象力受到局限。因此，掌握学习的年龄段非常重要。

国画最讲究写意，注重意境的表达，对于孩子而言，年龄太小，意境太过于虚无缥缈，人生阅历也尚浅，是很难理解的。

学国画之前，一般需要孩子有一定的绘画基础，或者学过绘画。

儿童画是各种画的基础训练，可以培养孩子的绘画兴趣，提高造型和色彩能力。

有了儿童画作为学习基础，孩子有了一定的想象力基础，而且也能让造型能力、色彩运用能力、观察力等基础能力得到一定的提升，之后再学习国画，能达到事半功倍的效果。

孩子没有一定的画画基础，不建议立即学国画，可以先学习儿童绘画，等有一定的绘画基础后再学习国画。

5.10 毛笔字——一撇一捺都是故事

孩子小学二年级时，我专权地决定让孩子去练习毛笔字，给他报名还买了纸墨笔砚，甚至没有征求孩子的意见。

但孩子兴趣并不大，只是在我的“逼迫”和“利诱”下顺从，很不情愿地开始了练毛笔字之路。

孩子一直很好动，小时候基本坐不住，没有什么事能让他安静下来，即便是看他喜欢的动画片也是在沙发上跳来跳去，在屋子里跑来跑去，很少看到他安安静静地坐下来，有时候我都怀疑他是不是有多动症。

给他报名毛笔字班时，我确实没有考虑他的个性特点，甚至怀疑自己的决定是否错误，练毛笔字最需要静下心来，一定要坐得住。

果不其然，学了没几天，老师反馈的意见是孩子写字时根本静不下来，一个字写两三笔就在那玩，每天放学回来衣服上、手上、脸上都是墨，后来只好在他每次去学书法时让他穿个围裙。

我开始有些后悔，这样逼迫孩子练习毛笔字真的好吗？

可不管如何，我还是执拗地让他去练习，我相信练一段时间会有改善的。另外我也想方设法让他去一些需要静下来的地方。周末我带他去图书馆，在图书馆这样不能大声喧哗的公共场合，他规矩地静静坐着阅读他喜欢的动漫书。有时候，我也带他去看一场电影，看他喜欢的动画片，在那样的环境里，他也能坚持下来，就是为了锻炼他，让他静下来。

虽然还是不太情愿，孩子也只能无奈地继续毛笔字练习，每节课老师会教他们一个笔画，然后写五个字，一个字写四次，写得好的字就会被老师用红笔圈出来。有一次，孩子被圈了十八个字，他高兴坏了，回来跟我说：“爸爸，今天老师表扬了我，我的字只有两个没写好。”练字这么久以来，第一次见他这么高兴，我也没有吝啬我的表扬，给他一顿猛夸，鼓励他：“你看吧，这就是你努力的结果，加油，你要争取全部都写得让老师给圈成红色的。”

后来，我又把他的字“炫耀”地晒到了朋友圈里，很多朋友都点赞，也评论夸孩子棒，我把这些给孩子看了，说：“你看，爸爸的同学、同事、朋友们都夸你了，你真棒！”孩子听了心里美滋滋的，嘴里说着：“我下次要写更好。”

有了动力，接下来很多次孩子写的字也无一例外被老师圈红了很多。从那以后，他练字就格外地卖力，做完作业后还主动练字，老师表扬他变化挺大的，能够静下心来练字，字也写得挺好的。

如今，孩子坚持学了三年了，他也喜欢上了练毛笔字。

很多时候父母赞扬与鼓励，对孩子培养兴趣和成长真的非常重要。父母的一句赞扬能让孩子信心倍增，也会成为孩子坚持下去的动力。也许刚开始我的逼迫做法有些不妥，但结果还是很美好的。

当今社会高速发展，让孩子静下心来是很重要的，那么就让孩子练习毛笔字，让孩子修身养性，静下心来写一手好字。

孩子学习毛笔字有什么好处

字被称为人的第二张脸，能写一手好字，可以让人赏心悦目，使人称羡不已。字是“名片”，一手好字能够让孩子受益终生，在竞争越来越激烈的当今社会，写得一手漂亮的毛笔字，无论是学习、工作还是生活，都会给孩子带来很多好处的。

（1）可以修身养性、陶冶情操

学书法能使人变“静”，培养人专心、细心、耐心和毅力等优秀品质，从而提高人的整体素质。

（2）可以磨炼意志品质

书法，并非一蹴而就之事，古人云，宝剑锋从磨砺出，梅花香自苦寒来。这些精辟理论告诉我们学任何东西都需要日积月累。要想写好一手毛笔字就需要长时间的积累，只有从一点一滴学起，从笔画、结构等一笔一划的学。而且学习时非常考验人的意志，可以让孩子更加专注。

（3）可以锻炼耐心

练习毛笔字是一个漫长的过程，只有长时间的练习才能写好毛笔字，切不可急于求成，否则适得其反，这对孩子培养耐心是很好的锻炼，孩子会在其他方面也会显得有耐心。

（4）可以让孩子平心静气

有些孩子刚开始学习书法，心绪浮躁，无法集中注意力，练一会就坐不住了，甚至把墨汁弄得满脸满身都是。练毛笔字可以让孩子的内心平静下来，经过一段时间的书法练习，渐渐地沉稳下来，这些毛病都消失了，也就能平心静气地写字了。

（5）可以提升专注力

毛笔字书写讲究笔画、结构、神韵，是一项十分精细的活动，想要练好字，精神必须十分专注，需要脑、眼、手全身心的投入，注意力必须集中。

（6）可以培养毅力

想要写好毛笔字，就需要反反复复练习，需要长期坚持，在持之以恒的练习过程中，孩子的毅力也自然而然的养成了。

（7）提高文化素养

毛笔字是我国的传统文化，孩子学习毛笔字可以加深对传统文化的了解，同时长期受到书法的熏陶，有助于提高孩子的文化素养。

（8）可以积累知识

学习毛笔字时，我们总会用字帖练习，字帖里一般也都是古诗词、名言警句等，这些都可以扩充孩子的知识面，是一个积累知识的过程。

（9）提高孩子审美素质

毛笔字是一种高雅的艺术，它融汇了古今圣贤之理，孩子学习书法时都是按照笔顺去写，力求将字写得规范、整洁、美观，孩子可以从中感受到汉字的形体美，进而将审美观带到其他方面去，渐渐地提高了审美水平。

（10）有助于保护视力

孩子经常面对密密麻麻的小字看书写作业，很容易造成视觉疲劳，业余时间又将视线转向电脑或者电视屏幕，这些电子产品也会对孩子的视力造成影响。毛笔字比较大，而且书写速度较慢，孩子在书写毛笔字时不会因为书写而造成视力受损，而且长期书写毛笔字还会对眼球造成一种休息的感觉，对恢复视力很有帮助。

毛笔字兴趣班适合什么孩子什么年龄

一般不建议孩子的年龄太小就开始学习毛笔字，因为这个时候孩子的骨骼还没完成长好，手也没有办法进行正确的握笔，理解力较弱，对文字的概念没有明确认识，不能完全理解汉字的笔画、结构，这个时候练习会出现很多问题，过早练字，手要变形的，并且容易养成不正确的写字姿势，不利于孩子更好地学习书法。年龄太小也容易让孩子产生厌倦，反而不利于孩子的发展。

7~10 岁是孩子练习毛笔字的最佳年龄。

这个年龄的孩子已经适应了学校的生活，也已经有足够的力量正确握笔，对文字的理解也比较深刻，认识了不少文字，可以正确按照笔画和顺序进行字的书写，加上这个阶段孩子的接受能力也比较好，注意力也较集中，从而学习毛笔字就轻松了许多，也比较容易培养出孩子的兴趣。

5.11

钢笔字——如何书写汉字的魅力

如今，数码科技的发达让很多人少了动笔写字的机会，家长们更加注重孩子的字，于是越来越多的家长会选择让孩子练习钢笔字。

学校也很注重孩子们的书写能力，从小学开始学生的新书里就有书法课本，学校也专门开设练字课程，老师会要求孩子们学习练字，足见对练字的重视程度。

小柏读小学一年级时，成绩还不错，可有一点让爸爸妈妈甚是忧心，小柏的字写得太差，龙飞凤舞的。

每次考试，小柏也总要扣那么几分，就是因为他的书写问题，老师经常给爸爸妈妈说小柏的字太差了，该好好练练，要不以后必定吃大亏。

小柏爸爸也知道书写对学生的重要性，他想起自己高中读书时班里有个同学因为其“独特”的“医生处方体”经常被老师批评，后来高考甚至差几分导致一本落榜，老师也说就是因为吃了卷面的亏。

在大家都学着各种其他特长兴趣班的时候，小柏爸爸果断地给小柏选择报了钢笔字兴趣班。

小柏虽然不太情愿，但在爸爸的安排下，还是开始了练字，虽然他并不知道练字对他有什么好处。既然爸爸给他安排报了班，也只能跟着老师学习。在老师的监督下，一笔一划地开始练字，老师布置的作业，回家爸爸也会监督小柏练习。

一年多练下来，小柏的字总算有些改善，虽然称不上漂亮，但也中规中矩，字迹相比之前的潦草，算是工整了不少，老师多次对小柏提出表扬。有了老师的鼓励和表扬，小柏也有了信心，练字更加专心，字也越写越好。

练过还真不一样，看着小柏的字一天天地变好，爸爸妈妈的担心也减少了不少，至少孩子端正的书写对将来考试卷面分很有帮助。

众所周知，一张字迹端正、规范、整洁的答卷往往能赢得老师们的青睐与好评。文字是用来交流的，干净、工整、清晰的字能让人读懂你，尤其是高考这样的正式场合，孩子的试卷书写好与坏关系重大，曾有高考阅卷经验的老师说过，字写得漂亮至少可以让分数提高二三十分。高考阅卷时间是大热天，时间紧、任务重，阅卷老师也十分辛苦，你的试卷写得跟天书一样，他不可能花大量的时间来辨认，你即便是答对了，可字迹潦草，老师没认出来，这又有什么用呢？所以，这时候就要看颜值了，字写得好，阅卷老师看得也心情舒畅，毕竟人为阅卷主观性强一点，颜值高自然也就多给点分了，所以写得一首好字，高考是可以占一定优势的。

让孩子练好字，写好钢笔字，能够给孩子的一生带来很大益处。针对一些字迹潦草、写字不规范的孩子，家长应该考虑让孩子去上个钢笔字兴趣班，练练钢笔字。

在为孩子选择钢笔字兴趣班时，有些家长会觉得一定要选择有名气的老师，但是不一定非要这样，有时候还不如选择一位“明师”，除了要具备专业技能之外，一位懂孩子、明白孩子的老师更为重要，这样的老师会根据孩子的性格特点因材施教，这才是最重要的。

学习钢笔字有什么好处

练钢笔字是纸上的音乐运动，练钢笔字也像音乐一样能够陶冶人的情操，使人振奋，受到美的感染。

（1）提升孩子的审美素质

学习、欣赏书法的过程就是感悟美，从小养成辨别审美习惯和能力，逐渐把字写好，对孩子健康心理的形成具有一定促进作用。

（2）培养孩子的良好习惯

钢笔字练习，需要孩子从一笔一划开始，有规有矩，如起笔、行笔、收笔都有讲究。通过练习钢笔字，可以锻炼做事认真、沉稳的品格，孩子的良好习惯便会在不知不觉中养成。

（3）培养孩子的耐力和自信心

钢笔字练习能让孩子提高专注力，让孩子养成专心致志良好习惯。字写得好容易获得老师的表扬，让孩子增加自信心。

（4）培养孩子的观察力、关注力

要把钢笔字写好，必须对练习的字帖进行认真的观察、揣摩，每个字都是由最基本的笔画构成的，这个过程既需要细致的观察力，同时也能更好地培养关注力。

（5）培养孩子的毅力和良好品质

钢笔字练习贵在坚持，要有毅力，在学习的过程中能培养并磨炼出坚强的毅力和良好的精神品质，是终身受益的。

（6）陶冶情操，提高孩子文化素质

孩子从小受到良好的书法教育，不仅能够提高他们的书法素养和艺术修养，而且还能陶冶情操。

（7）培养协调能力

钢笔字书法练习带动手、腕部精细运动，不仅对孩子的手、腕部小肌肉群发育起促进作用，而且有利于大、小脑协调发展。

（8）培养严谨踏实习惯

中国的汉字是讲究间架结构的，孩子在练钢笔字的过程中，会慢慢养成一丝不苟的习惯，久而久之也会培养起一种严谨的作风，不但在写字上是这样，在学习、生活上都会有潜移默化的影响。

（9）扩大知识面

中国文字博大精深，许多文字的表现和现实紧紧相切，练钢笔字的同时也可以增长自己的知识面，无形中提高孩子的文化修为。

钢笔字兴趣班适合什么孩子什么年龄

一般孩子在上幼儿园的时候就开始学习写字，但是正式学习写字是在小学一年级。这个时候一定要注意纠正孩子的写字问题，一旦养成不良习惯，就很难改正。孩子年龄太小，一般不建议练习钢笔字，无论从坐姿、握笔还是笔画，孩子年龄太小都很难做到。

孩子 6~8 岁，是最适合练习钢笔字的年龄。

这个年龄，孩子正好上一二年级，学习的也是笔画和拼音，这对学习钢笔字能起到一个巩固和加强的作用，并且这个年龄段的孩子双手小肌肉群发育比较好，控制笔的能力也比较强，能达到运笔自如的状态，孩子识字量也比较大，对文字有一些理解，对于字的间架结构、基本运笔方法都有所了解，孩子的观察力、理解能力、专注力和耐心也有显著提高，同时坐姿和握笔的要求上也都能达到要求。

第六章
孩子怎么上运动竞技兴趣班

6.1 让孩子从小爱上运动其实很容易

法国文学家伏尔泰的格言是“生命在于运动”，达·芬奇也发出过“运动是一切生命的源泉”的感叹。名人的话语道破了生命的奥妙，揭示了生命活动的一条规律，保持体力和脑力协调的适宜活动，是预防、消除疲劳和健康长寿的要素。体育运动对每个人来讲都很重要。

小区里经常可以遇到不少孩子在玩耍，有的孩子身体强壮，有的孩子身体虚弱，不难发现，他们的区别就在于是否爱运动。爱运动的孩子很少生病，体质也很好，而那些不爱运动的孩子瘦骨嶙峋、病恹恹的，三天两头就生病，他们上医院的次数也很多。孩子班上有几个学生经常请病假，孩子说就因为他们平常都很少运动，有时候上体育课跑个步都是拖在后面，跑不动。

小孩子正是长身体的时候，运动能让孩子健康成长。从小培养孩子热爱运动，身体健康，孩子才能有更好的精力好好学习茁壮成长。

美国哈佛大学医学院教授约翰•瑞迪写过一本这样的书《运动改变大脑》，他说“运动能激活孩子用来学习的所有大脑细胞，它能唤醒整个大脑。”的确如此，运动和学习之间并不矛盾，不仅不矛盾，而且运动还对学习有益，既然如此，家长何不让孩子真正的爱上运动，让运动的习惯伴随他一生呢？

可能很多家长会出现这样的疑问，如何才能让孩子爱上运动？现在的孩子可不像我们小时候，没有电脑、IPAD、手机、游戏机，没有那么多可以随时随地观看的动画片，如今科技的高速发展，各种电子产品的出现，孩子的生活都被这些电子产品充满着，多数孩子也都是家里的“小皇帝”、“小公主”，每天都和电脑、电视、手机形影不离，不论是走着、坐着还是躺着，都是电子产品不离手，让本该在户外自由玩耍的孩子完全被电子产品吸引，变成了地地道道的“宅孩”“小屏奴”。不少孩子甚至开始变得沉迷这些电子产品，变得越来越懒，越来越不想运动。

有调查显示，将近三成的孩子认为上网使自己变得不想出门，长期以来一旦形成一种固化的生活状态，对孩子而言非常不利于健康成长，家长必须积极地做出一些努力和改变，让孩子转变这种生活观念，鼓励孩子多参加体育运动，让运动走进孩子的生活和日常。但许多家长也都会担心自己的孩子不爱运动，也不知道如何正确引导孩子。其实让孩子爱上体育运动并不难。那么我们应该如何引导孩子去爱上运动呢？

（1）运动启蒙，在孩子心里埋下运动的种子

在运动方面，也要“从娃娃抓起”。一开始，家长们并不要特别急着去挖掘孩子们在某些体育运动方面的特长，在孩子们精力旺盛的童年，家长可以让小孩子多去户外运动，简单地嬉闹、跑动，尽量让孩子多去接触各种各样的体育运动，既释放了孩子的天性又让孩子的身体得到了锻炼。从小在孩子的心里种下体育的种子，也为日后更好地参加体育运动打下基础，让孩子慢慢地喜欢上运动，找到自己擅长或者喜欢的运动。

（2）培养孩子对运动的兴趣，让孩子学会享受运动的乐趣

家长们要让孩子觉得运动其实是很有趣的，比如足球、篮球、乒乓球、羽毛球等，这些运动可以促进人与人之间的情感交流，同时也可以锻炼身体。运动可以让孩子们和家长有更多的互动，是一种很好的亲子陪伴。对于年龄小一些的孩子而言，让他们有机会享受运动带来的乐趣，主动参与，比如在电视机前陪孩子一起看一场篮球比赛，或者带孩子去观看各种体育比赛，看运动员精彩出色的表现，感受现场热烈的气氛和运动的魅力，这些体验都能让孩子感受到运动带给他的激情和兴奋，激发孩子的运动兴趣，产生尝试的想法和念头，孩子们可能就因此对这些运动产生了兴趣。

（3）引导孩子找到喜欢的运动项目

孩子之间有着个体差异，每个孩子性格不同，所喜欢的东西也会不同。就像男孩子喜欢汽车类玩具，而女孩子喜欢娃娃类玩具一样，体育运动亦是如此。家长要细心地观察孩子的强项和弱项，以及孩子喜欢和讨厌的事情，可以让孩子多尝试几种不同的运动方式，直到帮孩子找到一种孩子最合适、最喜欢、能够持之以恒坚持的运动。

（4）陪伴孩子一起运动

家长有必要多陪孩子一起运动，找一种运动和孩子共同参与，很多运动都是需要双人或者多人才能完成的，比如乒乓球、羽毛球、足球等。家长是影响孩子的一个重要因素，家长的带动可以让孩子对运动有更强的参与感。

（5）多安排休闲运动，不要做“低头族”

现在的孩子与电子产品打交道的时间过长，家长可以多给孩子安排些休闲活动。平常晚饭后适当的散步，双休日、节假日，家长也不要把大量的时间花在睡懒觉、逛街、游戏、看电视上，也要限制孩子看电视、玩电脑的时间。美国儿科学会的专家建议 2 岁以下的孩子不宜观看电视，两岁以上的孩子一天也不超过 1~2 小时。应该和孩子一起多进行一些户外休闲运动，做孩子喜欢的运动，陪孩子去他喜欢的地方游玩，这样不但调动了孩子游玩的积极性，还起到锻炼身体的作用，这对孩子的身体素质起到了不可低估的作用。

（6）家长以身作则，做孩子的榜样

现在家长大部分都因为工作很忙，一到周末就只想着好好休息，也没腾出时间来陪孩子参加户外运动，只想懒懒的窝在沙发里捧着手机，家长要尽量克服这种心理。父母是孩子最好的老师，以身作则，给孩子做个好榜样。孩子看父母总是运动，自然也就更会乐意接受这项运动，也就更容易坚持下去。

（7）让孩子在游戏中运动

其实运动有时候不单是体育竞技那些大动作的，走路、散步、一些小小的游戏也都是运动。特别是对于孩子来说，家长应该给孩子的运动赋予一点游戏的色彩，比如跟孩子一起玩跳房子、跳皮筋、踢毽子等游戏，能使运动变得更加有趣。和孩子边玩边运动，在游戏中运动，这会让孩子觉得非常开心，也能够增进感情。

（8）让孩子上喜欢的兴趣班

孩子们通过电视、网络等可能喜欢上某些体育运动项目，比如男孩子看到电视里武打电影喜欢上武术、跆拳道，看到体育比赛喜欢上游泳、球类运动，女孩子喜欢上美丽婀娜多姿的舞蹈。这时候，父母应该积极鼓励孩子发展这些爱好，并适时地给孩子报兴趣班学习，让孩子在兴趣学习中找到快乐。

（9）督促孩子坚持运动

想让孩子运动起来有时候是很简单的一件事情，可是要让孩子持之以恒地运动下去就需要很大的毅力。还有就是要孩子真正感兴趣，相对于天赋，后天的努力更是成功的必要条件，就像名言说的一样：成功是百分之九十九的汗水加百分之一的灵感。

（10）注意事项

孩子有时候会三分钟热度，心血来潮，突然对某项运动有着浓厚的兴趣。作为家长不要有过多地干预，在条件允许的情况下尽力满足孩子对这项体育运动的需求，同时也要鼓励孩子去勇敢尝试。尝试过后，孩子如果对这项运动有着浓厚的兴趣，我们就应该帮助孩子把这项运动坚持下去，不过不管是什么运动，都要做好热身和保护措施，避免意外发生，避免让孩子受伤。

总之，不要让孩子懒惰、沉迷游戏，应该鼓励孩子参加体育运动，陪伴孩子一起运动，让孩子从小爱上运动，报一两个孩子最喜欢的运动竞技类的兴趣班，和伙伴一起享受美好生活，而不是做“小屏奴”“书呆子”。

6.2 什么样的孩子适合报运动竞技类兴趣班

每个孩子都是上天赐给父母最好的礼物，孩子的降临带来的是无穷无尽的欢乐。德国哲学家莱布尼茨说过：“世上没有两片完全相同的树叶。”每个孩子都是独一无二的，外貌、性格、脾气都不一样。不同的性格、不同的年龄、不同的身体素质，不同年龄段的孩子身体发育情况也不一样，并非所有的运动都适合孩子。童年是锻炼和培养孩子性格的最佳阶段，不同性格的孩子适合不同的运动，家长应该按孩子的不同性格为孩子选择不同的运动，并培养起来。在选择适合孩子的运动时一个重要的原则就是，最适合的就是最好的。那么哪种运动适合自己的孩子呢？

容易紧张的孩子

这类孩子心理素质比较弱，容易紧张，遇到事情会惊慌失措，性格也比较孤僻，不太合群，不太习惯于同伴交往，往往将自己孤立在一个小世界里，这就需要孩子克服性格缺陷，多参加一些竞争激烈的运动项目，特别是篮球、足球、排球、棒球等集体性的体育项目，这些体育项目共同的特点就是要求成员要互相配合、互相交流，也非常强调团队精神。

让孩子坚持参加这类集体项目运动，经常在这种激烈的场合中接受考验，他慢慢会变得遇事不过于紧张，更不会惊慌失措，也会帮助他慢慢改变孤僻、不合群的性格，逐步适应与同伴的交往，在团体运动中与人建立友谊，孩子会变得开放，热爱集体，有团队精神。

性格胆怯的孩子

有些孩子天生胆子比较小，做事怕风险，动不动脸红，容易害羞，性格比较腼腆，不敢跟人主动交流。这些孩子可以选择游泳、溜冰、摔跤、轮滑等运动项目。这些体育运动可以帮助孩子克服害怕、害羞、胆小等胆怯心理，勇敢面对并克服摔倒等心理障碍，以勇敢、无畏的精神去战胜困难，跨过障碍，孩子胆子也自然会越来越大，性格也更加从容大方。

性格急躁的孩子

如果孩子遇事容易急躁，做事冒失，容易冲动、生气，要克服这些缺陷，可以让孩子去参加慢跑、游泳、下棋等运动强度不太高却又需要考验控制力的体育活动。因为性格急躁易怒的孩子一般都比较冲动，即刻满足感很强，忍耐能力也较差，而这些项目缓慢、持久，属于慢节奏运动，正好可以培养一种延迟满足的心理，也可以帮助孩子增强自我控制能力，稳定情绪，培养耐心，渐渐地也会变得容易控制自己的情绪，急躁、冲动的性格弱点也能得到改善。

性格多疑的孩子

这类型的孩子一般都多疑，做事时常犹豫不决、优柔寡断，对人也缺乏信任，说话吞吞吐吐。可以让孩子参加乒乓球、网球、羽毛球、跳高、跳远、击剑、摩托、跨栏等体育活动，这些项目一般都要求头脑冷静、思维敏捷、判断准确、当机立断，在这些项目面前任何的犹豫、多疑、动摇、徘徊都会贻误良机，导致失败，这些项目不允许深思熟虑，需要的是瞬间判断能力，需要孩子快速、冷静地应对。多参加此类运动对锻炼孩子的果断性有着巨大的作用，久而久之，能帮助孩子增强果断的个性，孩子做事也会变得果敢、冷静、敏捷、当机立断。

争强好胜的孩子

这类孩子一般好逞强，他们争强好胜希望通过事情来博得别人的赞同。这一类的孩子可以选择一些难度较大、动作较复杂的运动项目，比如跳水、游泳、体操、跆拳道、乒乓球、长跑、马拉松等，这些项目难道大、复杂度高，不可能经常都赢，当他们遇到强有力的对手后会有一定的挫败感，就会明白自身的狭隘和缺点，懂得人外有人、天外有天的道理，在多次受挫的过程中孩子也会变得谦虚、平和。

自信心不强的孩子

如果孩子做事没有信心，总是担心完不成任务，说明这些孩子自信心都不够强。可以让孩子去做一些简单易做的运动，比如选择跳绳、做俯卧撑、仰卧起坐、跑步等运动，坚持锻炼一段时期后你会发现孩子的自信心会得到增强。

6.3 孩子们什么年龄阶段适合什么体育竞技运动

孩子从出生要经历很多个阶段，有胎儿、婴儿、幼儿、学龄前儿童、学龄儿童、儿童、青春期、成年期等阶段，在此期间，孩子的身体素质也会有一个敏感期发育特征，孩子除了根据性格特点选择运动，也得根据年龄选择适当的运动。

每个家长都希望孩子能够健康地成长，每一个孩子也都跃跃欲试地向这个世界展示着自己的活力。的确，体育运动能给每一个人提供展示自己的平台，尤其对于孩子来说，他们不仅仅能在体育运动中锻炼自己的身体，更能在运动之中磨炼自己的心智。但是孩子身体发育还不够健全，有些运动并不适合孩子，在运动的时候也要选择适合孩子的运动。

一般来说，10 岁以下的孩子，身体正处在生长发育的旺盛期，体内各器官、组织尚未完全发育成熟。不适当的运动，不但不会起到强身健体的作用，反而会伤害孩子的身体。所以有些活动最好是不要让孩子去做，避免给身体造成难以预知的伤害。那么什么样的年龄适合什么样的运动呢？哪些运动对孩子有利？哪些又不利于孩子呢？轻松活泼、自由伸展和开放性的运动如：游泳、排球、篮球、足球、乒乓球、羽毛球、芭蕾、踢毽子、跳绳、慢跑等都是有利于孩子的运动。而负重、收缩或压缩性的运动，如：举重、负重练习、过度运动、消耗过大的运动（马拉松等）是不利于孩子的运动，在孩子 18 岁之前最好不要让他进行举重、杠铃、铅球、铁饼等负重训练。

（1）0~2 岁孩子

这个时期的孩子一般为婴幼儿和学步儿，基本上还离不开父母的怀抱。

适合的运动项目：主要由父母抱孩子多去户外活动，尽量去人少且空气清新的地方多晒晒太阳，只要太阳不够毒辣，就让孩子试试日光浴，适当的日照能降低小儿佝偻病发生的几率。不同季节不同的气候条件都可以带孩子出去，这样的活动可以让孩子逐渐适应气候环境的变化，增强抵抗力。不过在外时间也不宜太久，冬天注意保暖防风，夏天注意防晒，户外运动时间要注意循序渐进，逐步增加次数，延长时间。

（2）2~3 岁的孩子

这个年龄阶段的孩子，运动技能处于发展阶段，孩子可以自己走路了，但有时候走得不太稳。可以做一些简单日常的运动，走走路、跑跑跳跳、拍拍球、跳绳、在公园玩耍、在地上爬滚、用铲子挖挖沙子、坐滑梯、搭积木、接接球、扔球等等，大一点的孩子还可以骑骑三轮脚踏车。家长如何帮助：这个年龄段运动的主要目的是让孩子们的四肢活动起来，家长可以经常带孩子到户外去，鼓励和陪伴他们在新鲜的空气和温暖的阳光中走走、跑跑、跳跳，因为走路、跑步、跳跃是一个全身的运动，能够锻炼孩子的全身肌肉和节奏，还有助于增强孩子的体质。

（3）4~5 岁的孩子

这个年龄阶段的孩子已经有了基本的运动技能，基本能独立运动。适合的运动项目：可以在原有的基础上重点帮助孩子训练平衡和手眼协调的能力。适合这个年龄段孩子的运动有：踢球或者抛球、弹跳、跳高、双脚跳、跑步、游泳、骑自行车、爬山、踢足球、打乒乓球、打羽毛球等等。家长如何帮助：家长可以多安排时间让孩子和同伴一起玩耍，以身作则，多陪孩子一起玩耍，带孩子去户外或公园玩，将运动巧妙纳入日常生活中，比如外出时距离不远的话选择步行等，鼓励孩子多走、多跑。美国加州大学教授及运动心理学者西蒙博士曾说：“对于 4~5 岁的孩子来说，掌握任何特殊运动技巧并不重要，重要的是他们有机会享受运动带来的乐趣，愿意主动参与。”孩子在这个阶段所掌握的基本运动技能，如追赶、滚动、跳跃、踢、跳、走平衡木、跑步等，可以为孩子在下阶段学习更复杂的运动技能奠定坚实的基础。这个年龄段的孩子一般还不适宜专业训练，因此不建议孩子参加对抗性、竞技性很强的活动。

（4）6~8 岁的孩子

这个年龄阶段的孩子已经掌握了基本的运动技能，还可以把这些基本动作连接起来完成一些复杂的运动。适合的运动项目：可以学习轮滑、跑步、骑自行车、溜冰、游泳、爬山、打篮球、踢足球等一些低强度运动。家长如何帮助：由于孩子的各项运动技能有了很大的提高，这个时候孩子可能对体育运动会有一定的兴趣，家长可以根据其性格特别，培养其对体育活动的热爱，如果孩子希望参加兴趣班或者团体运动，家长应该鼓励其参加，并给他报名，不过也要向孩子强调运动时所获得的乐趣和快乐永远比输赢更重要，尽量多让孩子接触各式各样的运动。这个阶段一般可以开始参加各种兴趣班，也可以开始一些初级的专业训练。

（5）8 岁以上的孩子

这个年龄段的孩子很多运动都可以接触了。

总之，孩子正处于生长发育过程中，身体素质的发展一般都是由增长阶段过渡到稳定阶段，先后顺序也有区别，一般是速度素质最先、耐力素质次之、力量素质最晚，男女顺序基本一致。

6.4 如何为孩子选择运动竞技类兴趣班

引导孩子从小爱运动，对孩子长个头和身体健康都十分有益。在为他们选择运动竞技兴趣班的时候，首先要考虑是否适合孩子的生长发育特点、性格特点，是否伤害身体，是否能增加孩子的身高。其次再根据孩子的兴趣选择适合孩子的体育运动，引导孩子循序渐进地坚持进行锻炼，既能增强孩子的体质，还有助于锻炼孩子的意志力。

有一句话说的好：“正确的选择是成功的一半”，讲的就是选择的重要性。

儿童时期是一个人人生中身体生长、发育最重要的阶段，那么，这个时期的孩子如何选择适合他们的运动竞技兴趣班，帮助他们成长，就显得非常重要。

选择锻炼项目要因人、因地而宜

孩子进行运动应以全面发展身体素质为目的，进行多项性和交叉性的体育锻炼，防止身体各部发育的不匀称。

根据孩子兴趣和爱好选择体育项目

因为每个人所喜爱的体育项目不同，有的孩子对足球感兴趣，就可选择足球运动进行锻炼，有的对其他的一些体育项目感兴趣，让孩子选择自己感兴趣的项目练习等。

要根据孩子的身心特点选择体育项目

年龄稍小的孩子，体育锻炼宜选择以灵敏性、协调性和柔韧性为主的项目。如乒乓球、武术、柔道、跳绳等练习。年龄稍大一点的孩子，体育锻炼宜选择以速度为主的活动项目。如短跑、羽毛球、足球、游泳、自行车、滑冰等。等孩子年龄更大一点，各器官发育日趋成熟并接近成年人时，体育锻炼可增加速度耐力、一般耐力和力量性练习的项目。如中长跑、排球、篮球、网球、攀岩、滑雪等。

根据孩子体质状况选择适宜的体育项目

如孩子生长发育正常，身体健康、体质状况良好、有一定锻炼基础，可以选择运动量较大的一些项目锻炼。如长跑、短跑、踢足球、骑自行车、打篮球等。如果体质较弱或健康状况有缺陷的孩子，则应循序渐进地进行医疗性质的体育活动，选择一些运动量较小的锻炼项目。如散步、快步走、慢跑、太极拳等，以达到增强体质和治疗某些慢性疾病的目的。

根据学习和生活状况选择适宜的体育项目

孩子由于学习内容多，学业负担较重，经常处于座位学习，脑力劳动较紧张，因此在学习一定时间后，应参加适宜的体育活动来进行积极性休息。

6.5 足球要从娃娃抓起

一位哲人曾说过：人类的共同语言只有两种，一种是音乐，一种是足球！黑白相间的足球就仿佛是跳动的黑白钢琴键一样，演奏出了荡人心怀的动人乐曲，诉说着人生和生命的真谛……

的确，足球号称“世界第一运动”，有着广泛的群众基础，风靡全球，让人如痴如醉，许多人为此痴迷一生，尤其四年一度的世界杯，堪比奥运会。

足球运动具有整体性、大局性、精细性、对抗性、多变性、简易性等特点，场地条件也要求不高、规则也简单，踢足球是一项全身运动，是所有球类运动中最均衡的运动，全身各部位都能充分运用到。它可以帮助孩子打造一个好体质，会让其终身受益，参加足球运动能锻炼身体，锻炼团队协作能力、与人沟通能力、责任感、抗挫折、抗打击能力，让孩子变得更坚强更会拼搏，又能减轻学习的压力，还能感受到足球运动带来的轻松快乐与魅力。

爱上足球只需要一个点，一个瞬间。大部分男孩子都会喜欢足球，看着同学们一个个在球场上飞奔，那种力量迸发之美，那种进球后拥抱庆祝的激动之情，那种凌波微步的过人之美，真是魅力无限。

从小就喜欢足球的我，虽然因为照顾孩子踢球的时间少了很多，但对足球的挚爱之情却有增无减。在家里，总是会有各种关于足球的东西，球衣、球员海报、球星卡等。也想着把孩子培养成一名“足球运动员”，从孩子会走路开始就给他买了一个小足球。

家里电视节目也多半是定格在足球赛上，有时候为了一场重要比赛，我甚至还会和孩子抢台，可见我的痴迷程度。家庭的影响、环境的影响，孩子也渐渐地开始看着那个22个人抢一个球的节目，慢慢地他也“子承父业”，喜欢上了足球，也嚷嚷着要踢球。

于是我一有时间就会带他去踢球，然而场地有限，每次也只能在稍微宽阔的广场两个人踢来踢去，很单调很无趣，刚开始孩子踢得还很开心，但总是这样单一的动作，慢慢地就失去兴趣，也终止了陪我踢球，要去玩别的。我埋怨他三心二意，甚至想逼他继续踢球。

可我想到，这样一味地把足球兴趣强加给孩子对吗？我反思着，给孩子加上了踢足球这样的“伪兴趣”，也许他根本对足球没有兴趣，只是三分钟热度罢了，这之后也就没再强求孩子踢球，只是偶尔还一起去玩玩而已。

不过我自己依然对足球痴情不减，周末只要有空都会抽点时间和朋友们踢踢球。

有一回，我在附近的球场踢球，妻子带着孩子经过，便驻足观看。看着我在球场飞奔的英姿飒爽，不由自主地说：“爸爸好帅，爸爸好帅”，看到我进球了，孩子还会冲我叫道：“爸爸真棒”，有了孩子的加油助威，我也踢得格外卖力。

看到旁边有一个足球，孩子也情不自禁的和妻子踢了起来，一边踢一边说：“长大后我也要和爸爸一起踢球”。

当妻子告诉我孩子说这话时，我很兴奋，孩子对足球还是有兴趣的，我豁然开朗，之前就两个人踢来踢去确实是毫无乐趣，这也和孩子看到的电视里足球比赛的激烈刺激所不能比拟的，去绿茵场飞奔、射门，与伙伴们一起分享进球的乐趣也许会有另一番趣味，或许这才是孩子所期待的。

我跟孩子说，下次爸爸也带你去真正的大球场踢球，孩子爽快地答应了。

一个周末，我决定带着孩子去母校高中的球场踢球。那是真正的球场，有草坪，有球门，他射门我守门，射进去一个球他无比开心。我们互换身份又玩了很久，后来我们又和几个小伙伴一起组队踢球，就这样玩了半天，孩子又重拾了对足球的兴趣，走的时候还依依不舍，说“爸爸，我下次还要来这里踢球。”

这之后，踢球也就成了孩子的真正爱好，有时候他甚至主动提出要去大球场踢球，还要和他的好朋友们一起去。看着孩子喜欢上足球，由“伪兴趣”变成了真兴趣，我明白了：**兴趣，只有孩子内心真正喜欢才叫兴趣**。

后来，为了让孩子把这门兴趣爱好继续下去，在他的要求下，报了学校的足球兴趣班，开始了和同学们的足球生活。

孩子的新鲜劲儿过一阵子后，就会出现这样的情况，父母的训斥会让有些孩子坚持一阵子，但很多孩子不见得会顺从，甚至会更反感，这其实很正常，成人也有这样的倦怠期。有时候我们真的不能逼迫孩子做他不喜欢、不感兴趣的事，毕竟真正的兴趣不是逼出来的，而是自由选择的结果。如果强行让孩子去学习他不喜欢的兴趣课程，只可能是彻底断送了孩子对这门课程的通路，未来也可能再也不会对它有好感，甚至会厌烦。

在孩子出现这样的思想波动的时候，不要逼迫孩子，更重要的是改变思路，正确引导孩子重拾兴趣。

孩子有了对足球的热爱，有了兴趣，如果有需求就可以考虑给孩子报足球兴趣班。

踢足球对抗性强，很容易受伤，现在多数孩子也都是独生子女，承载着家庭的未来希望，谁也不愿意孩子在激烈的身体对抗中出危险，所以安全第一。

选择足球培训机构，除了考察教练资质，场地设施、性价比等条件外，尤其要注意安全性。

毕竟足球激烈对抗的现实性，要解决这个现实问题，一般首先给孩子买各种保险是必需的，同时也要注意让孩子做好保护措施，比如戴护腕、护腿板等护具。

让孩子在安全保证的情况下，学会自我保护，在蓝天阳光下健康幸福的享受足球带来的乐趣。

孩子学习踢足球有什么好处

“校园足球增强体质健康，培育健全人格。”为什么世界上有那么多人为足球而痴迷？踢足球对孩子有何好处？

（1）强健体魄

踢足球是一项全身运动，也是所有球类运动中最均衡的运动之一，全身各部位都能充分运用到，从而促进学生的体质健康。

（2）锻炼团队意识

足球运动要求多人上场参赛，上场的人思想要统一，行动要一致，整体意识要强。这有利于孩子良好的心理品质及思想品德的形成，极大地培养了学生的团队合作的能力，增强了集体责任感。

（3）开发智力

踢足球也能开发孩子的智力，作为一种连贯性和竞技性很强的运动，对球员的体力、技术、战术等方面都有很高的要求，也需要球员时刻关注赛场上的变化并及时作出反应，足球运动也是智力和心理的比拼。

（4）锻炼协调性

足球运动要求技术能力很高，孩子在练习过程中，需要完成各种跑位、带球、射门等动作，这锻炼了孩子的协调性和灵活性。

（5）锻炼灵活性

足球运动是一项临场发挥很大的项目，孩子需要根据场上具体情况灵活机动地加以运用和发挥。

（6）锻炼耐力

足球场地大，时间也长，一场比赛需要 90 分钟，这就需要球员长时间的跑动，而且还要伴随完成多次加速跑、带球跑和有球、无球的配合动作，这就充分锻炼了学生的耐力和爆发力。

（7）培养个性

孩子在一个团体里，不仅能够培养团队意识，还能够发展友谊，发现自我，踢足球对于培养孩子完善的个性也是有利的。

足球兴趣班适合什么孩子适合什么年龄

一般来说，5~6 岁就可以让孩子开始接触足球，这个时期就是给孩子一颗球，让孩子随心所欲地踢，也不需要学习任何技术性的东西，家长没事也可以和孩子一起踢踢球，主要是激发孩子的天性，培养孩子的运动习惯，让他在足球中感受到快乐。

7~9 岁孩子，身形基本具备，力量、体能也达到一定的程度，这时候就可以开始接受正规的训练，这时候踢足球最好，如果接受专业足球训练，可以时间稍早点。

根据孩子身体发育程度，选择适合孩子的运动，技术动作，小孩子不像大人那样筋骨强壮，练习时尽量要少让他们进行肌肉、力量训练，以免伤了筋骨，毁了苗子。

所以，不建议孩子过早学习足球，足球的对抗性太强，孩子身体正处于快速发育成长之中，不适合过早进行激烈对抗。

什么样的孩子适合踢足球？

曾经欧洲的球探选择目标时候，第一考虑的都是身体素质，身体素质是首要考虑因素，其次也要考虑速度、耐力、体能等，一般来说，孩子的身体素质够好就可以学踢足球，也没什么特别的要求，不过戴眼镜的孩子一般不建议踢足球。

6.6 爱打篮球的孩子要学会哪些技能

提到篮球，我们就会想到 NBA，会想到热血漫画《灌篮高手》，想到乔丹、科比、詹姆斯、流川枫、樱木花道……的确，篮球是一项彰显青春、魅力无限的运动，很多家长也希望自己的孩子能潇洒不羁地在篮球场上驰骋。

有些家长会认为孩子能参加运动，出出汗就可以，认为学习永远是第一位的，只要不生病，运动无所谓。家长埋头于孩子的课业辅导，却疏忽了培养孩子接受挫折、团队精神、人际关系的最好时机，而篮球运动恰恰可以培养孩子的这些能力。

朋友的小孩小杰学了多年篮球，我问朋友，“你为什么要让小孩子打篮球呢？”这个问题一时把他问愣住了，他说：“看你需要什么了，让孩子学打篮球会收获很多。”

后来我也问了身边其他几个给孩子报了篮球班的同事，他们的回答都无一例外切中了孩子成长的关键点：“为了孩子能多运动锻炼身体，帮助孩子长高”；“为了帮孩子培养一个兴趣爱好”；“免得他在家天天看电视玩电脑，抱着手机玩”；也有家长说，以后考虑让孩子走“体育特长生”这条路……

确实，给孩子报篮球班有很多好处，能锻炼身体，帮助长身高等等。

小杰爸爸告诉我，小杰学篮球，是从9岁才开始的，这在一般孩子中算是比较晚的，刚开始他学的是乒乓球，学了将近三年，原本打得也不错，但因为乒乓球很多时候都是个人战斗，虽然有时候有双打和团队，但一般都是单打，小杰天生性格开朗活泼，但有点“耐不住寂寞”，打乒乓球更多的是遇到竞争对手，这也就少了一些结交朋友的机会。

于是，小杰跟爸爸要求上可以和伙伴们一起团队协作的篮球班，刚好小杰身高也比一般孩子高不少，适合打篮球，爸爸妈妈也就没有反对，答应给孩子报了名。刚开始是乒乓球、篮球两个项目同时兼着，两边赶场，忙得不亦乐乎，后来因为兴趣班时间有一些冲突，小杰应接不暇，左右为难，爸爸妈妈看到这情况，也觉得孩子这样太累，经过一番思量，跟小杰商量后让他“忍痛割爱”放弃了乒乓球，选择篮球，之后就一门心思扑在打篮球上。

我问小杰爸爸，“乒乓球学了三年，现在又学篮球，你们是怎么想的呢？”

小杰爸爸说：“小杰当初想学篮球，也就是为了人多好玩，确实他的性格更适合团队运动项目，我们尊重他的选择，所以毫不犹豫地答应了他，只要孩子有兴趣，孩子喜欢，父母就应该给予支持，况且孩子也有选择自己兴趣爱好的权利。鱼和熊掌不可兼得，放弃也只一种智慧，放弃乒乓球并不是因为不适合孩子，而是两者取其一，是为了更好地练习篮球。当然，我们也不后悔之前打乒乓球的付出。学了三年，小杰球技也可以，锻炼了孩子的专注力、身体协调性、灵活性、敏捷性、反应能力等，这些对学习篮球都有很大的帮助和作用。”

刚开始小杰就是想和更多的小伙伴一起玩，玩是孩子的天性。篮协主席姚明也曾说“体育就是玩，不该被扭曲成技能教育，学生的身体素质，也不能简单通过分数去证明。”

和很多的小伙伴一起玩，小杰很开心，常常春风满面的，很享受，可没过多久，小杰也到了“没有笑容”的阶段，刚开始只是练习运球、投篮等基本功，很枯燥，也非常累，小杰觉得不好玩，爸爸没有逼迫他，他只是给小杰讲了科比“凌晨4点的故事”，凌晨4点，其他人还在温暖的被窝时，科比已经行走在黑暗的洛杉矶街上去往球场训练，十年如一日，洛杉矶凌晨4点的黑暗没有改变，但科比已变成了肌肉强健、有体能、有力量、有着很高投篮命中率的运动员。小杰爸爸也陪他看了科比的一些精彩的比赛，尤其单场81分的比赛，看着科比胜利后的喜悦感，赢球后的乐趣，小杰爸爸告诉他，你看这就是科比为了赢付出的努力。小杰听到这些，也说：“我要做第二个科比”，自那后小杰努力学习、刻苦训练，一直坚持到现在。

现在，小杰12岁了，专攻篮球，加上一些其他课程，每周课程安排得满满当当，每周很忙碌，也很累，但他一直坚持着，他很会自我调节，也会掌握劳逸结合的节奏，学习累了，刚好可以打篮球放松一下，打球累了就看会书休息一下，两者相辅相成，学习成绩也没有落下。

小杰爸爸说，有时候，他也会陪小杰去打篮球，虽然有些累，但他很享受这个过程，这样可以增进亲子关系，父子感情更亲密。

每个孩子都是一个独特的个体，孩子个性不尽相同，不同的项目也适合不同的孩子，家长最好根据孩子的性格选择与他性格相匹配的项目，家长的支持很重要，有条件有时间，家长应该多陪孩子一起运动。

给孩子报兴趣班，一定要尊重孩子的兴趣，以孩子的兴趣为主，让孩子做他自己喜欢的事情，这样他才会愿意去练习，才会享受运动带来的乐趣。

篮球运动是一项积累的运动，运好球、投更多的球，这都需要更多的练习，汗水和收获是成正比的，孩子们可以从学习篮球过程中体会到有付出才有收获的道理。当孩子面对失望和挫折时，鼓励孩子要坚持，遇到困难要学会解决，而不是放弃。让孩子明白任何冠军的背后都是日复一日、年复一年非常努力刻苦的训练，没有人可以在一夜之间成功。而通过打篮球，他们更能理解，也更能学会这些优秀的品质。

有人说选择比努力重要，有人又说坚持比选择重要，放弃只需要一秒，坚持却需要一生，我觉得选择与坚持都同样重要。

孩子学习打篮球的好处

篮球运动简单易学、方便参与、易于组织，是社会生活中普及度最高的体育项目，可以奠定孩子健康的身体基础，挖掘其运动兴趣，塑造优秀品质。

（1）可以让孩子身体长高

篮球运动作为一项综合球类项目，充分锻炼到孩子各个身体部位，全面有效的提高综合身体素质，促进骨骼发育成长，长期锻炼有益增高。有科学数据表明打篮球的孩子平均身高会比同龄人多增长 5~10 厘米。

（2）提升孩子团队协作能力

篮球是一项集体运动，十分讲究团队配合，球场可以有 MVP，但更不可缺少团队协作能力，单打独斗是无法取得胜利的，这就需要孩子学会合作，学会与同伴配合，相互合作才能进球，才能取得最终胜利。有一位哈佛大学负责面试新生的教授说：“如果两个学生 SAT 的成绩和功课一样好，但我只有一个名额时，我会选择爱打篮球的孩子。”因为看重的就是孩子有团队精神。

（3）促进孩子左右脑平衡

在篮球运动中的孩子需要完成运球、投篮球等基本活动，能很好地锻炼、刺激左右脑平衡发展，使全身协调发展。

（4）让孩子更加自信

从小打篮球可以培养孩子的专注力和自信心，这甚至会带到以后的生活中去，对孩子的发展是百利而无一害。

（5）锻炼孩子意志

篮球运动难免会磕磕碰碰，遇到胜利与失败。可以使孩子学会如何战胜困难，很大程度的磨练孩子的意志品质，学习永不放弃的精神。

（6）配合孩子规则意识

篮球运动规则是比较复杂的，打篮球需要遵守规则，不然就会被罚，没有规则不成方圆，懂得规则是很重要的。打篮球可以培养孩子的规则意识，让孩子懂得什么可以做，什么不可以做，这对孩子步入社会也很有利。

（7）提高心理素质

篮球运动有输也有赢，孩子们可以从小学的输赢之道，正确看待输赢，赢的时候不骄傲，输了也不气馁，无论输赢都在锻炼孩子的心理素质。

（8）孩子更加勤奋

篮球运动难度也不低，不经过足够的训练，不经过磨练是无法打好篮球的，场上一分钟，场下十年功，打篮球的孩子必然在场下有着高密度的训练，也必然更加勤奋。

篮球兴趣班适合什么孩子什么年龄

很多家长在孩子打篮球的问题上，存在着不少误区：认为自己孩子个太矮打不了篮球，或者认为自己孩子是女孩，根本不可能参加篮球训练。

其实不然，孩子学习打篮球不论身高，也不分男女。在美国，孩子 4 岁的时候就已经开始玩篮球，而且男孩女孩都可以。

可能有些家长会以为孩子太小，篮球太大，投篮投不动，没有力气等。在学习篮球时，孩子可以用小号篮球，而且，孩子的投篮姿势与成年人也不一样。成年人是在头顶进行投篮动作，而孩子是在胸前用双手把球推出去。

一般来说，根据孩子发育情况，孩子五六岁就可以开始接触篮球，进行一些启蒙练习。6~10 岁的孩子主要是学一些基本功，基本功要从小打好，要不然到后面在学就更难了，而且这个阶段孩子的身体也正在发育，运动能够促进孩子的生长发育。10~13 岁的孩子就可以开始进行技术训练。

但是年龄也并非绝对，有些天赋比较好的孩子，虽然学习得晚了一些，仍能够打得好。比如乔丹 12 岁左右才开始练习篮球，也一样成为一代篮球巨星。篮球最重要的不是学，而是练，特别是练基本功。

6.7 多大的孩子适合练排球

排球运动是深受广大青少年喜欢的体育项目，对促进孩子身心健康具有重要的价值。经常参加排球运动，不仅能发展孩子的力量、弹跳、速度、灵敏等身体素质，还能增强身体体质。

女排顽强拼搏、永不放弃的精神更是鼓舞着大多数人，比赛让人看得热血沸腾，不少人因此热衷于排球。其运动量适中，又极富趣味性，老少皆宜，生活中也有很多孩子在学打排球。

孩子班上有个叫雨萱的女同学，在学校很调皮，上课总迟到，还有各种违纪，经常在孩子的家长班级群里看到老师公布的违纪学生，雨萱总是榜上有名。她不爱学习，学习成绩也很差，每次考试看到老师发到成绩表，基本上都是最后几名，在我心里她就是一个实实在在的“坏孩子”。

二年级的时候有一次开家长会，我去得早，在孩子教室门口等着，看到班上一个个头高于一般孩子的女生异常活跃，上蹿下跳，在教室里跑来跑去，说得夸张点，就是有点“疯疯癫癫”，让人感觉很不好，我不禁问孩子：“你这同学叫什么名字啊？”孩子告诉我那是雨萱。看到她的身高，向来喜欢体育的我首先想到的就是，这孩子不就是个练体育的好苗子吗？她成绩不好刚好可以练体育。

《圣经》里说：“当上帝关了这扇门，一定会为你打开另一扇门。”很多家长会有这样的想法，孩子学习不行就让他学点其他的，比如学体育。确实也如此，往往学习不太好的孩子体育运动都优于常人，高中时班上几个体育特长生都是成绩不好，承包成绩榜的最后几名，但他们体育却特别擅长，每次运动会他们都大放异彩。

有一次我陪孩子去体育馆玩，看到几个身材修长高挑的孩子在打排球，走近一看，原来是雨萱和几个学生在那练习排球。果不其然，雨萱真的在学打排球。排球运动需要一定的身高，雨萱的身高完全符合要求，也符合世俗的人对她的一个比较偏颇的“人设”，成绩不好就学运动。

事已至此，本来对雨萱的关注也算告一段落。然而过了两年，孩子上四年级的时候，她又引起了我的注意，“黑榜”上少了她的名字，成绩也中上了。刚开始我以为是偶尔一次超常发挥，可后面几次雨萱都是中上的名次，我不禁诧异问孩子：“你们班雨萱怎么变化这么大啊？”孩子也说不出个所以然了，只说雨萱爱学习了，不调皮了。我眼中的“坏学生”变成好学生了，这华丽的变化究竟是什么原因呢？

同样还是一次开家长会，雨萱妈妈坐我后边，通过身高、长相我一下就认出了那是雨萱的妈妈，我情不自禁的问起雨萱成绩变好的原因。

她妈妈告诉我，这都要归功于雨萱学习打排球的功劳，自从报了排球兴趣班学了打排球，雨萱变得不再调皮，也爱学习了，学习成绩也就慢慢地好了。

她妈妈告诉我，有一次她们参加比赛，由于实力相差太远，雨萱他们输的很惨，有一局甚至被对方“剃了光头”，雨萱也很伤心，但教练鼓励她们，只要努力，只要好好练习，以后一定能赶上对方的，也会打赢她们的，这之后雨萱练球更加刻苦勤奋。

排球运动是一项很讲规则的运动，发球、接球、触球、垫球、扣球、拦网都有规则，打排球是需要遵守规则的，不然会被判犯规，没有规矩不成方圆。现在很多家庭都是独生子女，从小在家被家长捧为掌上明珠，没规没矩、自私自利已成为了通病，通过排球运动可以让孩子学会按规则做事，懂得哪些可以做，哪些不可以做，这对孩子以后步入社会也很有利。

雨萱就是这样转变的，学习排球运动学到的规则也用到文化学习和生活中来，慢慢的不再调皮，在学校遵守纪律，也开始爱学习，懂得了付出努力才会有收获的，成绩也渐渐提升。

有时候，学习排球不一定要培养成为专业运动员，习惯、性格品质的培养才是最重要的。在孩子成长过程中也总是能看到排球运动所带来的积极的、正面的影响，学习排球的意义就在于此，培养孩子的好习惯好品质，让孩子在运动中收获到快乐。

孩子学习打排球有什么好处

排球运动的好处真是数不胜数，尤其在学生的生涯中真正获益不少，有些甚至于受用一辈子。

（1）让孩子强身健体

排球是一项全身心参与的运动，它的强身健体功能是全方位的。

（2）培养孩子团队意识

团队意识是每个孩子融入社会所必须具备的素质，排球运动一场比赛，六个人默契配合才能完美地得一分，每得一分都需要团队合作，这可以让孩子从小培养团队意识，懂得互助互赢。

（3）有助于孩子身体长高

对于正处于成长发育期的孩子们来说，排球运动的跳跃，可以发展下肢力量，促进骨骼发育，有助于身体长高。

（4）锻炼灵活反应能力

排球运动可以锻炼孩子的协调能力，眼睛注视着排球，大脑迅速做出各种反应，然后做出各种动作迎接来球，如垫球、传球等，还可以锻炼敏捷性、速度、力量、耐力等身体素质，促进孩子身心发育。

（5）促进孩子智力发展

打排球时大脑一直处于一个极其活跃的状态，同时打排球也需要大脑有迅速的反应能力，以便协调身体各个部位做出动作，进而促进孩子的智力发展。

（6）塑造孩子体形

排球运动需要孩子具备跑、跳、下地、滚翻等多种动作，打排球可锻炼孩子的腿部、腹部、腰部、上肢肌肉，消耗身体多余的脂肪，让身材更健美，体形更好看。

（7）培养吃苦耐劳的品质

排球运动练习很艰苦的，不经历风雨怎么见彩虹，付出总有收获，需要刻苦长时间的练习，持久地坚持挥汗如雨地训练，培养的正是孩子们吃苦耐劳的品质，这对孩子面对繁重的学业时也有很大的益处，恒心就是胜利的坚强后盾。

（8）培养顽强拼搏的品质

竞技运动，失败再所难免，排球运动也不例外，输赢很正常，胜不骄败不馁。失败了，吸取教训，总结经验，从失败中学习，知道差距在哪儿，然后需要更加努力，才能争取下一次胜利，这能让孩子更加深刻的体会顽强拼搏的精神，并成长为一个更顽强的人。

排球兴趣班适合什么孩子适合什么年龄

孩子多大可以学习排球？一般来说，根据身体发育情况，7~8 岁的年龄就可以开始接触排球了，刚开始主要是练体力、弹跳、拍球、垫球，练好体能，熟悉球性，为以后的更深入学习奠定一定的基础。

10 岁以后就可以真正的开始系统的高强度的训练，如果要做专业运动员的训练，一般 12~13 岁比较合适，这是最黄金的时期，这个时候接触排球最合适，孩子的理解能力、接受能力也强，更容易上手。

排球是一个无身体对抗的运动，但对跑、跳、敏捷性却要求比较高，一般来说都很看重弹跳力、爆发力、灵活性、柔韧性等，当然身高、臂长也是很有优势的，所以高挑的身材打排球是很不错的选择，尤其是做专业运动员，当然，只是强身健体，培养孩子性格，作为一种兴趣爱好，基本上是不受限的，几乎人人都可学排球。

6.8 从小学习羽毛球好处多

说起羽毛球，可能大家都不会陌生，一副球拍，一个球，一条线，也不拘泥于场地，两个人就可以开展羽毛球运动。现在很多小区里也都有不少正规的羽毛球场，占到场地的就可以隔网对抗，没有场地的，两个人随便找个稍微宽敞点的地方就可以开始对打起来。

小区里经常可以看到有人打羽毛球，每次我家孩子都要驻足观看很久都舍不得离开。

有一次，看到有两个年龄稍大的朋友在小区游乐场上厮杀，来来回回，打得很好，一看就是学过的。孩子蠢蠢欲动，后来在他们的邀约下，也加入了“战斗”。只是由于没有学过，也很少接触，就连拿球拍的姿势都不对，总是接不住球，结果输得一塌糊涂，还被小朋友数落了一番，情绪非常低落，回到家里闷闷不乐。

“孩子，你不要伤心，人家是报了兴趣班，经过专业训练的，你输了也属正常！”

“爸爸，我也要学打羽毛球。”

我没有马上答应他，而是跟他分析了学打羽毛球的方方面面，尤其是要学好并不是一朝一夕，而是要经过持续艰苦地训练，需要坚持不懈的精神。在得到孩子肯定的答复之后，我觉得给他报兴趣班的机会成熟了。

就这样，在孩子想要学打羽毛球的要求下，带着他开始了他的羽毛球兴趣班之旅。

孩子好强，输了之后想要提升自己，想报兴趣班，这也是一种爱好兴趣。只不过这需要用心引导，分析利弊，讲清学习的困难程度等等，切不可为图一时逞强，三分钟热度，兴趣持续不了几天。

孩子学习羽毛球的好处有很多，比如增强体质、预防假性近视、健脑益智、提高身体协调能力，以及磨炼意志等等。尤其是在现在很多孩子缺乏运动，身体素质情况不容乐观的大环境下，让孩子学习球类运动，选择羽毛球，隔网对抗，几乎没有任何身体对抗，不用过度担心身体伤害，这也是为什么很多孩子要选择羽毛球来学习。

经过同事介绍，再经过考察资质，权衡再三，最终锁定了一家距离较远的培训机构，我带着孩子兴高采烈地去报名。

乘兴而去，败兴而归，培训机构看到孩子后委婉拒绝了我们的报名，给我和孩子当头一棒，理由就是孩子身高还太矮，不太适合。

确实，孩子发育较慢，比一般同龄人身高都要矮一些，这也确实是我考虑不周的地方，没考虑到孩子的身材条件。

孩子被泼了冷水，满脸不高兴，我真怕就这样打消了他的积极性，幸好培训机构的老师开导孩子："小朋友，你只是暂时不能学羽毛球，因为你年龄还小，等你再长大点就可以来报名，到时候再来，我们等着你哦，你现在可以先回家和爸爸自己练习练习。"

孩子嗯嗯答应着，看得出他脸上的不甘愿。

老师也跟我解释了一番，说羽毛球对身高要求不高，但如果孩子身高没有达到一定的要求，发球和接球时会很费劲，甚至过不了网，会因此影响孩子的兴趣和水平发挥。刚开始学就是把动作做好，做规范，为后面打好基础，动作不正规会对以后的发展产生影响，这也是最为重要的。

同时也建议我，如果孩子确实想学羽毛球，很有兴趣，那可以在家里给他做一些启蒙训练，陪他在无网的情况下进行一些基本动作练习，培养孩子对羽毛球的亲切感、锻炼球感，等孩子身高达到要求后就可以开始正规的羽毛球学习。

我们悻悻离去，回去的路上，我也开导孩子："爸爸回去天天陪你打羽毛球好不好？等你长大些我们再来报名，好不？"

孩子答应了，还要和我拉钩，说要说话算数。

一路上，我都在想，还有培训机构不想赚钱的，这不是"傻子"吗？不，恰恰这是有责任心的培训机构，有些"小作坊"式的野鸡培训机构，为了利益，才不会管你孩子身高够不够要求，只要有生源就行。

所以给孩子报兴趣班，找一家有专业正规资质的培训机构最重要，有时候我们真的要擦亮眼睛。

后来孩子年龄也到了，了解详细之后，便顺利帮孩子报上了名。

自从孩子上了兴趣班，我就更是成了他的“御用”陪练，只要有空我就陪孩子去练球。还和孩子一起看比赛，一起感受大赛的气氛和明星球员的风采，有时候我们还一起讨论比赛内容。

羽毛球毕竟是两个人的运动，在时间和条件允许的情况下，陪孩子一起运动很重要。不仅有利于家长和孩子身体素质的提高，还可以让亲子关系更密切，增进家庭情感。

孩子的羽毛球兴趣也一直维持至今，虽然我也不指望他打出什么成绩，但只要他有这份兴趣，能坚持锻炼，感受羽毛球带给他的乐趣就足以。

孩子学习打羽毛球有什么好处

羽毛球运动隔网对垒，可以避免孩子身体碰撞时造成的不必要伤害，相对比较安全，并且可快可慢，可张可弛，身体各部分协调运动，各肌肉得到充分锻炼，整个过程都充满了乐趣。

（1）提高孩子身体素质

羽毛球是一项全身运动，全身的肌肉和关节组织都得到了活动，同时也可以锻炼孩子的心肺功能，对身体很有好处，可以全面提高孩子身体素质，起到锻炼身体的效果。

（2）打羽毛球相对安全

现在很多孩子都是独生子女，所以家长为孩子选择运动项目，安全是第一位的。由于羽毛球是隔网对抗，所以它比足球、篮球等有身体接触碰撞的体育项目更有安全性，适合于身心没发育成熟的孩子。

（3）帮助孩子提高视力

孩子打羽毛球时，眼睛要随着羽毛球活动，这样一来，孩子的眼球功能就会得到有效的锻炼，可以帮助小孩子提高视力，或者缓解近视症状。

（4）有助于提高孩子智力

羽毛球速度很快，为了准确回球，孩子在打球中不知不觉就提高了反应速度，头脑也就变得更加灵活，这有助于提高孩子的智力。

（5）有助于孩子身高增加

孩子打羽毛球，不仅要经常做跳跃运动，也需要不停地快速来回移动，脚下快速移动对拉伸韧带相当有好处，有利于促进骨骼生长，增长升高。

（6）培养孩子协作团结能力

羽毛球比赛中的双打还可以加强团队合作的精神，培养两人的默契感和集体荣誉感。

（7）增强孩子抗压能力

竞技体育比赛自然有竞争机制，孩子在练习的过程中，自然少不了赢球和输球，久而久之，孩子的抗压能力就会比其他孩子要好一些。比赛中偶尔的输球可以让孩子更早接受挫折教育，强化学习和生活中的抗压能力。

（8）增加孩子的身体协调性

羽毛球运动需要孩子在场地上不停地进行脚步的移动、跳远、挥拍等，合理运用各种击球技术和步法在球场上对垒，对身体的上肢、下肢和腰部肌肉都得到了锻炼，同时能有效地发展孩子的反应、灵敏、协调能力。

羽毛球兴趣班适合什么孩子什么年龄

羽毛球是一种几乎人人都在玩的体育类项目。许多家长就会从小培养自己的孩子学习打羽毛球。羽毛球的学习也不是一天两天就能学成的，那么学羽毛球的最佳年龄是什么时候呢？

一般来说，6 岁以后就可以开始学习羽毛球。

羽毛球是球类运动，也是一项技巧类的游戏项目。6 岁以后的孩子在体能、力量、理解能力上基本可以满足羽毛球项目基本要求，这个时候孩子有了很强的模仿能力和时空感知能力，手部的力量和协调性也达到一定标准。经过系统训练，动作容易固定，提高也最快。

由于个体差异，并不是每个孩子都可以在6岁的时候开始练习的。还要看孩子的发育情况是否可以适合。

年纪太小的孩子学习打羽毛球，力量达不到击球要求，孩子会想方设法用错误的姿势去回球，如果养成习惯，对以后发展不利。

羽毛球学习的标准不在于年龄，但要有天赋，要视力好、耐力好、速度快，还要考虑到打球时的战术，身体要健康，不能有疾病，特别是哮喘、心脏病、高血压等不宜参加羽毛球训练。

哪些孩子更适合学打羽毛球

（1）个子高的孩子：身高并非是打羽毛球的先决条件，但如果孩子身高没有达到一定的要求，在发球和接球的过程中就会比较吃亏，甚至会因此影响孩子的兴趣和水平发挥。

（2）体力和耐力好的孩子：羽毛球是一项相当耗费体力的运动，孩子如果在打球时候体力差，力不从心，学习效率也就会大打折扣。因此，学习羽毛球前，孩子最好能有一段时间的体育锻炼，体力和耐力都有一定的储备，这样才有利于孩子持之以恒地学习。

（3）学习能力强的孩子：学习能力包括倾听、理解、专注、执行力、遵守规则等，孩子在想学羽毛球时，必须先有具备一定的学习能力，这样才能让孩子有效学习，并且能够增强孩子的自信心。

6.9
乒乓球适合哪些孩子学？

乒乓球运动很受孩子们欢迎，我们身边总是有很多热爱和学习乒乓球的孩子。明明就是这样一个孩子，甚至有点痴迷，书包里可以少一本书，但是却不能少了乒乓球拍和球。

为此，明明爸爸不惜花重金，大力度投资明明的兴趣爱好，给他报了一家知名乒乓球培训班，为他提供专业的装备，看那架势颇有培养一个未来“刘国梁”的意思。

看得出，明明是个好苗子，高挑强壮的身材，再加上浓厚的兴趣，又做着自己喜欢做的事情，甚是春风得意，让我这样的吃瓜群众羡慕不已，心想这孩子必将大有一番作为。

然事与愿违，没过多久，在一次闲聊中邻居说明明没学乒乓球了，我很诧异，简直不敢相信自己的耳朵，连连问了几遍：“不可能吧”，邻居很确定地告诉我是真的，我心想，明明这孩子不像是三分钟热度的人，那架势是真的对乒乓球很感兴趣，半途而废也太可惜了，这不是费钱费时吗？好奇的我很想知道这剧情的反转是怎么回事。

有一次晚饭后在小区散步，遇到明明爸爸，聊着聊着我就往明明学乒乓球的事上引，问他放弃的原因，他无奈地摇着头，很不甘心地告诉我，明明视觉功能不好，有外隐斜，不适合打乒乓球，不得不放弃。

起初，明明也学得很带劲，毕竟这是他的兴趣，可没过多久明明的激情就少了很多，显得没那么热情，对乒乓球貌似失去了兴趣。明明爸爸看到这些还专门找教练沟通，教练也说不知道明明是怎么了，刚开始热情高涨，现在这状态完全变了，总是接不到球，教练说明明其实很认真。

回到家，他也问明明怎么了，明明就是不说，只是说着：“爸爸，我不打乒乓球了。”

他耐心地开导着：“明明，告诉爸爸你这是怎么呢？你真的不喜欢乒乓球了吗？”

做了很久的思想工作，明明才慢慢地哭着道出了实情：“爸爸，乒乓球打过来时我看着有两个球，经常接不着球。”

他继续追问着，明明说他看东西刚开始都是看到两个，然后慢慢就变成一个，只是打乒乓球时，球来得太快，还没来得及由“两个”变成“一个”的时候，球已经落在地上。

原来明明是遇到困难了，“眼睛”出了问题，他带明明去医院检查，医生告诉他孩子视功能不好，有外隐斜，就是双眼融像功能不好。其实正常人看东西也都是左右眼分别看到一个，然后通过大脑信息迅速融合成一个，这就是融像。明明融像调节能力稍差，而乒乓球又小，速度又快，这就要求有着非常快的反应速度，对来球第一时间做出判断，所以他就会慢一拍，接不到球，这就不得不遗憾地放弃。

确实，乒乓球那么小小一个，高速地飞来飞去，忽远忽近、起起落落，眼神不够好肯定不行，根本就打不中球。所以，一般而言，视功能调节能力欠缺或视功能障碍的孩子是不适合学习打乒乓球的，比如外隐斜、内隐斜、弱视等。

乒乓球培训机构一般只会从表象上对孩子进行初步的评估和预判，比如对身高、反应能力、敏捷性等做一定的测试，以此来判断孩子适合不适合学习，但这并不能深入的了解。

所以想要学习乒乓球，最好在学之前先带孩子去正规的医院检查一下眼睛，进行一下专业的视觉功能评估，以免像明明那样报了名却只能中途放弃，花了冤枉钱，还是很遗憾的。

学习乒乓球的好处有很多，比如增强体质、预防假性近视、健脑益智、提高孩子身体协调能力，以及磨炼孩子意志等等，是非常重要的基础运动。所以如果孩子感兴趣，条件也满足，那就不妨给孩子报个乒乓球兴趣班吧。

不过报兴趣班只是开始，真正考验意志的在于学习兴趣之后的各种坚持，包括不断开导孩子的思想变化，以及长期辛苦接送路上的坚持、家长的陪伴等等。

有些小孩子也会有一些思想波动，学习一段时间之后，思想上会出现一些小状况，比如嫌累，嫌教练太严厉，各种理由各种说辞。这就需要家长能够及时掌握他的思想状况，第一时间帮助开导，让孩子坚持下去。

孩子学习打乒乓球有什么好处

打乒乓球好处多，占地小、消费低、受众广、更安全，益全身，是提高孩子反应能力、提高敏捷性的最好训练，也健智益脑，能让孩子得到全面锻炼，对培养孩子的自信、勇敢、果断、拼搏向上等优良的品质有极大的益处。

（1）增强体质

乒乓球运动是全身运动，它需要全身的协调与手脚密切配合，这可以极大程度地改善孩子的体质，增强其心肺功能。

（2）预防假性近视

在打乒乓球的过程中需要双眼以球为目标，一直紧盯着白色或橙色的小球不停地移动，忽远忽近、起起落落，这是锻炼眼睛的最好方式。打半个小时的乒乓球就相对于做了几十遍的眼保健操，能有效地预防孩子假性近视。

（3）提高身体协调性

乒乓球运动既需要一定的爆发力，也需要动作的高度准确，它同时要求做到“四到”，即眼到、脑到、手到和脚步到。小孩子经常打乒乓球就可以锻炼眼、脑、手、脚之间的配合能力、灵敏度和判断力。

（4）健脑益智

在所有球类运动项目中，乒乓球的速度是非常快的，由于球体小而轻，攻防转换迅速，它要求孩子必须在最短的时间内，一般不超过半秒钟，即对变化着的来球做出准确的判断和反应。打乒乓球不光需要手上动作，更需要眼、脚、脑的密切配合，大脑始终处在兴奋和高速运转当中，充分带动了大脑的思维，对孩子正在发育的大脑是十分有好处的。

（5）增强团队协作能力、心理素质，磨练意志

乒乓球也是一项团体运动，有双打，还有团体比赛，双打可以让孩子加强团队协作的能力，还能培养两人的默契程度和集体荣誉感。同时在乒乓球运动中，需要有稳定的情绪、敏捷的思维做出判断，然后应对，在比赛过程中也能锻炼心灵素质。孩子在坚持运动的过程中，意志得到了磨练。

（6）硬件要求低、场地多、相对比较安全

现在稍微新一点的小区或者一些公园基本都有乒乓球桌，让小孩学习乒乓球运动变得十分便捷。乒乓球也可以在室内运动，不受天气因素的影响，自备一款乒乓球拍成本也不高，专业级别的上千元，而初学孩子几十元到一两百的

就已足够。

为孩子选择体育运动项目，一般都是安全第一，都会选择相对比较安全的项目，乒乓球是隔网对抗，几乎不需要身体接触，所以它比足球、篮球那些有着强烈的身体接触碰撞对抗的体育项目更有安全优越性。

乒乓球兴趣班适合什么孩子适合什么年龄

孩子学习乒乓球年龄到底是多大呢？因人而异，一般也没硬性规定，如果3岁的幼儿能学会丢球、接球的动作，能做到“接丢高球”动作能力的孩子，一般来说3岁就能打乒乓球。孩子如果有兴趣，就没有什么开始适龄期，也就是说随时都可以开始学乒乓球，但真正系统的正规训练需要身高年龄达到一定的要求才可以开始。

如果不是立志成为专业的乒乓球运动员，仅仅是以健身、促进身体发育、培养特长、预防近视等为目的的乒乓球学习，一般来说，根据孩子发育特点，6~10岁为最佳时期。这时候孩子的身高基本上达到要求了，思想单纯无杂念，具备一定的接受能力和行为自制力，身体柔韧性也处在最佳时期，打球意识和肌体动作能力可塑性强，是进行乒乓球训练的黄金时段。

但也并非绝对，只要够努力，什么时候学都不晚。 纵观世界乒坛名将，有些启蒙年龄也不是很小，如我国前国家队总教练蔡振华11岁才开始练习乒乓球。但通过其不断的钻研与努力，多次获得世界冠军，笑傲乒坛。所以年龄并不是很严格，最重要的是自己的努力以及自身的天赋。

年龄太小学乒乓球也不适合，其原因有如下：

（1）孩子年龄太小，骨骼发育还不完全，乒乓球是单侧单手运动，过早接受基本功训练，可能会造成身体两侧发育不协调。

（2）乒乓球台高度是固定的，为76cm，孩子太小，身高太矮，够不到球台，打球很困难，手臂要一直高举着打球，手腕、手臂容易疲劳。

（3）孩子太小，理解能力还不够，老师讲授的一些动作要领、挥拍轨迹还无法完全理解，只能完全靠肌肉记忆和重复练习，效果可能也还不错，但效率肯定略低。

（4）孩子太小，自制能力不太好。尤其是对乒乓球运动的兴趣也不会太浓，如果硬让他们学反而会产生逆反心理。

哪些孩子不适合打乒乓球?

视觉功能不好，视功能调节能力有欠缺，有斜视、弱视等视功能障碍的孩子不适合，他们反应慢半拍，无法对来球做出迅速反应。身体协调性不好不适合。身体协调性差、反应能力、灵敏性差的孩子无法做到眼、脑、手和脚合一。

6.10 轮滑班的选择很重要

轮滑运动在儿童中很风靡，在小区院子的广场上随处可见穿着轮滑鞋玩耍的孩子。他们动作灵活、速度时快时慢，吸引不少人的眼球。确实，会滑轮滑是一件很酷很值得炫耀的事，轮滑培训班也到处都是。

很多小孩子三四岁就开始滑轮滑。俊宇在很小的时候看到有人在广场上玩轮滑，眼睛就死死盯住，吵着要滑，家里也就早早给他买了轮滑鞋。

有了新鞋，俊宇要求爸爸带他去小区广场上滑，看到其他几个小朋友都穿着轮滑鞋潇洒地滑着，俊宇羡慕不已，也跃跃欲试，很想加入进去，立马换上轮滑鞋。毕竟第一次，穿上鞋以后站都站不稳，东倒西歪，全靠爸爸扶着才站稳，另外几个小朋友滑到身边来，一边滑一边炫耀：“你还没学会啊，我们都会啦。”俊宇听后又急又气，想急着滑起来，连连摔了几下，委屈得一下坐在地上大哭起来，好心情都被破坏了，瞬间也就不想玩了，爸爸只好带他回家。

回家的路上，爸爸开导俊宇：“你是第一次啊，不会滑很正常啊，我们下定决心把轮滑学好，好不好？”俊宇点头同意着，爸爸告诉他可能会遇到很多困难，但一定要坚持不能退缩，恰巧小区里有个搞轮滑培训的，爸爸也顺理成章地给俊宇报了名。

学习轮滑，对于胆大的孩子来说根本不算事，但对俊宇来说这是个挑战。他是个谨小慎微的孩子，小时候走路都十分谨慎，下台阶也都是抓着扶手下，生怕摔跤。穿上轮滑鞋找不到脚踏实地的感觉，俊宇没了安全感，很是害怕。

后来俊宇又练了几次，勉强能站立了，接着就是学会抬脚走。学会了站和走，俊宇也没有那么害怕和紧张了，但接下来滑的问题就更让人头疼。

练了很多次都没有什么进展，俊宇急了，甚至对自己也产生了怀疑，经常都是练习在哭闹中结束。周围的人也劝俊宇爸爸不要再强求孩子学轮滑了，这毕竟不是什么必需要学的东西。爸爸想到每次都是这样，也开始怀疑是否值得继续学下去。可想到这是俊宇人生中第一次和“困难”正面交锋，如果放弃，以后的困难就很难克服了，爸爸毅然决定，不管多难都要让俊宇越过这道坎。

爸爸跟俊宇做思想工作，教他一定要克服困难，俊宇似懂非懂地点着头，可能孩子并不明白什么叫“困难”，答应得好好的，可效果并不佳。爸爸想着，也许该换个思路，恰巧俊宇这时候想要买一辆自行车，但爸爸一直没答应，爸爸想也许物质的诱惑能激起俊宇的勇气。于是，爸爸向俊宇许诺：“只要你学会了轮滑，爸爸就给你买一辆自行车”。俊宇听到后，果然动力十足，一点点地滑了起来，虽然依然会摔跤，但摔了立马又爬起来继续滑，刚开始可以滑几米就摔倒，后来越滑越远。爸爸也鼓励他：“坚持下去就一定可以战胜困难的，你终于学会了，俊宇真棒！”

俊宇就这样坚持了下来，逐渐学会了轮滑，也可以和其他小伙伴们一起在广场上潇洒地飞驰了。

学习轮滑是一个持之以恒的过程，中间可能经历很多挫折和困难，作为家长应该教会孩子面对困难，战胜困难，在轮滑学习中摔倒是必经过程，摔倒了再爬起来，这才是学习轮滑最大的益处。

轮滑已成为孩子中一项非常流行的运动，既能锻炼孩子的耐力、平衡性、灵活性，还能有效改善注意力不集中、没有耐性、过分胆小等问题，培养不怕苦、不怕累的精神，但是它也是一项存在受伤风险的运动。轮滑中摔倒不可避免，所以孩子轮滑时一定要穿戴好专业护具。

孩子学习轮滑有什么好处

学习轮滑可以很好的锻炼孩子的平衡感，增强身体素质，促进大脑发育，有利身体健康。

（1）促进孩子小脑发育

轮滑对孩子身体素质的提高有很大的帮助，能促进心血管，呼吸系统的功能的提高，以及增强身体四肢的肌肉的力量和关节的灵活性，对小脑的发育，以及平衡力、支撑力的提高都有很大的帮助。

（2）增强孩子的自信心

孩子学习滑轮会让他们放松心情，加上轮滑动作玩法也很多，当学习到一个动作或者有所进步的时候，能够增强孩子的自信心。

（3）能让孩子减轻压力、放松愉悦

轮滑与其他运动项目相比具有一定的趣味性、观赏性，孩子更乐于投身其中。轮滑运动可以消除孩子学习压力，愉悦心情，放松神经，具有休闲和健身的双重作用。

（4）促进孩子良好意志品质形成

当孩子穿上轮滑鞋的那一刻起，就必须独立面对这种失控的状态，他们是鞋子的主人，在和鞋子较量并找到脚感控制鞋子，最后让鞋子化为身体一部分。他们是完全自主的，独立性的养成也是必然的，这有助于培养孩子的良好意志品质。

（5）增强身体的协调性

轮滑是一个全面运动，轮滑可以锻炼孩子的体能，耐力，跳跃、跑动等能力，身体平衡性灵活性、反应力，大脑与身体各部位之间的协调性。

（6）锻炼孩子抗压能力

学习轮滑是一个持之以恒的过程，中间可能经历很多挫折，轮滑的学习过程就是“跌跌撞撞”+“磕磕绊绊”，“跌倒”是必经过程，对孩子来说也是一种练习。玩轮滑的孩子不会把跌倒当成是一种失败，反而会急着爬起来继续玩，孩子会慢慢的对“挫折”产生抗压性。

轮滑兴趣班适合什么孩子适合什么年龄

轮滑运动是比较少见的一项被广大家长所接受的、适合孩子参与的户外运动项目，轮滑运动欢乐、健康、有趣。

学习轮滑的最佳年龄一般为 4~6 岁。

4 岁以上的孩子处于快速增长的时期，身体的控制能力和协调能力均已完善，已经具备了较强的身体平衡能力、专注力及运动能力，再加上孩子的身体轻巧，重心较低，这个时期孩子特别活泼好动，十分喜欢运动，是学习轮滑的最佳年龄阶段。

孩子太小不建议学轮滑，如果年龄比较小，自我控制能力就会比较差，发生危险的几率也高。而且太小的孩子长时间保持一种姿势运动，会对下肢骨骼的正常发育带来不利影响，可能造成孩子的腿向外撇，甚至导致 X 形腿的严重后果。

什么人不适合练轮滑？

轮滑运动需要平衡和基础力量，还要有判断障碍的意识。一般来说，学习轮滑是只要对轮滑有兴趣爱好的人都可以，但也并不是每个孩子都适合学习轮滑，如果膝关节和腿部有问题的话，或者平常容易摔的孩子，就建议不要去练习轮滑。

6.11 跆拳道孩子要怎么学

孩子们都很爱运动，尤其是男孩子，动不动就想和谁来场“决斗”。近年来，跆拳道馆遍地开花，跆拳道也成为众多体育运动培训中的热门之一，很多家长都把孩子送去学跆拳道。

亲戚家的孩子小宇就在学跆拳道，小宇9岁，已经学习一年了，看他经常周末穿一席白色服装系上缎带，很酷很潇洒，小宇都是自己去学习，不需要爸妈接送，十分勤快，也很准时。每次遇到小宇，他也总会主动叫我，见到其他人也会热情打招呼，很有礼貌。

我有些诧异，记得去年到小宇家，他爸妈都是逼着他叫我，这孩子性格内向，即使爸妈逼迫，他也是扭扭捏捏，叫我的声音也如蚊子般小，这才一年的功夫孩子变化却如此之大，一下由“不懂礼貌”变成“懂礼貌”的乖孩子。

我对小宇爸爸说：“小宇这孩子变化可真大，真的是长大了，现在变得好有礼貌了，性格也开朗很多。”

他爸爸告诉我，这都要得益于他学跆拳道，这一年的学习让他受益匪浅，收获颇多，变化才如此之巨。

其实，小宇刚开始对跆拳道并没有兴趣，一次偶然的机会他在培训机构看到很多同学在一招一式地练习，看着有些入迷，就萌生了想要学的想法。他爸妈平时工作也挺忙，没什么时间带小宇，都是爷爷奶奶在带。周末小宇也都是在家玩手机看电视，想着让他学点东西就同意了给他报了班，本来他们的目的也很单纯，就是让小宇课外活动丰富点，不至于周末就窝在家里沙发上玩手机看电脑。

小宇一直坚持练习着，也渐渐地喜欢上跆拳道，穿着整齐的服装，很精神，跆拳道套路相对简单，动作也不繁琐，学起来很容易掌握，加上还有晋级模式，提高了缎带颜色就可以改变，小宇学起来得心应手，甚是喜欢。没想到还有意外收获，小宇变得有礼貌了，性格变得开朗起来。

跆拳道最注重的就是讲究礼仪，不管是比赛还是训练，首先都是行礼，比赛时向对方行礼，训练时向老师行礼，至始至终推崇的都是“以礼始，以礼终”的尚武精神，在跆拳道的学习过程中孩子们除了学到基本动作，更重要的是学到了礼仪。

小宇从小被父母惯得不行，尤其爷爷奶奶更是把宝贝孙子疼爱得有点过分，孩子两三岁了，爷爷奶奶都还会给他喂饭，平常他也都很少出门，爸爸妈妈上班忙，虽说爷爷奶奶在带孩子，其实也就是每天管着孩子的吃喝拉撒睡，其他事也无能为力，小宇读书前基本上被爷爷奶奶“圈养”在家里，没怎么与人接触，也就造就了孩子性格内向的特点。

跆拳道的学习确实让他产生很大的变化，训练学习中接触到更多的孩子，与孩子们一起娱乐，既是朋友，又是对手，这与学校中枯燥的学习截然不同，同时还学到了礼仪。

小宇的爸爸说，他们并没有期盼小宇能在跆拳道上成绩有多显著，让孩子坚持练习到初中，可能也就不会系统的学习了，因为到时候初中学业就繁重了，他也和孩子商量好了，还是以文化学业为主。小宇能够在跆拳道的学习中性格转变，变得有礼貌都是他最大的欣慰，也是孩子最大的收获。

确实，有时候，参加一个兴趣班，目的性不一定是最强的，比如非要急功近利出个成绩拿个奖牌，达到什么级别的，毕竟能出成绩的只是少数。**有时候，孩子的一些小小的改变，性格的培养等才是孩子参加兴趣班的最大收获，这才是我们最应该关注的。**

孩子学习跆拳道的好处

跆拳道的好处是可以帮助孩子锻炼身体，让孩子更懂礼，还能提高自卫能力，释放生活中的不良情绪。

（1）让孩子强身健体

在孩子练习跆拳道的过程中，需要做各种拉伸、踢腿、手臂格挡等动作，可以增强孩子的肌肉和力量，提升韧带和肌肉的弹性，从而增强孩子的体力和柔韧性，起到锻炼身体、增强体质的作用。

（2）培养孩子懂礼貌

在学习跆拳道过程中，通过师生间的互敬、活动时的敬礼仪式、学员之间的相互礼让等，可以让孩子明德知礼，时刻做到以礼待人。

（3）让孩子有自保能力

孩子可以学到一些技巧性动作，通过不断的练习和实践，能够提供防身自卫能力，增加孩子自信心，尤其是女孩子，即使孤身一人受袭也能有自保的能力，同时也可以起到保护他人的作用。

（4）有助于启发孩子智力

在练习跆拳道的过程中，不仅需要做动作，还需要空间感知等，这可以给大脑带来刺激，有利于发展孩子的空间思维转换、形体感知等右脑功能。

（5）磨炼孩子意志

跆拳道的练习就是一个毅力、意志锻炼的过程，对于初学者来说，基础训练非常艰苦，也会遇到一些困难，这就需要孩子想办法克服困难，坚持不懈，培养了孩子不怕吃苦的精神，同时也磨炼了意志。

（6）增强孩子反应能力

跆拳道练习过程中，尤其是一些实战中，能培养孩子的随机应变能力，面对现场突发情况时，孩子需要保持头脑清晰，不慌乱，孩子的头脑反应能力和身体反应能力都能够得到很大程度的提升。

（7）锻炼孩子身体灵活性

跆拳道需要全身各部位密切配合，由于孩子经过练习压脚、劈叉、踢腿等动作，通过对手部、腿脚动作协调训练，能使孩子身体更具灵活性。

（8）让孩子放松精神

现在孩子学业都比较重，学习压力比较大， 在跆拳道学习过程中，可以让孩子分散注意力、释放压力，发泄不良情绪。

跆拳道兴趣班适合什么孩子什么年龄

练习跆拳道没有严格的年龄限制，一般来说，只有年龄不是太小都可以，四岁左右的小朋友就可以学习跆拳道，对孩子的韧带提拉是黄金期。而且，这个年龄的孩子一般都具备了基本的沟通能力和模仿能力。这个时候一般只教授“套路”，没有激烈“竞技”，因此并不容易受伤。这个年龄的孩子学起来会吃力一点，他可能记不住各种各样的招式和复杂的套路，主要是提早培养孩子对跆拳道的兴趣，掌握基本技能，而且还可以通过练习跆拳道让孩子懂得礼仪。

孩子学习跆拳道黄金年龄为 7 岁。7 岁左右的孩子，身体柔韧性、爆发力以及接受能力都是学习的最佳时期，这个时候孩子可塑性也是最强的，孩子在这个黄金年龄学习，进步将非常迅速。

三岁前的孩子一般来说不适宜练习跆拳道，年龄太小，对危险的感知度不高，对危险的防范和对自身的保护也不足，进行高难度动作时候可能是造成损伤，同时，年龄太小，自控能力都较差，接受能力也差，不利于孩子的身心健康发展。

当然，年龄大一点的孩子也可以学，其实，只要爱好和有信心，多大岁数参加都不算晚。

6.12 武术类兴趣班要怎么选择

中国武侠的影响对人们十分深远，中国功夫也享誉世界，很多外国人听到中国第一个反应就是功夫，他们认为每个中国人都是武林高手。每个人心中，尤其是男孩子，都有着一个武侠梦。很多家长也认为，学舞蹈能让女孩更有气质，学武术则会让男孩强身健体，培养站如松、坐如钟的形态。

我也有着这样的武侠梦，在我们这代人心中，武侠就是一种情怀，追武侠剧、看武侠书，梦想自己当大侠、会功夫，然而终究也只是做做梦而已。有了儿子，也想着把儿子培养成一个会功夫的“大侠”。

毕竟只是一个梦想，儿子虽然也好动，爱打打闹闹，终究对武术兴趣不大，我也尊重他，没勉强而为之。

小区里就有好几个孩子在学武术，遇到这样的孩子，基于对武术的热衷，我就会情不自禁地想多了解了解，每当问及家长为什么给孩子报武术班时，他们的答案都出奇的一致，为了强身健体。

昊翔五岁开始学武术，学了三年，有时候看着他在小区里练着，一招一式，出拳出脚，强劲有力，让围观的人羡慕不已，连连鼓掌叫好，一遍练习下来，昊翔丝毫也不觉得累，平常人运动下来都是气喘吁吁的模样，足见八岁的他体格之强壮。

在和昊翔爸爸的闲聊中得知，其实昊翔小时候体弱多病，免疫力极差，动不动就感冒发烧，去医院是家常便饭，经常打针输液。昊翔爸爸调侃说儿子就是个“药罐子”，中药、西药不断地吃，昊翔的身体也弱不禁风，身材瘦弱，以前就跟“豆芽”一样。

爸妈到处寻医问诊，始终没有改善，看着昊翔这样，父母心疼，后来无意中有一朋友给他建议：“你不妨让昊翔去学习武术，听说武术可以强身健体。”

昊翔爸爸起初也没在意，实在没辙，也就“死马当活马医”，半信半疑抱着一试的态度给儿子报了武术班，这并非昊翔的兴趣，他属于被逼去学的。

昊翔生性好动，爱运动，爱打闹，无心插柳柳成荫，学着学着他竟然爱上了武术，这是他爸爸怎么也没想到的。

昊翔爸爸告诉我，刚开始因为他身体的原因也偶尔缺课，但由于喜欢，抱着“轻伤不下火线”的态度，只要不是大病，小感冒什么的他都会坚持着去学习。

慢慢地，孩子去医院的次数少了，吃药的次数也少了。三年来，昊翔变得强壮不少，身材实现了从“豆芽型”到“强壮型”的转变，现在，基本不去医院，也很少吃药。

在问到如何选择武术兴趣班时，昊翔爸爸说：“有些家长会觉得孩子学武术可以强身健体，然后就急，觉得孩子都学了一年了怎么还不见效，其实武术这些项目是一种长期效应，有时候并不见得会立竿见影，成效是需要慢慢地才能体现的，“八块腹肌”是一年半载就练得出来的吗？”

在为孩子选择武术培训班时，家长不应该只是仅仅学个一年半载觉得没效果，就有疑问，其实学武术就是这样，一年、两年或许看不出什么成效，但三年、四年，或许更久，你会看到孩子和以前不同的地方。

另外，昊翔爸爸说，学武术选择老师很关键，一个有责任心、爱心、懂孩子的老师尤为重要，昊翔的老师就是一个非常懂孩子的老师，由于昊翔刚开始学的时候，资质一般，体弱多病，老师在了解情况之后，根据昊翔的情况进行差异化教学，因材施教。尤其刚开始昊翔完成不了很多动作的时候，老师更多的是鼓励孩子，增强其自信心。

为孩子选择武术兴趣班时，选择老师固然重要，但也要考虑其他因素，比如根据距离、经济、孩子的兴趣、时间安排等原因综合选择，不可一味跟风选择。

孩子学武术有什么好处

（1）可以让孩子强健体魄

武术有各种踢腿、手臂动作、拉伸等动作，可使孩子的肌肉和力量得到增强，肌腱、韧带、肌肉的弹性得以提高，从而增强孩子的体力和柔韧性，同时增强体质，提高免疫力。

（2）锻炼孩子吃苦精神

要想学习武术，必须能吃苦，在学习的过程中，能锻炼孩子吃苦耐劳的能力。

（3）让孩子有能力保护自己

任何生命都是把保护自己当作至高无上的目的，这是生命世界里的原则。武术运动具有双向的价值功能：强身健体，自我防卫。现代社会治安不太理想，学武术不仅能让孩子体质棒，还能提高孩子的自我防护能力。

（4）磨炼孩子意志力

孩子学习武术不仅能强身健体，还可以培养孩子的忍耐力、增强意志力。

（5）让孩子更加自信

来自社会、家庭、学校的压力，以及学生自身的争强好胜，使得他们过早地承受生活的重压，导致孩子们形成了自闭、懦弱、胆小的性格趋势，而学习武术可以增强孩子的自信心。

（6）锻炼孩子灵活协调性

武术的学习讲究身法、步法、眼法的一致和协调。通过长期的学习，孩子的反应能力、灵活协调性等能提高。

（7）让孩子更加懂礼貌

自古有师道尊严的传承，所谓“习武先习德”，武术教学中始终贯彻着武德教育，武术教练都会给孩子讲解礼仪和行为规范，这对孩子的人格形成大有益处，也可以培养孩子尊师重教、宽以待人、严于律已等良好的道德情操。

武术兴趣班适合什么孩子什么年龄

很多孩子对学武术都跃跃欲试，那么孩子几岁的时候可以学武术呢？

一般最佳年龄是在 4~7 岁之间。孩子 4 岁的时候，身体的协调性、柔韧性、平衡力、灵活性都有了较好的发展，注意力、记忆力、思维能力、行为控制能力都有明显的提高，这为学习武术提供了良好的条件，这个时候学习对孩子来说是事半功倍的。但孩子的学习和运动能力毕竟还不高，仅适宜学习一些简单的武术动作和动作组合，运动量也不能过大最好不要超过 30 分钟。

6.13 游泳是每个孩子必备的救生本领

有研究显示，在各运动项目中，游泳是孩子身心发育最有利的运动方式。每到夏天，游泳池里就满满的人，报游泳兴趣班的孩子也很多。

同时，每年暑假却也是儿童溺亡的高发期，所以掌握游泳这样重要的求生技能还是十分有必要的。学到自救、救生本领，让孩子学会自保，这是很多家长给孩子报游泳班的初衷。

孩子天生就不怕水，从生命开始到呱呱坠地，都是在母亲的羊水中度过，对水有着一种天生的亲密感，事实上，刚刚出生的孩子其实已经在母亲的羊水里学会了游泳，也应该习惯了在水里的感觉，喜欢水是孩子的天性。

每个孩子都对水有一种特别的亲切感，我家孩子也一样，刚出生那会，很喜欢水，喜欢在水里面玩，甚至洗个手都要洗半天。有一次，带他去溪边玩，他在浅浅的溪水里玩着就不出来，直到浑身上下的衣服都湿透。

但没过多久，不知道什么原因，他突然就特别害怕水，尤其洗澡时，脸上一沾点儿水，他就闭上眼睛屏住呼吸大喊大叫，就好像要窒息一样。还有一次，我带他去海边玩，他看到海浪就怕得往回跑，边跑边喊："好可怕，好可怕啊。"孩子怕水的情况越来越严重，妻子说这样也有好处，最起码孩子不会往水边走，这样就保证了安全。但我却有不同的看法，我觉得有了困难就要去克服，所以我决定让孩子改变怕水，想方设法让他接近水，然而效果不佳，他依然厌恶到底。

偶然一次，孩子去伙伴家玩，正好看到小伙伴在一个充气幼儿游泳池里游泳，他被迷住了，看着小伙伴在游泳池里欢快地手舞足蹈，蠢蠢欲动，恨不得脱掉衣服马上跳进去玩耍。

察觉到孩子心理上的细微变化，看到他对水少了一些忌惮，我决定趁热打铁，也给他买了一个充气游泳池。

为了减少他对水的恐惧和害怕，我决定带他一起下水，因为有了我的加入，孩子也变得渐渐胆大了，我们一起在水里玩玩具、做游戏。

为了彻底改变他怕水的情况，我又带他去室外游泳池，练他的胆量。第一次带他去泳池，准备妥当开始下水，可孩子还是叫着“爸爸抱着我，我怕……”之前家里的充气游泳池水浅，来到真正的泳池后，虽然有泳圈，但漂浮在水里，没有安全感，不知所措，我能感觉他的紧张，确实，对于不会游泳的人来说刚下水确实会找不到定力，无所适从。

我轻轻地安慰他：“爸爸拉着你的手，陪着你，不会让你掉进水里去的。”

我推着游泳圈里的他来到浅水区里玩，大概十来分钟后，他渐渐适应了水里的感觉，双手也慢慢放松了些，我鼓励他：“孩子真棒！越来越胆大，你带着游泳圈是不会掉到水里的。”孩子大胆些，慢慢放开我的手自己玩起来，用脚蹬水，用手划水，玩得很开心。

后来我又跟孩子在水里玩起球来，我丢给他，他自己划过去捡球，越来越大胆，越来越兴奋。看到他这样的改变，我之后就常常带他去泳池玩水，他每次都玩得很开心，每次都是依依不舍地离开。

慢慢的，在我的陪伴和鼓励下，他克服了心理的障碍，不再怕水了，甚至还会主动要求去泳池玩，还喜欢上了水。

有一次，孩子看到深水区有几个小朋友没带泳圈游来游去的很羡慕，说：“爸爸，我也要像他们那样游。”

我对他说，他们是上了游泳培训班的，经过专业的学习，才会游得那么好。

孩子听后说："我也要学游泳。"

我答应了他，给他选定了一家不错的暑假培训机构，让孩子学习游泳。

孩子之所以怕水，有可能是因为其跟水有过不愉快的经历，比如洗澡时，水温过高或者过低，或者洗澡姿势不舒服，这些不愉快的经历影响了他，让他从此产生一种对水抗拒的心理，进而讨厌水，甚至遇水就哭。

这其实也给家长提了一个醒，家长在给孩子，尤其是很小的孩子洗澡时，千万别给他们带来不愉快的经历，要让他们带着轻松愉快的心情，舒适地享受洗澡的过程。

一旦孩子怕水，作为家长来说，任其怕水，或者减少与水接触的机会，或者逼迫孩子去喜欢水，都是不妥的。一定要找对办法，对症下药。

家长需要耐心地引导孩子找到水的乐趣，与水亲近，在水中玩游戏等，陪孩子一起在玩水，让孩子真正的转变，由怕水变成爱水，甚至爱上游泳，让孩子们可以在游泳中寻找乐趣，在水中放松自己。

游泳不仅能让孩子在这项运动中享受到快乐，还能增强体质、加强心肺功能，甚至还能在关键时刻保护自己、挽救他人。

孩子学习游泳有什么好处

游泳对于每个孩子来说，都是必要的生活技能，从生活技能而言，游泳可能比孩子们在学校里学习到的任何知识都更为重要。在日常生活中，就算溺水几率不大，游泳也是一项非常适合孩子锻炼的黄金项目。特别是到了炎热的夏天，更是每个人都想做的运动项目，对孩子的身心发展益处很大。

（1）提高孩子抵抗力

游泳可以提高孩子抵御疾病的能力，长期游泳，孩子适应了冷水的刺激，身体对于外界温度的变化调节能力也相应提高，对于突变性气温能较快地适应，不易生病。

（2）增强孩子心肺功能

游泳运动可以提高孩子的呼吸系统功能，增强孩子的肺活量，经常游泳会增强孩子的心肺能力。

（3）让孩子更聪明

对于孩子来说，游泳的动作并不简单，而这些动作都是靠大脑指挥完成的，所以在游泳的过程中，大脑也受到了相应的锻炼，可以促进孩子的智力发育，让孩子更加聪明。

（4）提高孩子睡眠质量

游泳的时候，水可以起到按摩全身的作用，让孩子们身心处于一种放松的状态，再加上游泳消耗体力较多，所以游泳之后孩子往往会睡得特别香甜。

（5）有助于孩子长高

孩子在游泳的时候，为了游动起来必须要充分活动四肢，才能抵抗水力，而正处于发育时期儿童骨骼还没有定型，游泳能够有效刺激儿童骨骼、关节、韧带、肌肉的发育，促进身高增长，使孩子体格更健壮。

（6）有助于消化

游泳非常耗体力，当体力损耗大的时候，肠胃的蠕动速度也会加快，有助于消化。

（7）有助于塑造孩子体型

游泳会消耗很多的热量，可以将多余的脂肪消耗掉，为孩子塑造优美的形体。

游泳兴趣班适合什么孩子什么年龄

“学习游泳”通常分为两种：一种是不在乎泳姿，权当玩水，高兴就好；一种是，希望学到标准的泳姿，这也是真正的“游泳”。

一般来说，玩水是没有任何年龄限制，只要脐带已经脱落，家长买个大一点的洗澡盆，水温调整到32~36℃左右，把孩子放进去就可以让孩子玩水。一岁之前的宝宝玩水10~15分钟就可以达到锻炼身体的目的。有条件的情况下，家长可以带孩子去婴儿泳池，在接受过专门培训的教练指导下游泳。

孩子学习游泳的最佳年龄是4~8岁。

4~8 岁的孩子，无论从身体的状况、学习的能力、学习的兴趣上都有较大的进步，屏气的本能也还未能全部忘却，一经提醒就容易学会，而且这个年龄段学业不算太繁重，在学习时间上也有保证。

第七章 语言是赐予人类表达思想的工具

7.1 孩子学语言的关键时期千万不能错过

每位家长都希望自己的孩子能出口成章，巧舌如簧，然而却有很多家长为孩子的寡言如木而黯然神伤。所有孩子的语言起步都是零，为什么差异却那么大？

越来越多的家长重视孩子的语言发展，除了母语，更重视第二语言的学习，儿童时期是孩子学习语言的最佳时期，是语言的“敏感期”，儿童早期进行多种语言的熏陶特别有利于建立和增强日后学习其他语言的能力。

小巴4岁了，很乖巧，很听话，可就是性格很内向，不爱说话。每次当他有什么要求的时候，总是对妈妈打手势，嘴里有时候只有“啊”“哦”“嗯”的发声，经常说不出一句完整的话，说话也颠三倒四的，毫无逻辑可言，甚至都无法清晰表达自己的想法，多数情况他也是通过招手、点头、摇头、跺脚、摆手、晃动身子这样的动作来表达自己的意思。爸妈感觉与他交流很费劲，总是像挤牙膏一样，问一句，他答一句。甚至，有时问他，他也会打手势，问他要什么东西或者什么问题，他指一下或者打个手势比说话简单。这样的表现爸爸妈妈很是担心。

5岁的小韵上幼儿园中班，在幼儿园里她一般都很安静，很少与小朋友们说话交流，她总是自己安静地坐着。老师问她问题，看得出来她很着急，想说但就是表达不出来。即使有些时候结结巴巴地回答出来，脸早已涨得通红，爸妈同样也很担忧小韵这样的表现。

不同的是，我们小区里有个邻居的小女孩叫小蝶，才三岁就会说英语，能进行一些简单的对话，甚至认识很多单词，这水平简直比不少成人的水平都高。

是啊，好些小孩三岁的时候连自己的母语都说不利索，就像小巴和小韵一样，说话都困难，更别说学第二语言。可为什么小蝶却这么厉害呢？

做家长的，当孩子开口说第一句话的时候，总会欣喜若狂，恨不得天天守着孩子，哄他，逗他说话。可等孩子会说上一句完整的话的时候，就懒得和他说话了，觉得不新鲜了，也不愿多花些时间去和孩子交流。前面小巴和小韵两个孩子在语言表达之所以会这样，就是因为父母错过了孩子学习语言的最佳时期、关键时期，而小蝶的父母恰恰就抓住了学习语言的关键时期。

有些做父母的自以为很懂孩子，只要孩子一哭闹，手一指，刚刚有所表现，还没有用语言流畅地表达出来，就帮他把事情做了。这恰恰忽略了让他说，让他表达出来再满足他的要求。

其实，两三岁是孩子语言发展的关键期。据研究，0~6 岁是孩子的语言敏感期，0~3 岁达到高峰，此时是语言启蒙的最佳时期。这个阶段其实还可以让孩子接触第二语言，效果肯定会很不错的。如果在这个阶段注意培养孩子的语言交流能力，他们的语言能力将得到从量变到质变的飞跃。而等到孩子上学后再开始学习语言，已经浪费了最宝贵的学习时间，使得第二语言的学习成为孩子更大的挑战。错过了孩子学习语言的最佳时期，就可能会出现上面例子中小巴和小韵两个孩子所表现出的状况。

因此，家长要抓住孩子学习语言的最佳时期，积极发展孩子的语言能力。

首先，要给孩子发展语言能力的机会。

当孩子不爱说话的时候，家长要经常和孩子一起谈话，比如教孩子背古诗、唱歌谣，给孩子讲故事，然后让孩子复述等，也可以陪孩子一起玩语言游戏，引导孩子多开口说话。同时也要对孩子的说话和语言表达进行适当的赞美和鼓励。

当孩子问问题的时候，不要只是简单地告诉他们答案，要积极巧妙地问答，引导他们多说话、多思考，多与孩子探讨，营造一些多说话的氛围，锻炼孩子交流沟通的能力。

其次，要积极发展孩子的语言能力。

家长要让孩子多阅读，在孩子已有的词汇和经验的基础上，扩大和丰富孩子的语言。

孩子处于语言发展关键期时，他们对说话很感兴趣，会模仿大人说话。他们听到什么就学说什么，有时还自言自语、语无伦次、毫无章法、漫无边际地说，这是孩子自觉练习说话的表现。在这个时候，家长不要埋怨孩子话多、啰唆，更不能不耐烦地制止、大声训斥，这样只会压制孩子说话的欲望，是妨碍孩子语言发展的不良做法。

家长要帮助孩子把语言条理化，不断锻炼孩子的逻辑思维和表达能力。比如，家长要有意识地让孩子描述见到的东西，并语气和蔼地纠正孩子的用词错误和多余重复的话，否则会使孩子错误的语言固化下来，难以改正。这样，孩子就能逐步养成正确的语言表达习惯。

另外，家长要进行正确的示范。因为小孩子重要的语言特点就是模仿，他们辨别、理解语言的能力差，如果孩子周围的人在语言上有错误，就会像镜子一样在孩子身上反映出来。为了孩子的语言美，家长要鼓励孩子讲普通话、文明语，尽量不要让孩子和说话粗鲁、口齿不清、结巴的人接触，最好让孩子多听广播，向新闻联播的主持人学习语言。

总之，孩子说的过程就是思考的过程，良好的语言能力是智力发展的重要部分，**家长一定不能错过孩子学习语言的关键期**。在这个阶段，从小让孩子学会交流，学会讲好普通话，接触第二语言，有利于他们将来走入社会，有利于他们的成长。这个关键期，还真不能错过，一旦错过，后面再多学其他语言就会愈加困难。让孩子学习一门外语是很有必要的，对于任何语言来说，都是让孩子学习越早学习越好。

7.2 学习语言对于孩子的重要性

当面对孩子时，家长们常常会被以下的情况所困扰：

“为什么我与孩子沟通时，总是很难明白孩子到底想表达什么内心想法？”

“为什么孩子平时胆怯、性格内向、不爱说话、不爱与人交往、缺乏自信心？”

“我的孩子在家很能表现，为什么在众人面前总不能大胆自信地表达自己的见解？”

“我们孩子思路不清，语言组织逻辑性较差；表达方法、习惯欠缺；普通话发音不准确，发音模糊，口齿不清？”

“为什么我的孩子学习成绩很好，歌唱得不错、舞跳得不错、琴弹得不错、可是一上考场、舞台，总是过于紧张、注意力无法集中，脑袋一片空白？”

……

诸如此类的问题，均是由于孩子语言方面表达出现了问题，现如今，很多家长对于孩子的教育一般只停留在阅文识字的层面，却忘了家庭教育是多方面的，比识字更重要的是语言学习，语言能力是丰富知识重要的途径，它是一个人一生的财富。

美国人早在20世纪40年代就把会说话看作是世界上生存和发展的三大法宝之一，并在60年代以后也依然榜上有名，足以看出会说话的作用和价值。在如今各方面都需要沟通的社会，语言能力成为交流思想、沟通感情的最方便途径。

学会说话、学会表达是人与人交往的工具，特别是素质教育的今天，拥有良好的口才和主持能力，才能适应社会需要。儿童时期是人生掌握语言最迅速最关键的时期，若在这个阶段，打好语言和主持的基础，对孩子的一生能起到重要的促进作用。

朋友给我讲过他妈妈的故事。他大学毕业后就在广东工作，然后结婚成家，因为工作原因也就安家在广东，平常小两口就过二人世界。

后来妻子怀孕要生孩子的时候，朋友想着自己要上班也没法照顾妻子，临产前他就回老家把母亲接过去照顾妻子，后来等儿子一岁多母亲要回去时，他又是把母亲送回老家。我心想，现在坐车什么的都方便，也都有标识的，再说，有句话不是说“路在嘴上”吗，不知道路还可以问人，就问朋友“你送到车站不就可以了吗？还需要送到底啊？”他说，没办法，母亲不识字，也不会说普通话，只会讲方言，只能全程陪同，完全送回老家的。

朋友说，在广东的一年多，母亲也就是在家做饭照顾孩子，很少出去，因为语言不通，加上也不识字，买菜很多时候也都是朋友自己买回去。

不识字，还不会说普通话，这在外面还确实寸步难行，也难怪他母亲平常都难得出门。

朋友说，就因为他母亲小时候家境贫寒，再加上以前重男轻女的封建思想，女的一般都不让读书，他母亲从小就没读过一天书，才导致了不识字，更不会讲普通话。

举这样的例子就想说明语言对一个人真的很重要，语言是实现人际交流的重要手段，良好的语言表达能力很重要，是一个人思想的外在表现。儿童期是发展口语的关键期，抓紧这个时期逐步形成良好的语言习惯，是发展智力，发展口头、书面表达能力、理解知识能力的前提，会让孩子受益终生。

其实对孩子的发展来说，口头语言甚至要比识字更为重要。孩子对知识的获得很多也是借助于口头语言。

在孩子成长这个过程中，是离不开语言的。孩子在认识事物的时候，都需要用语言来标志它的名称、形状和特征等。口头语言能力也是学习文字的基础，口头语言发展得好的孩子，进入小学以后，在识字、造句、写文章等各方面都进步得比较快。

一般来说，语言学习对孩子有这些作用：

（1）语言对孩子的个性有很大的影响。语言发展得比较好的孩子，往往思想活跃，性格开朗，喜欢和别人交往，活动能力比较强。相反，语言发展比较差的孩子，则往往沉默寡言，比较胆小，活动能力比较差。

（2）语言能促进孩子交往的发展。重视对孩子的语言理解能力和语言表达能力的培养，能促进孩子主动与人交往，能用语言进行沟通和交流，使孩子的交往范围不断扩大，交流的能力也不断提高。

（3）语言能促进孩子智能的发展。孩子掌握了语言，就掌握了认识事物的工具，能促进孩子的观察力、想象力、思维力、记忆力的发展。

（4）语言能促进孩子社会性的发展。孩子作为一个“社会人”，必须从小培养他的社会交往能力、独立生活的能力、学会某些社会规则。孩子的语言的理解和语言的表达为今后其走出家门，步入社会，具有较强的社会适应力打下基础。

（5）语言能促进孩子情感的发展。情绪的良好发展是孩子健康成长的重要标志之一，孩子情绪外露多变，控制能力较差。而语言的发展，能培养孩子表达情绪和控制情绪的能力，从而让孩子具有健康的、积极的情绪情感。

总之，儿童的语言教育是人的一生教育的黄金时间，有研究表明，如果错过了教育的“关键期”将影响孩子的一生，会造成无法挽回的损失。只要错过了这个时期，发展的障碍就难以弥补。这就是人们常说的“3 岁看大，7 岁看老”的原因。

7.3 语言学习多说多听最重要

很多家长都会选择让孩子学习第二语言，尤其是英语，因为他们知道英语的重要性，不仅是全世界使用范围最广的语言，更是以后孩子中考、高考的必修课，很多孩子从幼儿园就开始就慢慢接触英语，到了上小学 5 年级的时候已经学了六七年英语甚至更久。其实，少儿英语学习和所有语言一样是一点一滴慢慢累积起来的，多听、多说、多练习并且不要给予孩子过多的压力，要让孩子快快乐乐地学习，把英文当作生活中的一部分，反复不断地学习和练习听、说、读、写，就一定能学好英语。

小区里叫茵茵的小姑娘，才三岁英语就说得很流利，认识很多单词，能进行一些简单的对话。

小区里很多人也都称赞有加，一个个都竖大拇指，都说：“茵茵可真聪明、真棒，英语说得那么好。”

也经常看到电视里有那些才两三岁的孩子除了说一口流利的普通话外，还能背古诗、三字经外，还会说英语，真是厉害。

这是怎么做到的呢？看着茵茵这样，我羡慕不已，也希望儿子英语棒棒的，毕竟这对以后大有用处，就说高考，英语都是必考科目的。后来我遇到茵茵妈妈，专门请教了她，以便自己以后也可以如法炮制地教教孩子，她跟我说其实没什么诀窍，就四个字，“多说、多听”。

茵茵妈妈是初中英语老师，大概是出于自己喜欢的原因，从小她就特别重视茵茵的英语课程，两岁多茵茵就开始上少儿英语班，平常在家妈妈也会教她，再加上在兴趣班的学习，这就是双重教育。

在她们家，普通话和英语是官方语言，几乎不说方言，她经常会和茵茵用一些简单的英语进行对话，另外她还买了很多关于英语小故事和学习的碟子，经常放给茵茵看和听。

学习语言还真就这么简单，多说、多听真的很重要。

首先是“多听”。

良好的倾听习惯，是学习语言的先决条件。首先要学会听，听得准确，听得懂，然后才有条件正确地模仿——说出来。

培养孩子良好的倾听习惯，认真听不打断别人的话，这也是文明习惯的一种表现。尤其学习第二语言时，更是要多听，家长不妨尝试让孩子经常听着儿童英语歌曲和故事入睡，久而久之，孩子便养成了非常良好的习惯，也能慢慢提高英语听力水平，现在的英语考试里听力也占据了很大的分值。

其次是“多说”。

鼓励孩子在日常生活中多说。要给孩子创造说的环境，在生活中练习说话，在日常生活中，利用与孩子接触的一切时机，进行交谈，在交谈中建立感情，使他们无拘无束，有话愿意讲出来。

让孩子练习说，学习说，在说中学说，多说，抓住机会开口说，不要怕错，鼓励孩子说错了没关系，越敢说越会进步。

为什么外国人学习中文比中国人学习外语快，就是因为外国人在学习语言上比较容易放开，敢多说又不怕犯错，所以学得很快。让孩子和家长或者是别的小朋友练习在课堂上学过的英文会话，互相纠正，慢慢口语就会进步。在条件允许的情况下，有机会能和外国人对话，可以和他们打招呼或做简单自我介绍，这样以后就不会发生开口难的不好现象。

总之，家长在与孩子的交往中要善于抓住机会，引导孩子学习发展语言，注重语言在日常生活中的运用。久而久之，就会发现孩子不仅表达能力越来越强，而且表达方式也会逐渐丰富，语言也会变得更灵活、更生动、更准确、更有智慧和灵气。

7.4 语言学习需要环境和坚持

孩子的语言发育一般都有一个学习讲话的最佳时机，孩子在小时候都是语言学习的天才，只要生活在某种语言环境中，就能自然掌握这种语言并达到母语级别。过了时机，大脑的神经中枢发育到下一个阶段，学习语言的能力就会逐步下降，即使投入大量精力努力学习，也很难掌握得很好。

语言学习其实最需要的是一个环境，因为有一个不错的语言学习环境可以帮助孩子更好地融入到学习里面去，这样学习效果也会更好一点。就像一些体育运动员去国外打球，刚开始语言不通，可过段时间，耳濡目染，生活在那样的语言环境中，每天听到的也都是外语，由于生活和交流需要，他自然也会了一些。

高中时候，班里有个叫张晶的女孩，成绩很差，科科几乎都不及格，经常是倒数几名，可以说想考大学基本无望。

不过她家境条件还不错，而且她们家还有海外资源，她姑妈移民在英国生活，爸爸看着她在国内读书读不进去，高一下半年的时候就让她去英国姑妈那读书，有财力，有关系，我们也只有羡慕。

听到这个消息，很多同学也都笑了，说她成绩那么差，英语都学成那样还出国。一般来说，我们都会觉得要出国的人成绩都是很好，外语也得学好，要不然会寸步难行。

过了很多年，同学们都大学毕业参加工作了，有一回高中同学聚会，张晶出现了，她现在已回国内工作，同学聚会时她唱了一首拿手的英文歌曲，听着她流利的英语，纯正的发音，真心觉得她出国还真是变了不少。一个英语差等生，如今这英语说得真溜。更让我诧异的是，她说现在在一家贸易公司做翻译工作。

好几个同学都好奇地问她是怎么做到的，她说都是被逼的，刚开始她出国也十分不习惯，几乎寸步难行，和同学们根本无法交流，甚至无法开口说话，很多时候都是呆在家里，即使出去也是跟着姑妈出去，要不然都无法与外界沟通。时间久了，迫于生活的无奈，她也慢慢地学会了说些简单的对话，又过了很久，她才能自己独立地与同学沟通交流。

她说，没办法，到了英国，浸泡在那样的纯英语的语言环境中，除了姑妈一家，几乎没人说中文，每天接触的都是英语信息，无论语音还是文字，耳边听到的都是英文，耳濡目染，加上生活交际的需要，也就自然而然脱口而出了。

学习语言环境还真的十分重要，眼睛看到的、耳朵听到的和嘴里说的尽是你要学的语言，你每天生活在这样一个氛围里，慢慢自然而然你也就会说了。

要想掌握一门语言是很困难，如果没有语言环境，天天背单词是很难学好的。学习语言，无论母语还是外语，环境都非常重要。营造一个良好的语言环境，就像给跑步的人修建一个跑道，给游泳的人修建游泳池一样，是非常必要的。比如学英语，有条件的最好是能送孩子出国，到英语国家生活和学习，这个环境无疑是最佳的。**孩子语言学习有时候都是在生活中掌握的。**

当然，除此之外，任何的语言学习都离不开长期的坚持努力，从听不懂到听懂，从不会说到能说，都是靠毅力、靠坚持。

7.5 学习第二语言的十大益处

随着社会的不断进步，人类的不断融合，对于孩子的第二语言学习越来越受家庭、学校及社会的重视。对孩子而言，第二语言不仅仅是一种交流工具，还可以促进脑功能的完善，在认知、行为等多方面影响孩子的发展。

霞珍今年七岁，刚读小学一年级。由于爸妈在广东工作，也就在广东安了家，霞珍的外婆也跟着住在一起照顾霞珍，而爸爸的老家在湖南，假期的时候霞珍会跟爸妈一起回湖南老家看望爷爷奶奶，由于交通的发达，高铁的建设，拉近了两地的距离，他们回家的机会也多了很多，这样他们就经常奔波于湘粤两地。

霞珍他们家语言有些“泛滥”，在老家时，爷爷奶奶、爸爸是湖南人，他们的交流就用湖南话；而妈妈是广东人，在广东的家，妈妈和外婆沟通时就用粤语；爸爸不懂粤语，妈妈又不懂湖南话，爸爸妈妈沟通就是用普通话；霞珍的日常生活中就经常有几种语言交织在一起，由于爸妈教霞珍说的是普通话，刚开始霞珍听着方言一头雾水，既听不懂湖南话，也听不懂粤语。

可经常生活在这样的语言环境里，虽然刚开始听不懂，可孩子就是天生的学语言的“高手”，听多了，霞珍就开始慢慢地鹦鹉学舌了，在老家就学着爷爷奶奶的话说一些简单的词，在广东家里就学外婆说粤语。还别说，霞珍很有语言天分，学了几年，学着学着居然学会了讲湖南话和讲粤语，现在 7 岁的霞珍回老家时就跟爷爷奶奶讲湖南话方言，等回广东了就自然切换频道跟外婆讲起粤语，同时还会讲普通话。

爸爸都说自己来广东这么多年，就是没学会讲粤语，只是偶尔能听懂一点点，妈妈也是经常回湖南婆家，就是学不会湖南话，可霞珍却两边的语言都掌握了，有时候霞珍还充当爸爸、妈妈的翻译，给爸爸翻译粤语，给妈妈翻译湖南话。

后来，爸爸妈妈还让霞珍学了少儿英语，霞珍学语言还真是得心应手，小小年纪，加上方言都会好几种语言了。

小孩子是学习语言的关键时期，在孩子小时候让其学习第二语言事半功倍。

“掌握一门新语言就等于拥有另一个灵魂”，学习一门新语言能够带来难以置信的心理效益，更有很多益处。

（1）促进大脑发育

大脑的语言中心是通过成功的语言学习发育而来。你学得越好，脑部的那些重要区域发育得就越完全。学习新语言能让孩子的大脑得到锻炼。

（2）提高听力

会两种语言能够提高孩子的听力，因为大脑需要更勤奋地工作才能区分两种或更多语言在语音上的差异。

（3）能力的提升

学会一种新语言，你就有了一种新能力，在当今社会，很多国外的东西流入，有些东西上标注的是各种文字，不会的话就得查阅资料，会的话一下子就看懂了，无形节约时间并提高效率。

（4）激发记忆

教育者通常将大脑比作肌肉。学习一门语言需要记忆语法规则和词汇，这些活动有助于锻炼孩子的认知“肌肉”，全面提升记忆力。

（5）让孩子变得更聪明

讲第二语言会迫使你的大脑去识别、调整语义，并且在不同的语言系统中交流，这一过程可以有效锻炼孩子大脑的功能，让大脑越用越灵活。

（6）能让孩子更明察事理

讲多种语言的孩子更会观察他们周围的环境。他们更擅长将注意力集中在相关信息上，排除无关干扰，他们也更擅长找出迷惑性信息，这能让孩子更能明察事理。

（7）能增强孩子的决断力

据研究结果，能讲两种语言的人倾向于做出更理性的决定。任何语言的词汇都包含细微的差别和微妙的暗示，但这些偏差会潜意识地影响你的判断。孩子在学习第二语言时，会考虑这些细节问题后再做出决断。

（8）增强多任务处理能力

使用两种语言的人能够从一项任务快速转换到另一项，孩子们在学习第二语言时也需要根据不同情况进行切换，他们表现出更强的认知灵活性并易于适应意外环境，也能增强其多任务处理能力。

（9）观察力更强

第二语言的学习能让孩子观察环境的能力更强，他们不得不非常频繁地转换语言——可以用一种语言和老师对话，用另一种语言和家人交流，这就要求孩子观察周围环境变化而做出判断。

（10）提升你的第一语言的水平

由于学习一门第二语言使你的注意力集中在抽象的规则和语言结构上，因此这可以使你更擅长你的第一语言。

7.6 关键时刻演讲能改变孩子的一生

随着时代快速发展、信息交流频繁和人际交往的活跃，演讲口才已经成为世界公认的现代人才必备素质之一。在发达国家，学习演讲口才早已蔚然成风，如今，在我们国家也越来越被人重视。

可以毫不夸张地说，三百六十行，行行都需要演讲口才，缺乏演讲口才的人，将会在事业、工作、学习、生活等各个方面越来越感到寸步难行，也因此失去了许多展示自我的宝贵机会，甚至与成功擦肩而过。一位美国政要曾说过：口才的能力比起外语知识和哈佛大学的文凭更为重要。

许多家长越来越意识到演讲口才对人生的重要性，都会给孩子报培训班，培养演讲口才要从儿童时期做起，正确引导孩子说话，提高孩子的口才能力。

有好多小孩，都存在上台恐惧症，他们学习成绩很好，也很有文采，在台下或者在熟人面前谈笑风生，可只要一上台就紧张，话说得磕磕巴巴、前言不搭后语，完全判若两人。

儿子班上有个叫聪睿的孩子，人如其名，聪明睿智，次次考试都是第一名，各科成绩都很好，作文也经常被老师拿来当范文，是个不折不扣的“小才子”。

可他生性内敛，性格内向，只会埋头苦干，说句不好听的就是“读死书”。老师每次叫他发言，说话吞吞吐吐，叫他上台分享经验或者读个东西，更是紧张害怕。聪睿做题或者考试是绝对没有问题，就是不能让他动口，说白了，就是口才不好。

口才是人素养、能力和智慧的一种综合反映。好口才非常重要，而这恰恰是很多人的弱点所在，对于个性原本就相对内敛的中国人来说， 在公共场合讲话或与人沟通时，往往会心跳、紧张、不知所措，不知如何组织语言，以至于根本无法清晰表达自己的意思，会因缺乏自信而害怕。

聪睿就是一个肚子里有货却无法通过嘴巴表达出来的孩子，看着孩子如此优秀，却偏偏有这样的缺点，老师也觉得该好好锻炼他，免得埋没了人才，父母就想方设法改变他。

首先，自然是缺啥补啥，聪睿缺口才，于是，爸妈就给孩子报了演讲口才兴趣班，让孩子接受专业的学习。

在学校，老师也有意无意地多给聪睿上台展示的机会，让他上讲台做题，给同学讲解他的解题思路等。

在家里，爸爸妈妈有空就带孩子多出去走走，去参加一些人多的聚会活动，让孩子大胆与人接触交流。

再加上在兴趣班的学习，聪睿就是这样一边学一边练，每一次上台展示的机会等于都是在练习，逐渐地克服了上台恐惧症，从刚开始的语无伦次到如今的流利演讲。

孩子在成长的过程中打好语言基础很重要，像聪睿这样不善言谈的孩子很多，他们不敢开口说话，时间久了就会把自己封锁起来，养成一种封闭的内向性格，同时也缺乏自信心，不敢表达自己的观点，这就束缚了孩子的成长空间，对发展是极其不利的。

一旦孩子出现了这样的情况，家长要十分重视，并及时补救，让孩子去正规的学校学习演讲与口才，进行专业的训练，多带孩子去一些公众场合，多给孩子一些登台展示的机会，让孩子有机会说话，多说话，这是行之有效的方法。

孩子学习演讲的好处

（1）提高演讲与口才能力：从想说到要说再到敢说逐个突破，练习，增强表达能力，提升口才演讲能力。

（2）提升自信，善于表现自我：在学习中，老师鼓励孩子多上台表现，每个孩子轮流登台展示，老师赞美肯定他们，能增强自信心。

（3）学会沟通，与他人友好相处：孩子能学习沟通黄金法则，掌握沟通技巧，扩大交际圈。

（4）提升思维反应速度：有时候需要做一些即时演讲，这就需要孩子有敏捷迅速的思维反应速度。

（5）增强领袖才能和组织能力：在课堂中进行小组分队游戏，让孩子组织活动，领导团队更好参与活动建设、比赛，提升孩子组织能力及管理能力。

（6）从容应对困难和挫折：提高孩子综合素质，提升自身修养，可以教会孩子面对困难如何积极面对。

（7）锻炼胆量：演讲是讲给许多人听的，一般都需要勇气和胆量。

（8）学会表达自己的思想：演讲课第一件事是教你怎样把思想和材料组织得有条理，让孩子有话可说。

（9）提升语文素养：演讲可以提升孩子的语文素养和写作能力。

演讲兴趣班适合什么孩子什么年龄

在孩童时期，特别是 5~7 岁的孩子，是语言发展和表达的最佳阶段，也是培养孩子勇气、自信、愉快程度等个性和协调、沟通、组织等能力的最佳时机。在生活中，很多家长都会发现：孩子在家里，尤其是在家长面前很淘气，小嘴巴总是健谈，一刻不停。然而，一旦在陌生的环境中遇到陌生人，他就像另外一个人，不仅变得很胆小，而且语无伦次，甚至不敢说话，这样的孩子就可以让他去学习演讲与口才类的兴趣班，锻炼其在公众场合说话的胆量。

7.7
小主持人班：让孩子闪耀舞台

近几年，各种少儿口才辅导班越来越受重视，很多家长都会让孩子从小接受口才方面的训练，其中小主持人班深受孩子的喜欢。

家长除了希望自己的孩子学习优秀外，更希望孩子能得到全面发展，语言类兴趣培训也成了一部分家长的首选。的确，孩子们的年龄虽小，但也是一个“社会人”，这就需要和人交流沟通。孩子们展示自己的时给人第一印象不是唱歌跳舞，也不是弹琴，而是语言。首先看重的是谈吐，可见语言的重要性。

语言就像人的金字招牌，比任何装饰都重要。就像女人需要化妆，而化妆就要化妆品，语言是最高级的“化妆品”，它随时随地都起作用。

儿童时期是孩子语言能力的开发特殊时期，特别是语言组织和表达能力培养的最好阶段。

孩子就读的小学很注重学生的全面发展，每周一升旗仪式时都会有一个班进行才艺展示，经常会邀请家长去观摩。每次看着那些小主持人落落大方，丝毫不紧张，说话滔滔不绝，让人羡慕不已。

同事有个小孩叫小敏，她经常在班里主持一些大小活动，有时候同事聚会搞活动也会叫小敏当“主持人”。

别看小敏还是个孩子，她给大人们主持，一点也不怯场，还真是厉害。不过，同事告诉我们小敏之前可是个“胆小鬼”。

刚开始她确实很胆小，小时候，每次聚会，小敏都是紧跟在妈妈后面，一声不吭，畏畏缩缩的，不怎么说话。尤其在陌生人面前，胆怯得很，怪不得妈妈都说她是个“胆小鬼”。

妈妈看她性格如此内向，后来经朋友介绍让小敏去学了小主持人，别说，效果还真得很明显，学了一年多，小敏变得爱说话了，从慢慢开始叫人，慢慢与人交流，再到现在真正的当上“小主持人”，性格还真开朗了不少。

的确，小主持人班就是可以让孩子锻炼胆量，如果孩子胆怯、性格内向，不妨让孩子试试小主持人班，或许会有你意想不到的改变。

孩子学习小主持人班的好处

（1）孩子学习小主持人需要接触老师、同学和很多的观众，孩子可以有展示自我的机会，从不会表现到善于表现，从胆怯害怕到充满信心大胆展示，会让孩子更加自信。

（2）学习的过程中，让孩子敢于开口说话，从不敢说话到轻松与他人交流沟通，锻炼了其交往能力。

（3）主持人对于普通话的表达能力要求较高，必须要求讲标准的字正腔圆的普通话，吐字清晰，在学习的过程中可以纠正孩子的不正确发音，改善满口方言的状况，享受标准发音美感。

（4）有时候难免会遇到一些不可预知的突发状况，这个时候就需要冷静面对问题随机应变灵活处理，把尴尬化解，把幽默带来。这可以锻炼孩子的应变能力，让他从处事比较迟钝到遇到问题灵活应变。

（5）主持人说话必须条理清晰、逻辑合理、表达完整，孩子学习主持可以得到这方面的锻炼，提高语言组织能力，从语无伦次变为说话语句完整。

（6）从小培养学习小主持，外修形体，内修品质，可以让孩子提升气质，让孩子举止有度、优雅大方。

（7）提高口头表达能力，流畅的表达和擅长交流，使孩子喜欢说话，大胆表达。

（8）主持人需要能流畅表达，与外界畅通无阻的交流，从小开始练习，有助于提高孩子的表达能力和与人沟通能力。

小主持人兴趣班适合什么孩子什么年龄

5 岁以后就可以学习小主持人班，孩子的语言功能一直在成长发育中，这个年龄段的孩子说话有基本的条理和逻辑性，已经能表达自己的想法，也具备了一定的思考能力，并且此时的模仿能力也最强，所以如果打算让孩子学少儿主持，选择在这个时候学习最为合适。在五岁之前家长可以养成每天给孩子讲故事的习惯，然后慢慢的让孩子尝试自己讲故事，复述家长说过的故事，或者是尝试朗诵一些诗歌，锻炼孩子的语言表达能力，为将来学习做好启蒙工作，打好基础。

什么样的孩子适合上小主持人班?

（1）虽然表达能力已经很好，但语速把握不准，说话时急促、中断，说话时用气及语调不流畅的孩子。

（2）不愿意参与一切活动，性格显得特别内向的孩子。

（3）不喜欢面对陌生的环境，甚至不敢去尝试创新的孩子。

（4）自信心弱。集体活动中不敢大声说话，不敢大胆发言的孩子。

（5）当众讲话时紧张得脸红心跳、语无伦次，大脑一片空白的孩子。

（6）平时在家里与父母交流得很好，但是在外面遇到争论时，表达能力弱，不敢大声说话的孩子。

（7）读文章、朗诵诗歌、表达语言时表情木讷，语言苦涩，缺少感情色彩的孩子。

（8）胆怯，表现文静但是内心羞涩，见人不主动说话，沉默寡言的孩子。

7.8 口才训练对小孩好处多多

“一言可以兴邦，一言也可误国”，可见口才的重要性。无论古今中外口才都是决定一个人成败的关键因素。不仅政治家、外交家、推销员需要口才，找工作面试、处对象也需要口才。一人之辩重于九鼎之宝，三寸之舌强于百万雄师。我们都知道诸葛亮舌战群儒的故事，正是因为口才取得了巨大成功。口才的好处不言而喻。

当下口才班也十分的火爆，尤其一些家长看着的小孩性格比较内向，不爱说话，更是送孩子到口才班去训练。

就拿程程来说，小时候，他性格十分内向，不爱说话，大概因为他爸爸妈妈都比较内向的缘故，他也一样内向。

每次在小区楼下与其他小朋友在一起玩耍时，他只是在边上看着，跃跃欲试，很想加入，却没有勇气。

上幼儿园后，老师跟程程爸爸说，“你孩子每次下课都是傻傻地一个人坐在位置上，不怎么和别的孩子玩，性格太内向了，你们得好好锻炼一下他。”

程程的父母也意识到孩子这方面的性格缺点，在家里还能说不少话，可说话很不利索。当遇到陌生人时，根本张不开嘴，都不敢说话。也没法和其他小朋友一起玩，就因为“怕生”。

思索再三，程程父母觉得让孩子去学习口才班锻炼他的胆子。刚开始，程程有些不太乐意，毕竟口才是他最不擅长的。可培训机构老师寓教于乐的方式让他很喜欢，在这里，不像学校上课那样古板，老师通过讲故事、各种游戏活动来教孩子们学习口才，虽然刚开始他讲话不利索让同学们笑他，可老师的鼓励与帮助让程程彻底改变了。

后来，他说话也流利了，也能和陌生的小朋友打成一片，甚至还去参加过好几次表演，这都是归结于程程学习口才的缘故，不仅锻炼了他的语言能力，还有交际能力。

我家孩子也报了一个口才班，他们班上有个叫吴鸥的女孩让我印象深刻，她也是我一个朋友的女儿。有一回口才老师叫我们去观摩孩子表演，包括孩子在内孩子们表演着绕口令、贯口、快板之类的，毕竟是南方人，难免一个个带着点南方味道的普通话，唯独吴鸥表演时的普通话让我根本听不出什么破绽，发音非常准确，不像其他孩子难免“n、l”不分，也分不出翘舌和鼻音。

每次下课我和她爸爸都会在门口等着他们，接他们回家，孩子和吴鸥出来，都会叫一声爸爸，不同的是，我孩子用的是方言，吴鸥用的是普通话。

后来有一回我们去她家玩，一进家门感觉自己走出了家乡，因为在他们家都是用普通话交流，而且一个个都说得特别好，我感觉自己来到了外地，有些不适应，只能也用蹩脚的普通话应付着，后来她爸爸也看出来我很费劲，就跟我说起了方言，总算轻松多了。

我问他这是为什么呢？他说这都是为了孩子好，因为孩子在学口才，就是为了让吴鸥讲好普通话，尽可能全家讲普通话来引导他，给孩子营造一种语言氛围。

一般来说，我们很多人在家都会说自己的方言交流，毕竟这样说起来很顺口，尤其对于南方人来说，说普通话很费劲，相当于要把方言翻译一遍，即使说出来也很别扭，都是“塑料普通话”。

想要孩子学好口才，得先打好基础，先把普通话说标准，这很重要，在家多和孩子用普通话交流，创造语言环境，语言氛围，这是一种很好的方式。

孩子学习口才有什么好处

卡耐基曾经说过：“一个人的成功，只有 15% 是靠其专业技术，而 85% 则要靠他的人际关系和为人处事的能力。”良好的人际关系和为人处事能力主要靠的就是做人做事的方法与语言沟通的艺术。语言交流就是我们俗称的口才，可见在成功道路上是多么重要。

（1）锻炼语言表达能力：学习口才会让孩子在描绘实物的时候用语言加肢体语言绘声绘色的表达出来，对其表达能力是一种很好的锻炼。

（2）有利于锻炼胆量：口才训练能锻炼孩子公众表达的胆量，让孩子克服恐惧感，改变孩子胆小害羞与内向的性格。

（3）增强自信：学习口才可以让孩子们更加自信，让孩子们大声的说话，克服心中的胆怯，让孩子在自信中找到快乐。

（4）能改变性格：性格内向的孩子往往说话声音较小，学习口才过程中，让孩子大声大胆地说出自己想说的话，性格也会随之变得开朗乐观起来。

（5）提高写作能力：口才训练所积累的大量词汇、丰富多彩的语言表达形式，有利于提高语文素养，对于孩子的写作具有直接的模仿和借鉴作用。

（6）纠正孩子发音上的错误：有利于帮助孩子正确发音，不受方言的影响，提高孩子讲普通话的水平，咬文嚼字，发音更标准，吐字更清晰。

（7）说话有条理：口才学习可以增强孩子们的逻辑思维能力，让说话变得有条理性和连贯性，更好地表达自己内心的想法。

（8）提高孩子记忆力：孩子们在口才学习中并不都是照着书大声朗读就是，有时候需要记忆大量的文字资料，背诵演讲稿与好文章越多，记性愈好，这对提高孩子记忆力有很大的帮助。

（9）口才训练可以培养孩子故事的编创能力，让孩子敢于去想，丰富其想象力。

（10）口才训练让孩子从小与更多的人打交道，可以锻炼孩子的人际交往能力。

口才兴趣班适合什么孩子什么年龄

一般而言，4 岁以上的小朋友可以开始学习口才，因为这个阶段的孩子个人认知和说活能力也日趋成熟，会使用一些简单的语言来表达自己的意思，这个时候引导孩子学习口才，学习正确的发音和表达能力，效果也会特别明显。

7.9 让孩子学好英语，走遍天下都不怕

英语是全世界使用最广泛的语言，有 60 多个国家将英语作为官方语言。在日常生活中英语更是随处可见，大街上各种标志牌广告、产品的英文说明等应接不暇。可以说，英语是除了汉语外我们见过最多的一种文字，英语作为孩子考试必考科目，也很受家长们的重视，但是对于小孩到底该不该送去上英语兴趣班，很多家长都比较纠结。

由于自己很喜欢英语，有了孩子，在和妻子探讨给他报什么兴趣班时，我不假思索的说“一定要学英语”。妻子说：“他上学后学校就要学，现在学没必要吧。”

我给妻子分析了学英语的各种好处，妻子也持同意态度，就这样孩子四岁的时候就被我们安排去学英语。孩子还小，也不知道什么兴趣不兴趣的，我们安排了，他也就只有去学，况且学起来还很有趣，孩子很喜欢。

幼儿英语教学基本上都是寓教于乐，一般都冠名为幼儿趣味英语，趣味性非常强，会通过一些各种各样的游戏方式让孩子从中学习，刚开始我陪着孩子旁听过几节课。他们的老师都是年轻人，很有活力，带着孩子们一边玩一边学，孩子们都很开心。

看到这样我也很欣慰，虽然我是擅作主张“逼”着孩子去学的，但总算他满意我做出这样的决定，而且还有点喜欢。

有时候跟家长们探讨孩子都报了什么兴趣班，当听到我说孩子报了英语班时，好几个人都问我“为什么啊？让孩子学个才艺多好啊，英语反正学校都要学。”

我笑笑，应付了几句：“没经验，瞎选的。”

原来，大家对学英语都是这样的看法，和妻子当初的想法如出一辙。

我却不这么认为，确实在孩子们读小学的时候要开始作为一门主科学习，但启蒙教育很重要，这个时候也就是培养孩子对英语的兴趣。

幼儿英语不一定能学到很多东西，学不到音标，也学不到太多的单词，更不会学语法，主要就是让孩子接触英语，培养其兴趣，打好基础，提高其语言学习的敏感性。

我们经常也会发现很多孩子在上小学时，乍一接触英语，都是学不进去，语文数学都好，唯独英语成绩很差，一问，都说对学英语没兴趣，不喜欢。

可见，兴趣真的很重要，我们也都知道，一个人若是对一件事情没兴趣了，也别指望他能做好。

让孩子从小就学英语，我也是秉着这样的理念，说白了也不指望他能学到多少，更不指望他像电视里那些天才少年那样三四岁就能说一口流利的英语，我只希望他对英语有兴趣就好，不至于在以后真正上学后英语成为拖后腿项目。

孩子学了三年，上小学后我也就没让他学了，小家伙总算不负我望，对英语也很感兴趣。现在打好了基础，至少等他读高中时英语能和其他科目平起平坐，不至于拖后腿。

虽说中文是世界上使用人口最多的语言，但英语确是使用最广泛的语言，家长应该尽量让孩子得到最好的英语启蒙教育，培养其对英语的兴趣，免得等孩子学英语时变得“没兴趣”。

孩子学习英语的好处

幼儿时期是孩子学习英语的黄金期，学好英语对孩子以后的发展或者学业都有很大的帮助。

（1）没有心理压力

幼儿时期的孩子对一切新鲜的事物都充满好奇心，也不用参加什么考试，基本上没有任何学习的压力，也不用担心会不会说错，所以他们在学习的过程中会表现得更活跃，敢于主动开口模仿。

（2）记忆力好、模仿能力强

幼儿时期是每个人一生中记忆力和模仿能力最强的时候，这个时候学习英语，基本上都能原汁原味地模仿下来。

（3）提高记忆力

大脑越用越灵活，幼儿学习英语需要记忆一些词汇，这样对提升孩子的记忆力是很好的锻炼。

（4）不会受母语干扰

成年人开始学习英语时，容易无意识的以自己的母语为标准来衡量。而幼儿时期也是孩子学习母语的时候，双语学习不仅不会互相干扰，而且还有利于孩子大脑的益智开发。

（5）为以后的学习打下基础

幼儿英语学习，这无疑是在为以后的英语学习打下良好的基础，对以后的中小学英语学习来说也会轻松许多。

（6）提升思维能力

学习英语对于发展幼儿的语言、认知、思维和交际等各种能力都是非常重要的。

（7）扩大视野

通过英语学习，可以扩大孩子的视野，了解其他国家的民族文化，为以后更高层次的英语学习奠定初步的基础。

（8）有利于发音

幼儿的母语发音尚未定形，处于发展状态，口腔肌肉具有相当大的弹性，这有利于不同语言发音的需要。

英语兴趣班适合什么孩子什么年龄

4~7 岁是少儿英语能力开发的黄金时间，在这个年龄段的孩子母语基础刚好有了，可塑性也强，模仿能力也强，更容易接受语言以及携带的文化元素，在这个时期学习英语，不仅在词汇记忆快，在口语和发音、英语思维的形成上都有明显的优势，学习效率也最好。

而对于 4 岁以下的孩子，孩子的语言中枢还不够成熟，发音不是很清楚，这时候纠正母语比学英语重要，如果在孩子连母语都没有说准的情况下就学习英语，只会两败俱伤，哪种语言都说不好。

孩子年龄大了也就没有必要也可以不上了，因为学校一般也都从小学二三年级开始就正式有英语课程，培训机构的英语兴趣班大多也都是针对学龄前幼儿。

7.10 怎么让孩子成为一名优秀的朗诵者

朗诵是孩子语文学习、语言表达能力结合最紧密的项目。孩子从小通过掌握朗诵表演的技能技巧，不仅能提高语言表达能力，还能克服当众表达的胆怯心理、增强自信心、具备出众的口才能力，现在的学生一般在学校都会有早读课，就是让孩子大声朗读，语文课本上很多优秀的文章一般也都是要求孩子们朗读并背诵。

但是有时候我们会发现很多孩子朗读时都是毫无感情，其实原因有不少：他们不懂得课文所要表达的情感，或者没有经历，不能全情投入，或者朗读态度不端正，或者没有朗读技巧。

为了让孩子能声情并茂的朗诵好文章，很多培训机构也都开设了朗诵兴趣班，虽然朗诵不算热门，很多人会觉得学朗读没什么好处，就是读文章，算不上什么才艺，但依然有一些家长让孩子去学习。

有一个叫琼霞的孩子，她参加了很多少儿朗诵比赛，经常获奖，同时也获得过很多征文奖，作文写得非常好，她父母在介绍她的成功秘诀时，就说了七个字，那就是“让孩子大声朗诵”。

小学一年级时，父母就给琼霞报名参加了朗读兴趣班，她一学就是四年，经过日积月累，经常朗读别人优秀的作品，名篇名作，在朗读中感受其中的美妙，然后积累词汇量、丰富多彩的语言语句，最后模仿和借鉴，通过自己的方式表达出来，其写作能力自然也得到了提升。

“读书破万卷，下笔如有神”“熟读唐诗三百首，不会作诗也会吟”说的就是这样的道理。

另外，朗读兴趣班不但能锻炼孩子胆量、增强自信、提高语言表达能力，还能学到一定的朗读技巧，让孩子能声情并茂地朗读，也能作为一种才艺有机会登台表演，获得展示的机会。

孩子小学班主任老师也是要求他们买很多作文书朗诵，每周必须读几篇优秀作文。其实有时候阅读人家的优秀文章，甚至有感情地朗读，读多了，孩子们自然也就能“出口成章”。

让孩子参加朗读兴趣班，大声朗读，其实并不是一无是处，它也是一门才艺，更重要的是它能提升孩子的写作能力，而写作在日后的语文学习中占有相当大的分量，这对以后的学习、工作、生活都大有益处。

孩子学习朗诵的好处

（1）有益于塑造孩子开朗积极的性格

如果孩子能够高声朗读课文及相关文章，长此坚持，性格内向的孩子会慢慢变得勇于讲话，乐于表达。

（2）可以提升孩子自信心

朗读的时候，随着对内容的理解，可以逐渐激发孩子自身潜在激情，不断提升孩子的自信心。

（3）有利于开发右脑

因为大声读实质是朗读者在欣赏自己的声音，久而久之，有利于孩子形象思维能力的自我培养。

（4）培养良好的语感

朗诵培养孩子良好的语感，可以这么说，没有真正地大声读文章，就不会有什么真正的语感。

（5）有利于提高写作能力

大声读他人作品是学习的过程，大声读自己的作品实质是修改完善的过程。诵读和背诵可以把情绪最广泛地调动起来，名篇佳作的音韵美、节奏美、气势美，只有在诵读中才能真正感受到，长期坚持诵读，就会从感性上、从直觉上、从整体上去认识、去体验名篇佳作的精髓，主动地消化和吸收，提高写作水平。

（6）加深记忆，提高注意力

孩子在朗读时口、眼、手、耳整体行动，综合运转。通过如此形式，把获取的信息传至大脑，使大脑逐渐灵敏好用，记忆力、注意力不断提高。

（7）有利于其他学科的学习

有些学科需要广泛深入思考、记忆的学科，通过大声朗读，学习效率会提高不少。

朗读兴趣班适合什么孩子什么年龄

一般而言让孩子朗读是没有年龄界限的，只要孩子能开口说话就能朗读，刚开始，可能孩子不识字，父母可以教孩子读，孩子跟着朗读，等孩子年龄大点学会了拼音能识字就可以自己朗读了。

培训机构的朗读兴趣班，招收的孩子一般也都是从孩子能识字开始，也就是小学一年级后就可以参加了。

第八章
选择思维类兴趣班的重要性

8.1

思维训练让孩子打好学习的基础

思维训练是20世纪中期诞生的一种头脑智能开发和训练技术。其核心理念是相信“人脑可以像肌肉一样通过后天的训练强化”。

这些年，思维训练这一智力开发技术已经开始受到广泛的重视，尤其在教育领域被应用于婴幼儿早教、中小学生思维技能素质提升。

很多家长也都希望自己的孩子拥有强大的思维能力，从小就非常注意孩子的思维开发，生怕错过了启蒙智力、思维训练的最佳时机，于是家长们也都把自己的孩子送进兴趣班去学习思维训练，可有些家长也会有不少疑问：

“思维训练班孩子到底有没有必要参加？”

“思维训练班真的能开发孩子智力吗？”

“孩子参加什么样的思维训练班比较好？”

诸如此类的问题让很多家长纠结，目前市面上各种思维训练类型培训班名目众多，这也让家长们看得眼花缭乱，不知该如何选择。

有些家长会有这样的误区，觉得学习数学能训练思维能力，那么思维训练就是奥数班了。现在小学生中参加奥数班的孩子着实不少，家长会觉得就是为了开发孩子的思维。

琼珍，从小学一年级开始爸爸就给她报了一个奥数班，因为爸爸说学习奥数能开发思维，能让她变得更聪明。可琼珍对数学并不是很感兴趣，觉得奥数太难，题目也不太会做。

学了没多久，琼珍就不想学了，跟爸爸说，太难了，没意思，不好玩。但爸爸坚信奥数班能开发思维，刚开始可能是有点难度，但一定要坚持，于是坚持让她参加奥数班。琼珍学了两年，不但数学成绩没有提高，思维也没有变得有多敏锐，反而让她越来越讨厌数学，一看到数学题就头疼，别说奥数了，就说学校的数学成绩也只是维持在中等水平。

虽然学数学对逻辑思维能力锻炼很重要，奥数班也是开发孩子思维的，可并不是适合每一个孩子，奥数班题目的难度都比学校正常的数学教学有一定程度的提升，对数学有一定爱好的孩子或者数学能力比较优秀的孩子而言，奥数班可以作为一种兴趣参加，但家长不能完全寄希望于学习奥数来开发思维。

对于一些数学成绩原本就一般或者不太喜欢数学的孩子来说，让孩子参加奥数班，把精力都花在这些课外思维开发训练上，会适得其反，毕竟思维训练班对孩子的思维开发只是起到一小部分作用，也并不是适应每一个孩子。孩子最主要的任务还是学习好课内的知识，在小学阶段打下扎实的基本功，在学有余力的情况下再参加一些思维训练班，但千万不要本末倒置，为此而忽略了学校里的学习。

的确，思维是一切学习的基础，有人说：要训练孩子的思维能力，那自然就离不开让孩子学习数学。在如今的基础教育中，数学占据着十分重要的地位，每个人都少不了一定的数学学习，这就包括一些必要的数学知识以及一些逻辑思维能力。数学也是很多学科的必要条件，数学思维能力在综合能力方面显得越来越重要。

思维是基础，任何学习也都需要思考，这就需要孩子从小注重思维训练，为学习打好基础，当然训练思维的方式有很多种，课内、课外均可练习。

首先，应该让孩子学好学校教学的内容，把课内知识吃透，打好扎实的基础很重要。然后才能在此基础上，根据其情况和能力给孩子适当地选择参加课外思维训练班进行强化训练。

另外，开发孩子的思维能力，训练思维并非是通过单一的数学来进行，也并不是靠单一做题这样的机械练习来训练。可以选择通过其他潜能的开发，提升孩子各方面素质，通过不同的方面来开发孩子思维。

8.2 如何开发训练孩子的思维能力

思维是人脑对客观事物的一般特性和规律的一种间接的、概括的反映过程。进行思维训练，培养学生的思维能力，是孩子教学的主要任务之一，也是实施素质教育，开发学生智能，提高学生素质的重要措施。

思维能力指人们在工作、学习、生活中每逢遇到问题，总要“想一想”。这种“想”，就是思维，它是通过分析、综合、概括、抽象、比较、具体化和系统化等一系列过程，对感性材料进行加工并转化为理性认识及解决问题的。思维能力是智慧的核心，参与、支配着一切智力活动。一个人聪明不聪明，有没有智慧，主要就看他的思维能力强不强。要使自己聪明起来，智慧起来，最根本的办法就是培养思维能力。

据研究表明，孩子智力开发的最佳年龄段是在 2~8 岁，错过这个时间想要再提高孩子的思维可能就比较难了。因此，家长们一定要好好利用这个黄金时期，对孩子进行有效地、尽可能地挖掘孩子潜在的各方面的能力。

思维训练一般而言适合于任何孩子，而且思维能力训练在低年级时让孩子参加效果会好一些，2~8 岁的孩子正在逐步形成是非观和逻辑思维，等到了 9~12 岁时，孩子已经基本有了自我管理能力，也形成了自己的逻辑思维。因此在幼儿园时期或者小学低年级时给孩子适当的思维训练开发，能起到开发孩子智力的作用。

现在的培训机构开设不同的兴趣班培训班，也分别可以训练孩子不同的能力。家长们也就纷纷让孩子投身各种兴趣班学习中。

思维能力直接关系到孩子的学习能力，直接影响孩子在学校和工作岗位上的表现，投资思维能力这个“万能钥匙”，具有很高的回报率。

哪些孩子需要重点培养思维训练，我觉得，这没有确切的答案，应该说只要孩子有需求，就可以去培养，甚至说每个孩子都需要培养，思维是需要训练的，智力是需要开发的，刀不磨不亮，人不练不壮，脑子不用不灵光。

虽然思维是一种很抽象的东西，看上去很神秘，但它却是实实在在的存在，家长可以通过不同的方面去开发训练孩子的思维能力。

（1）丰富孩子的生活环境

在孩子婴幼儿时期，我们就可以在摇篮上悬挂一些彩色小球或者一些能发出声响的玩具，以便孩子醒着的时候看和听，平常也可以多逗孩子，多和他互动，随着孩子不断长大提供适合他的玩具。等1岁左右孩子可以爬行或者走路，就应该给孩子提供一个活动空间，让他自由爬行或走动；再大一点的时候，就可以陪他一起看动画片，一起听音乐，也可以多带他出去走走，多看看外面的世界。

（2）要培养孩子质疑的习惯

在家庭教育中，家长要经常引导孩子主动提问，学会质疑、反省，并逐步养成习惯。例如在孩子放学回家后，让孩子回顾当天所学的知识：老师如何讲解的，同学是如何回答的？当孩子回答出来之后，接着追问："你是怎样想的？"启发孩子讲出思考的过程并尽量让他自己作出评价。有时，可以故意制造一些错误让孩子去发现、评价、思考。通过这样的训练，孩子会在思维上逐步形成独立见解，养成一种质疑的习惯。

（3）引导孩子提高语言能力

从孩子呀呀学语开始，就要帮助他正确发音，最好不要对孩子说一些儿语，比如吃饭说成吃饭饭，睡觉说成睡觉觉，鱼说成鱼鱼。要让孩子听惯和记住一些日常生活的准确常用词，帮助他正确的表达思想。语言是表达思维的工具，语言的发展对思维能力的提高起很大的作用。

（4）给孩子争辩的机会

家长要在家庭中创造一种"自由争辩交流"的氛围，当孩子学习遇到困难的时候，争辩、互相交流解决问题的方法，当孩子自己获得新的解题方法时，家长要以平和的心态，耐心地和孩子一起讨论这个解题方法的独特之处。家长和孩子争辩解题思路，能促使孩子通过自由争辩，加深对问题的理解，拓宽思路，促使思维更灵活。这对突破固有的思维束缚、培养思维能力和品质有着良好的帮助。

（5）鼓励孩子积极的思维

喜欢问“为什么”是孩子的天性。家长应该耐心听孩子的提问， 并回答孩子的提问。有些孩子好动，喜欢对家里的玩具或者其他什么的拆开来，想看看里面到底是什么样，家长对于孩子拆坏了的东西尽量不要过分责备。应该正确的引导孩子，让孩子多思考，鼓励孩子思考提问。对于不爱提问的孩子，家长要主动提一些孩子能回答的问题，引导他去思考。

（6）锻炼孩子的思考力

在日常生活中，锻炼孩子思考的机会很多，在孩子玩玩具、做游戏时都可以让他积极开动脑筋进行分析、判读、推理等一系列的逻辑思维活动，从而促进思维能力的发展。家长要善于引导孩子去思考。

（7）教会孩子正确的思维方法

思维很抽象，随着孩子年龄的增长，各种条件的具备也为思维发展提供了帮助，但还是要掌握正确的思维方法，才能更好的利用这些条件，比如遇到问题，家长要引导孩子如何进行分析、综合、比较和概括，然后做出逻辑的判断、推理来解决。孩子一旦掌握了正确的思维方法，就如插上了思维发展的翅膀，思维能力也能得到迅速的发展和提高。

（8）引导孩子多角度思考问题

我们知道，观察事物的角度不同，得到的视觉效果也就各不相同。在学习中培养孩子多角度、多方面观察与思考的习惯和能力，也是培养孩子思维独特性的有效途径。家长可以从具体的问题出发，一题多问，一题多解，发展到解决问题策略的多样化。比如鼓励孩子多问：“还有什么方法？ ”“假如……结果会……”从不同的角度出发认识和思考问题，有利于强化孩子思维的发展，避免把思维禁锢在僵化单一的答案中。

8.3 纵横交错的围棋世界该怎么让孩子感兴趣

围棋起源于中国，相传已有5000多年的历史，中国古代把围棋列为“六艺”的教育内容之一，以棋培养品格、端正礼仪、训练思维、修身养性。围棋蕴含着中华文化的丰富内涵，是中国文化与文明的重要体现。

围棋是一门竞技类国学艺术，对弈者在一静一动、一进一退、一攻一守中，会加深对于中国浩瀚精深的经典文化的体会和领悟。

现在很多家长对培养孩子智力和思维尤为重视，围棋就是一个很锻炼脑力的方法，为此很多家长会选择让孩子学习围棋。

围棋可以让孩子静心，开发智力、陶冶情操、有利于孩子集中注意力，培养孩子独立思考和独立解决问题的能力。

亲戚家有个孩子叫志佳的，小时候非常调皮，在家基本上就是弄得“鸡飞狗跳”，每次他爸妈都是“单打”“双打”伺候着，真的是三天不打上房揭瓦。可志佳就是不服管教，刚挨完打他就又开始调皮捣蛋。

每次去亲戚家，总是看到他爸妈在家训他，却总是不奏效，把他爸妈气得不行。志佳学习成绩也很差，读小学一年级的时候语文、数学都只有十几分，你想这可得有多糟糕。记得有次春节去他家，他妈妈叫我帮忙辅导志佳寒假作业，把不会做的教他一下，知道志佳的这情况，我有点不敢答应，又碍于情面还是硬着头皮答应。

打开志佳寒假作业，我才是傻了眼，稀稀拉拉写了几个字，大部分都是空白，合着都不会做。辅导志佳作业才知道真的能气死人，他根本就坐不住，即使勉强坐下也是歪七扭八，东张西望，根本就没有做作业的样子。我耐着性子一道题一道题辅导他做，可他就是一问三不知，通通都是一句话：“不会，不知道。”看他那表情说话那语气，还很骄傲的样子，一副不会做还有理的样子。看他这态度可真气人，我心想要是自己孩子我早就下手打下去了。

数学不会，语文拼音不会，简单的字也不会写，总之就是这也不会，那也不会。坚持给他辅导了两天后，寒假作业做了一半不到，后来我回家了，也算是解脱了。

就这样的一个志佳，有的家长会觉得真的“无药可救”，那么调皮，成绩那么差，根本就不是读书的料。后来有一次我无意中看到一篇关于孩子学围棋的好处的文章，说围棋可以让孩子静下来，提高专注力，还可以提供孩子智力，锻炼脑力。我给志佳妈妈建议说可以让志佳去试试。

抱着一试的心态，志佳妈妈给他报了围棋兴趣班，没想到志佳学这个比上学来劲。对有些孩子而言，不喜欢学习，就想玩，而围棋作为一种娱乐、游戏项目，孩子一般都会喜欢。

围棋是一种能让孩子静下来的游戏，上围棋课时，志佳刚开始也一样坐不住，老师也总是批评他，批评一次他就能安静一会，过一会又躁动起来，老师又叫他坐好，如此反复。很多孩子都有这样一个共同点，父母的话有时候不一定听得进去，但老师的话一般都会听的，志佳也这样，不怕父母打，却怕老师批评。

志佳学了一年半后，居然能在棋盘前一坐就是一个小时，围棋对他有这样大的变化，是志佳妈妈当初没有想到的，他现在会好好地坐在那安静地思考，算是学进去了点。

志佳就这样被围棋改造，如今志佳读三年级，学了两年多围棋，水平也提升一大截。志佳读一年级由于成绩差被留了一年，现在他的成绩在稳步上升，每次都能考个七八十分，相比一年级时那成绩算是明显提高。

其实围棋在提高孩子的注意力，让孩子静下来方面都有着显著的效果，让孩子静下来，专注于做一件事，这对学业也是很有帮助。

孩子学习围棋的好处

围棋，中华民族五千年古老文化的精髓，是集科学性、艺术性、竞技性于一体的智力运动，它以其独特的魅力和思考方式，日益受世人瞩目。学习围棋是提高孩子综合素质的最佳捷径。学习围棋对孩子有以下诸多好处：

（1）提高逻辑推理能力

下围棋，是需要严密的逻辑的，一步一步都是具有思想性的，每步棋都要有明确的目的，围棋水平越高，这种逻辑就越严密。在孩子与人对弈的过程中，自然也就慢慢地提高了逻辑能力。

（2）锻炼孩子独立意识

棋是自己下，家长帮不上什么忙。既然自己来下，那每步棋怎么走，都是自己说的算。怎么下？下哪里？哪里最急，需要先处理？这些决策都由孩子自己来定。孩子作为一个独立的个体，能完整下完一盘棋，这可以非常好地锻炼孩子的自主决定能力。

（3）提高观察能力

围棋标准棋盘纵横交错，有 361 个交叉点可以下棋，一大堆黑白棋子，孩子下棋时需要纵览全棋盘，观察整个棋局，看清棋盘上的焦点问题后再行棋，对观察能力提高有很大帮助。

（4）提高孩子的注意力

下围棋时，孩子必须有足够的专注力，围棋盘上始终都充满紧张激烈的战斗，任何时候都不能有注意力的分散和松懈，稍不注意就会被对方“趁火打劫”落入下风，围棋对提高孩子注意力方面的作用是很明显的。

（5）增强抗挫折能力

人生如棋，棋如人生。下围棋时，落子无悔。这就跟人生一样，做过了就不能改变，只有靠以后尽量去弥补。

（6）提高解决问题的能力

下围棋时会遇到很多问题，面对强大的对手，每一颗棋都有可能会面临困难的境地。孩子就需要自己分析问题、处理问题，然后解决棋盘上的问题。这让孩子在其他方面也能学到这种能力，凡事都会“三思而后行”。

（7）设身处地看问题

下围棋时两个人的活动，最重要的就是可以让孩子站在别人的立场考虑问题，现在的孩子一般都很自我，只从自己的角度考虑问题，下棋不一样，你必须考虑对方怎么下，然后去应对，这就是换位思考，学习站在别人的立场考虑问题。

（8）培养永不放弃的精神

围棋与其他棋类不同，围棋多有胜负，少有和棋。所以，每一颗棋都要向着胜利奋勇前进，不能有丝毫的消极和保守，再好的局面一旦被对手逆转，就要面临失败，不到最后一刻就不能放弃。

围棋兴趣班适合什么孩子什么年龄

如今的家长竞争意识强烈，生怕孩子输在起跑线上，因此，在学围棋的问题上，都希望让孩子尽早开始学习。这其实是一个误解，学围棋并非越早越好。

从开发智力的角度来说，4 岁半左右的孩子就可以起步学习围棋，但还是仅局限于一些简单的计算和判断。从棋的内容、学习的效果来讲，6 岁左右开始学围棋为佳。毕竟随着一盘棋下的时间越来越长，需要计算的地方会越来越多，6 岁左右的孩子学起来，进步会比较快。这个时候正是开发智力、锻炼智慧、增强记忆力、专注力和受挫折能力的良好时机，因为他们没有繁重的学习任务，时间充裕，好动好学，好奇心强，愿意接受新的事物。

太小的孩子，接受能力有限，甚至没办法完全认识数。由于围棋学习过程中涉及数字、多少、空间布局等问题，还有很多的专业术语，这些词语的理解都大大地超过了低龄孩子的理解能力。

8.4 小孩怎么进行象棋博弈

爱下棋的人很多，街头巷尾或是公园里，总能看到一堆人围着棋盘厮杀。中国象棋，是中华民族几千年历史文化的瑰宝。在棋类游戏中，很多家长会给孩子选择学习象棋。

亮亮是独生子女，爷爷奶奶把他宠得不行，可以说是衣来伸手饭来张口。在家里，亮亮的地位就俨然一个皇帝，家人对他也是百依百顺，只要稍微有一点让不满意的地方，他就会发脾气。

在亮亮眼中，“我即中心”，一切都要按他的套路来，都要依着他。看着他这样，爸爸妈妈也犯难，心想让孩子这样发展下去可不行，有时候爸妈会苦口婆心地给亮亮讲道理、讲规矩，可亮亮就是听不进去，或许在他心里，“我就是规矩”。

亮亮爷爷喜欢下象棋，家里有买好几副象棋，小时候亮亮就把爷爷的象棋当玩具，圆圆的，在地上滚来滚去，有时候还堆起来玩。爷爷看着亮亮这样，就对他爸爸说：“长大后就让亮亮学象棋。”

也就这么一说，没想到爸爸还当真了，亮亮六岁的时候，恰巧小区附近一家培训机构开设了象棋班，可能因为跟爷爷平时下棋的缘故，亮亮也说要报名。

参加了兴趣班之后，亮亮的兴趣变浓了，有时候他上完课后，回家就会和爷爷厮杀，把爷爷的棋子吃掉就会把他乐得不行，刚开始爷爷会让着他，故意输。可过了段时间，爷爷还真的有点招架不住，毕竟爷爷只是个业余的，纯属爱好而已，亮亮可是正规军，正经八百接受过学习的。

还别说，一来二去，随着时间的推移，爸爸发现亮亮发脾气次数少了，性格还真好了不少，跟他讲一些道理一些规矩他也能听进去一些。这其实就得益于亮亮学象棋。

象棋是一个讲究游戏规则的项目，它的规则很多，比如棋子怎么走，哪些可以走，哪些不能走，都有严格的规则，在棋盘上，棋子是不能乱走的，必须按照规矩来。

棋如人生，生活中也一样，我们做什么事都必须按照规矩来，不能胡作非为，不能我行我素，不能“我即规矩”。

亮亮正是从象棋的学习中学到了这些规矩，才会有这样的转变。所以，**如果家长想培养孩子的规则意识，让孩子从小懂规矩，象棋是一个不错的选择。**

孩子学习象棋的好处

在我国所有棋类游戏中，象棋的受众可以说是最多的。那小孩下象棋到底有什么好处呢？

（1）锻炼思维能力

经常下棋的孩子思维特别缜密，一般都能做到走一步想几步，也就是情景预判，对全局的把控能力很强。

（2）培养专注力

下一盘象棋，常常需要孩子全神贯注十几分钟到几十分钟，棋盘上千变万化，稍微一个不留神，就会满盘皆输，孩子都想赢，对胜利的渴望会迫使孩子们全力以赴，这对他们的专注力是极大的提高，以后他们做别的事情也会认真很多。

（3）磨炼意志

象棋对弈要求孩子平心静气地坐下来，通过棋子，揣摩对方心理，下棋要求谨慎，不能浮躁，要善于抓住对方破绽，同时自己遇到困难，也要百折不挠，稳扎稳打，这对磨炼孩子坚忍不拔的意志和毅力大有帮助。

（4）锻炼观察力

下象棋过程中，孩子必须要有敏锐的洞察力，观察对方的漏洞，然后分析形势，做出判断，展开进攻。

（5）提高心理素质

象棋不仅是智慧的比赛，更是双方心理的较量，在下棋时处于下风不能紧张，否则就会越来越输，占优势时也不要太兴奋，容易阴沟翻船，这就要求孩子胜不骄、败不馁，也需要沉着冷静、过硬的心理素质。

（6）开发心智

下棋是一种有益身心的活动，被称为“智慧的体操”、“聪明人的游戏”。棋局千变万化，下棋的过程就是思考的过程，每走一步，都要动脑筋，发现和利用别人的错误自己尽量避免犯错误。经常下棋就是在锻炼大脑、提高智慧，能培养和改进思维的方法、增强记忆力，提高随机应变的能力。

（7）提高独立解决问题能力

下象棋时孩子需要一个人独自面对，能在过程中自己发现问题、分析问题，最终找到解决问题的方法。

（8）培养正确对待输赢胜负的认识

下棋可以锻炼孩子对胜负的一个正确认识。小孩子刚开始只想赢，输了就很不爽，闹脾气，后来输的次数多了，他在努力争胜的同时，对失败也能慢慢接受。从小培养孩子正视失败，敢于面对失败，有助于孩子从小接受挫折教育。

象棋兴趣班适合什么孩子什么年龄

一般来说，4~6 岁为最佳年龄。这个时候小孩的大脑正处在高速发育的时候，最适合开发智力。同时孩子没有繁重的学习任务，时间充裕，孩子好学，愿意接受新事物，是学习的最佳时期。

4 岁以下的孩子，家长在家可以对其进行一些启蒙教育及引导，教孩子认识棋子，讲一些简单的规则，或者利用棋子做一些小游戏，培养他的感觉和兴趣。如果孩子有兴趣，等年龄大一点，就可以报名兴趣班开始正规的学习。

8.5 编程让孩子带着兴趣和信心学习代码语言

曾经轰动全球的人机大战，将人工智能推到了世人面前，人们在惊叹于人工智能的超凡能力时，也在深扒人工智能背后的幕后英雄：编程。

随着国家明确地将编程归入到教育体系中，不断地有编程问题出现在学生考题中，编程越来越被大家重视，人们更是趋之若鹜地从奥数、艺术等课程转到少儿编程上来。

随着人工智能的高速发展，时下很多培训机构也都开设了编程课，编程受欢迎程度不亚于其他兴趣班，更多的家长也开始选择让孩子学习编程。

孩子同学子由是从三年级开始学习编程的，学了三年，如今的他时不时的自己编个程序设计小游戏，玩得不亦乐乎，也经常推荐给他的同学们玩，他也获得了不少少儿编程奖，颇有成就。

有一次我和他爸爸攀谈，他爸爸告诉我，其实子由之前是个“问题孩子”，子由成绩不怎么好，还经常调皮捣蛋。

不过孩子如今小有成就，成绩也上升了不少，确实是有很大的转变，他爸爸认为这都得益于子由学编程。

他们由于工作原因，平常都很忙，无暇顾及孩子，子由就交给爷爷奶奶带，爷爷奶奶只管了孩子的生活，其他管不了。他们家境不错，为了不让孩子无聊寂寞，大概两三岁时爸爸就给他买了平板电脑，子由很喜欢，爸爸妈妈没时间陪他管他，他就终日与平板为伴，玩各种游戏。

小学二年级，子由就戴起了眼镜，自然是玩游戏的结果，更严重的是他甚至有点沉迷于游戏。有时候作业都是应付几下，只想着玩游戏，爷爷奶奶也不太懂，每次也只是问他作业做完没，子由说做完了，然后沉浸到游戏中去了。

当爸爸妈妈发现他游戏上瘾后，都已经有点晚了，孩子已经有五六年的“游戏龄”了，算是个不折不扣的老手，他们试图控制子由玩游戏的次数，然而效果不佳，只要爸妈不在家他照玩不误。

直到一次偶然的机会，妈妈看到一家培训机构的宣传班，编程班宣传语是：让孩子在玩中学习。回家和爸爸一商量，这不正中子由下怀吗，于是就给子由报了编程兴趣班。

可以在玩中学习，子由也很愿意，爱玩游戏的孩子学编程往往都很容易，子由也不例外，学起来顺风顺水，毕竟玩过太多的游戏，套路什么的都懂。

在编程学习中，不仅仅是玩游戏，更重要的是让孩子学习怎么设计小游戏，孩子们很有成就感，如今，子由经常设计一些小游戏，他也毫不掩饰地说：“我长大后要当游戏设计师。”

孩子都爱玩游戏，这是个普遍现象，编程是实现寓教于乐的最好课程，可以让孩子从玩游戏中学习，如果你的孩子也有着和子由一样沉迷游戏的情况，不妨让孩子学习编程。

孩子学习编程的好处

（1）编程是一种基本能力

互联网是目前增长最快的行业之一，随着经济的不断发展，互联网会越来越发达，而编程能力的重要性尤其重要，让孩子学习编程是一种基本能力。

（2）编程充满创意和乐趣

孩子学习编程时，可以通过编程玩一些简单的小游戏，如果遇到问题闯不了关，就可以按照自己的意愿修改代码程序，进行一些设计，然后闯关，这可以让编程变得有创意并充满乐趣。

（3）提升逻辑思考力

编程序需要孩子认真去思考，然后把代码合理地安排在整个程序中，才能让程序流程的处理输入、演算，直到输出，这会让孩子对事物的逻辑分析能力有极大的提升。

（4）培训专注细心

孩子在编程的过程中必须严谨，一旦出错，少输入一个符号或者输错一个，都会造成程序出错，这就要求孩子必须细心，绝对不能马虎。

（5）提高孩子耐心

很多孩子都会坐不住，学习编程，可以让孩子坐下来，让孩子变得有耐心。

（6）增强抽象思考能力

乔布斯曾说过“人人都应该学习一门计算机语言，因为它将教会你如何思考”。学编程就是孩子和电脑沟通，在学习过程中，孩子需要把一种抽象化的东西转化为具体能力，这对增加孩子抽象思考能力有很大帮助。

（7）训练空间思维能力

孩子在编程过程中，尤其在游戏中设计编程，能置身其中，让其明白方向感以及立体空间感。

（8）增强解决问题能力

面对一个个挑战，孩子会利用学到的知识，试着达到目的而不断地动脑。一旦养成这样的好习惯，碰到其他学习或者生活上的问题是，自然也会试着自已解决。

（9）让孩子在玩中学习

爱玩是每个孩子的天性。电子游戏也是软件，而且是具备很强逻辑性的软件，爱玩游戏的孩子通常也是编程的高手，孩子可以从玩游戏中学习。

（10）增强孩子自信心

一个由自己一步步建立而来的作品能够增强孩子的自信心，让他们可以更有勇气地面对将来学习、生活中可能遇到的挫折。

编程兴趣班适合什么孩子什么年龄

孩子学习编程的最佳年龄是 7~12 岁，7 岁左右的孩子开始形成了抽象逻辑思维，这个时期的孩子具备了一定的理解能力和逻辑分析能力，可以通过编程不断梳理抽象思维，再通过动手实践化抽象为具象，通过编程表现出来。

孩子 3~4 岁开始接触也可以，这个时候可以开始接触简单的编程游戏。这时候的孩子还不能运用逻辑性来分析问题，他们更适合去玩那些带点编程技术的玩具或者是游戏之类的，这样可以培养他们的动手能力、创造力和编程思想。

8.6 机器人世界里发挥孩子想象力创作力

当下，机器人学习蔚然成风，机器人教育也变得异常火热，而且发展势头迅猛，因其独特的魅力，很多家长也都是愿意让孩子接受机器人培训教育。

我有个高中同学就给他儿子旭永报的机器人兴趣班。有一次去他家拜访，刚进门就看到鞋柜上摆了很多机器人作品，我知道这就是旭永的作品，进屋后客厅与餐厅的隔断柜上大大小小的作品震撼到了我。我甚至没有落座，一直伫立在那，欣赏着，说真的，我很喜欢这些东西。

同学叫我坐，说等会慢慢看，我推脱着挪不动脚，旭永看我这么感兴趣，也过来跟我介绍着他的作品。

他很自豪地跟我说："叔叔，这都是我的作品，这几个是我得奖的，我房间还有很多，我带你去看。"他带我去他房间又看了很多作品，然后还给我展示他的奖牌。

看旭永这状态，精神头十足，信心满满，说起他的作品来头头是道，很有成就感。

成就感是一个非常有意思的东西，每当我们努力完成一件事情后并得到了别人认可的时候，内心会充满自豪感，这种自豪感会促使我们更加坚定自己前进的方向，继续刻苦钻研下去，不管大人还是小孩，都一样，旭永现在就是成就感满满。

学习机器人搭建，需要孩子们反复地尝试、不断地实践，花很多的时间去动手操作，等搭建好一个机器人，并且实现了预想的功能，孩子们就会特别开心，有成就感。在这样一次次成功实践的过程中，孩子的自信心也得到极大的锻炼，一个简单的作品，或者一次比赛，培养出的成就感会让他们更加充满自信，对未来人生的发展也具有极其重要的意义。

在实践中让孩子体会到自我成就感，这就是机器人搭建带给孩子们的最大益处。

孩子学习机器人的好处

（1）更好地发挥自我的个性

机器人的搭建可以给孩子们无限的想象力，让他们自由发挥通过作品把个性呈现出来。

（2）锻炼意志

孩子在学习过程中遇到问题，会独立思考并解决问题。这样能锻炼意志，有利于孩子的成长。

（3）激发孩子兴趣和学习能力

孩子都有一颗对世界好奇的心态，他们对机器人这种科技产物充满探索心态，希望能带给他们科技的力量与惊喜。学习机器人，孩子们愿意花时间去了解，这可以极大地激发他们的兴趣，保持好奇心，增强孩子们的学习能力。

（4） 增强对外界的认知

在学习过程中孩子有不懂的时候，亲自动手拼一拼、做一做，究竟是对是错，一目了然。当孩子一旦开始动手，他就不得不去思考、去尝试，靠自己的思维去理解世界。在这个过程中，自然可以提高孩子对外界的感知，加深对外界的印象。

（5）锻炼意志

在学习过程中，孩子们还会经历一些失败。当他们经历这些失败时，会独立思考并解决问题，反复锻炼会使其更快地成长。

（6）提升动手能力

通过参加机器人课程可以提高孩子们的动手能力，哪个部件在什么位置必须亲力亲为，这对于孩子是很重要的。

（7）趣味性、新奇性

孩子们在上课过程中，可以和老师亲密的互动，一起制作一些有意思的机器人出来，相比孩子直接玩成型的机器人，更加具有趣味性。机器人教育在国内起步较晚，很多孩子从没有接触和学习过，所以机器人课程就具有一定的新奇性。

（8）游戏与学习相结合

在“玩”的过程中，通过动手实践孩子会有一种满足感和自信心，即使失败至少尝试过。机器人课程就是这样的一个项目，让孩子在游戏中学习。

（9）团队协作能力

孩子学习机器人课程时，有时候并不完全是自己独立完成，还需要与同学之间互动，这就要彼此之间互相沟通与合作。无论是现在还是将来对孩子的团队协作能力都会有很大的提高。

机器人兴趣班适合什么孩子什么年龄

机器人分为编程和搭建两个部分。只会编程但无法做出自己想要的机器人形状不行，只会做但不会编程也是不行的。所以孩子想学习机器人应该先从搭建开始学起。编程方面需要孩子具备一定的逻辑思维能力。搭建课当然是越早越好，3~4 岁学习搭建课程可以开发孩子的智力。5~6 岁可以锻炼孩子的动手能力、对图形的分析能力和空间力。这其中训练的空间力对以后上学习数学会有非常大的帮助。7~8 岁可以让孩子接触电子学电路学的一些知识，为今后学习正式的机器人打下良好的基础。

8.7 什么样的孩子该上奥数班

对于奥数，褒贬不一，争议很大。有人说，奥数只适合 5% 的孩子学习，另外 95% 的孩子不适合，甚至可能是一种折磨。

很多家长都是嘴里说着奥数不好，浪费时间和精力，实际上他的孩子却正在学奥数。

小晟的爸爸给小晟报了奥数班，现在小晟成绩还不错。

刚开始给小晟报班的时候，爸爸也是有点犹豫，想着要耗费孩子大量的时间和精力，他甚至打了退堂鼓，也和大多数人一样，有着一个很好的理由：要给孩子一个快乐的童年。

让孩子有个快乐的、美好的梦想是美妙的，只可惜，总会被现实的残酷所击碎。随着小晟年龄的增长，年级的升高，一个现实的问题摆在了他爸爸的面前，小晟在班里的成绩还不错，但是在年级里比、在县里比、市里比就远远不足，有句话说得好：人比人得死，货比货就得扔。

爸爸真心觉得小晟不够优秀，做父母的大概都是这样的想法，想自己的孩子是最优秀的，小晟的成绩应付一般考试倒是可以，但想拔尖就有点难度了，那怎么办？学呗。

于是乎，小晟爸爸给孩子报了奥数班，坚持了一年多，小晟在学校的成绩提高了不少，排名也靠前了，没想到的是还有意外收获。小晟做事变得有条理性，逻辑性变强了。以前就跟个愣头青一样，做什么事情都是想都不想就开干，结果可想而知。就跟做题一样，看都没看完就开始做，结果做着做着就发现不对，只有重来。现在不一样，做事情前他会思考一下，想想怎么做，甚至有计划，按步骤去做，效率自然也大大提高。

另外，不光是做题方面，在其他事情方面反应速度也变快了，这跟奥数学习的训练是有很大关系。

从我们国家的考试制度来看，数学无论小学、初中到高中什么时候都是必考科目。让孩子从小就学好数学，打好基础，在小学阶段让孩子多接触一些，对将来小升初或者是上更高学府都大有帮助。

当然让孩子参加奥数班，不能只以提高孩子的数学成绩为目的，应该以拓展孩子的思维方式，培养孩子的数学兴趣为目的，为以后的学习打下一个扎实的基础。

孩子上奥数班的好处

数学是一门趣味性很浓的学科，奥数的世界更是魅力无穷。它能激发孩子对数学的好奇心，拓宽思路，锻炼思维，对一生的发展都是一种积累。

（1）开拓孩子思维能力

奥数作为数学上比较有难度的一部分，能很好地开阔学生的思维，学习奥数不单单是为了竞赛，它已经演变成了一种特殊的素质教育——思维训练。

（2）提升孩子数学能力，打好数学基础

一般情况下，学习一定时间奥数后的孩子数学成绩会非常优秀，能提升孩子数学能力，打好数学基础。

（3）激发孩子对数学的兴趣

奥数能激发孩子学习数学的乐趣，还能让孩子养成善于探究、乐于观察、喜欢思考的习惯，具备良好的数学思维模式，掌握各种解题技巧，同时能为孩子日后长久的数学学习建立起主观能动性。

（4）锻炼独立思考能力

解决数学问题具有灵活性和创造性，需要有效地用数学观点看待和处理实际问题，奥数能锻炼孩子的独立思考能力。

（5）提升解决问题能力

奥数包含了很多种思维方式，学习奥数可以帮助孩子开拓思维方式，进而有效提高分析问题和解决问题的能力。

（6）提高逻辑推理能力

奥数是高于普通数学的内容，求解奥数题大多没有现成的公式可套，但有规律可循，讲究的是一个“巧”字。不经过分析判断、逻辑推理乃至“抽丝剥茧”是完成不了奥数题的。所以，学习奥数对提高孩子的逻辑推理能力大有帮助。

（7）锻炼毅力

奥数题一般都很难，有时候解一道题需要花费很长时间，甚至会遇到很多困难，这就需要孩子不怕困难，知难而进，具有严谨好学的学习态度，这对锻炼孩子坚忍不拔的学习毅力也有很大的帮助。

（8）打好数学基础

数学作为基础学科，对今后学好物理、化学、生物等学科都有很大帮助。

奥数兴趣班适合什么孩子什么年龄

一般来说，从小学三、四年级开始学习比较合适，这时孩子已经适应了学校的学习生活，也接触到了一些基本的数学思维。当然，五、六年级入手也不算太晚。太早学习孩子的理解能力有限，学起来比较吃力。如果因此使孩子的兴趣受打击，而产生畏难、厌学情绪就适得其反了。

奥数并不是所有的孩子都适合学习的，由于奥数是对学习课本知识的一种拓展，一般都是数学有天赋的尖子生参加比较多。如果孩子本身课本知识学得都有压力，基础知识都没有学好，那学习奥数就非常困难，解题更是难以下手，不建议参加。

当然，奥数也并非是尖子生的专利，数学成绩能达到优秀的水平，有个八九十分，也是可以学习的，关键看老师怎么讲，讲的是什么，要因人而异、因材施教。

8.8 珠心算兴趣班要不要上

珠心算从中国传统文化珠算延伸发展而来，是中国的非物质文化遗产。珠心算十分流行，很多家长也都把自己的孩子送去学习珠心算。

但社会上也有一些反对的声音，觉得珠心算对孩子没有好处，对珠心算褒贬不一，纵使有一些反对的声音，学珠心算的人依然不少。

朋友的孩子小海从幼儿园就开始学珠心算，学了三年，数学成绩次次第一，不得不说这就是珠心算带给他的好处。

珠心算可以大大提高孩子的计算速度，这是众所周知的，很多家长给孩子选择珠心算，看重的也无非就是这一点。

小海的爸爸给他报名时也正是看中这一点，不管怎样，小海数学成绩很好，这让他爸爸很欣慰，至少小海没让他失望。

我也曾和他爸爸探讨过："现在社会上有一些反对让孩子学珠心算的声音，说对孩子有害处，你知道吗？"

他说"我知道。"

"那你为什么还让小海去学呢？"我追问他。

"我没想那么多，只想到学习珠心算的好处没管其他的，我觉得那么多人学，好处总是要多一些吧。"

为了让孩子学好数学我也了解过，好处自不待言，至于不好的地方，有人说珠心算的算法和现在学校教的算法不统一，在学校学的算法都是从右到左计算，也就是从低位到高位计算，而珠心算是从左到右计算，也就是从高位到低位计算，这两者存在一定的冲突。

这样的矛盾应该就是让有些人反对学珠心算，其实我觉得这还真没必要担心这个。换个角度看问题，这恰恰给孩子提供了不同的计算思路，提供了另一种可能性。你想想，孩子计算题时可以从左到右，也可以从后到右计算，这就可以让孩子从多角度思考问题，促进了孩子的思维多样化，对孩子的智力开发大有裨益。

小海的学习不就是没有对他带来坏影响吗？而且他的数学成绩还特别好，我想这可能就是珠心算带给他的益处吧。

任何事物都有它的两面性，都有利和有弊，学珠心算也一样。我们在给孩子选择时，要考虑他对孩子带来的利，也要了解他对孩子不好的地方。当然，不要过度地夸大它的弊，只要利大于弊，就可以让孩子学，我们可以尽量去规避那些弊，或者让它最小化。

孩子学习珠心算的好处

（1）能提高孩子的计算能力

珠算与心算结合是提高计算能力的有效方法。孩子天天在数字和算珠之间的转换，久而久之就会对数字特别的“敏感”。经过反复练习，能提高孩子的计算能力。

（2）能提升孩子的注意力

珠心算是模拟算珠成像在脑中运动的过程，从实拨到空拨、看拨、想拨，再到珠心算，从静止的算珠形态上升到动态的算珠成像，能充分发展孩子的注意力。

（3）能增强孩子的记忆力

在珠心算训练学习过程中，每次都会对学生进行看数、布珠、清盘、写数的训练，这对记忆力的增强大有好处。

（4）提高孩子的观察力

珠心算的计算，孩子仔细观察，眼看快、耳听快、脑算快、手写快，在反复快速训练中孩子的观察力得到培养和提高。

（5）能丰富孩子的想象力

从手指在算盘上的拨珠计算开始，通过一系列的针对性训练，以“数”、“珠”快速互译过渡到大脑思维控制算珠的空间“轨迹运算”，从而培养了孩子们丰富的想象力。

（6）能培养孩子的良好习惯

学习珠心算要求眼到、口到、手到、心到，是一个高度协调、高度配合的思维过程，对任何其他学科的学习都能起到正面的作用。学好珠心算需要一段时间训练，能培养孩子做事持之以恒的良好习惯。

（7）促进全脑平衡发展

左手拨珠，刺激右脑，开发右脑的想像力和创造力；右手拨珠，刺激左脑，开发左脑的计算和逻辑思维能力。学生通过双手拨珠、两耳听数、双眼看数、动脑思考、口述算理，在反复、不断的拨珠过程中，思维不断得到发展，思维能力逐渐增强，达到“手脑并用、开发智力”的作用。

（8）提高孩子创造能力

珠心算中的脑图像，正是运用了模式理论，给人带来的益处是一种潜能，挖掘的是儿童的创造力。

珠心算兴趣班适合什么孩子什么年龄

学珠心算在 4~6 岁或孩子读小学前开始效果最佳。4~6 岁的孩子既是神经细胞的生长期，也是神经纤维的增长期，更是智力开发的敏感期，也是对抽象事物的敏感期，通过珠心算训练，在发展孩子大脑的同时，也促进了孩子心理和智力的发展。

第九章
手工类兴趣班怎么学

9.1
孩子的智慧在他的手指尖上

随着孩子年龄的增长、思维的发展，他们对周围的一切都充满了疑问。他们每天都会提出很多的问题，当有些问题得不到爸妈解答或者自己理解不了的时候，他们就会用自己那双灵巧的小手去搞破坏，能拆的拆开，不能拆的摔碎，他们总要研究个明白，一探究竟。

朋友有个儿子叫小清，刚满三岁，聪明伶俐，十分可爱。可小家伙却有一件事让朋友很心烦。

朋友说："这孩子太不知道爱惜玩具，再好的玩具到他手里，不出一天就被拆烂。"

小清喜欢拆东西，喜欢研究里面有什么东西，玩具到他手里玩不了多久就会开始想方设法地拆解，弄得零件散落一地，自然也没法安回去了。还有给他买的儿童书也都是撕掉，就是一个实实在在的"破坏王"。

喜欢动手，喜欢拆东西，应该是每个小孩子的共同特点，也是孩子成长中的一个必经过程。

后来小清爸爸就给他买一些不容易拆的玩具，买那种撕不烂的儿童书，这些玩具就是为了针对小孩拆卸的，书就是专门防止孩子撕书设计的，小清爸爸心想："这种玩具他总拆不掉吧，硬壳子书他总撕不了吧。"

可未曾想到，小清就是个天生的"破坏王"，一开始没事，可终究挡不住孩子的好奇，拆不开的玩具、撕不开的书也只是在小清这里完整了几天，依然没能逃过被拆解和被撕掉的命运。小清开始了暴力拆卸，他使劲将玩具往地上摔直到解体，而对硬壳书就用指甲抠，用嘴咬，慢慢从书角开始弄，真是有耐心，慢慢的书也撕了个七零八落，也探究了其中乾坤。

看来是挡不住了小清的好奇和求知欲，无奈，小清爸爸也转换了思路，干脆后来就给他买一些容易拆解的玩具和可以拼接的玩具，或者干脆给他买各式各样散装的积木。

这下正中下怀，小清每天高兴地来回拆装，灵巧的小手拼装出一个个令人稀奇的东西，拼完后还经常给爸爸妈妈展示他的作品，原来小清就喜欢这样的拆装过程。

当孩子喜欢拆东西，搞破坏时，有些家长可能会责骂孩子，这样是不可取的，家长不要一味地责骂孩子，应该正确引导孩子的这种好奇心和求知欲，不过也不能放任孩子随意拆。

小清爸爸这样的做法非常正确，苏联教育家苏霍姆林斯基说：**“儿童的智慧在他的手尖上”**。在我国，也有“心灵手巧”的俗语，意思是说，要开发孩子的智力，当从让孩子动手做起，巧手的孩子多半聪明。

这是因为人手与大脑间存有一种密切的对应关系。手指活动会促进大脑皮质兴奋，手指活动得越多动作越精细，越能刺激大脑皮质的兴奋程度。反过来，大脑在接受刺激而引起兴奋后，更能有效地调节手指的活动，从而提高手指动作的协调性和灵巧性。

由此看来，要想让孩子大脑聪慧起来，必先让孩子的十指灵巧起来！

9.2 让孩子动起手来——从小多动手长大很受用

出于疼爱，很多父母不舍得让孩子动手，在父母眼里孩子只需要好好读书。对于家长来说，他们最关心的是孩子的学习，都希望孩子可以有一个好成绩。这本来没什么错，但是很多家长只关心孩子的学习，从而忽视了孩子其他方面的培养。

孩子读幼儿园的时候，老师经常会布置一些手工制作任务或者一些手抄报任务，每次遇到这样的作业任务，在群里的讨论就炸开了锅，“孩子这么小能做什么手工啊。”“这就是给家长布置的作业。”孩子的手工作业也就搞成了家长的作业，结果交上去的基本都是家长的作品。

现在，很多家庭的孩子都处在过于保护的环境中，舍不得让孩子动手，孩子只需要饭来张口、衣来伸手，无形中也让孩子少了很多动手的机会，以至于不少孩子四体不勤、五谷不分。

有的学校，五年级的孩子还不会系鞋带，而原因竟然和家长有关。有不少小学低年级老师说，很多学生在课间活动时鞋带松了，但是不会系，只好提着鞋带一拐一拐地跑。一些高年级老师也表示，班里也有同学是到五年级才学会系鞋带，而且少数学生现在系鞋带都比较生疏。

系鞋带难吗？跟学习相比，系鞋带应该是一件很简单的事情。那为什么这么多孩子都不会系鞋带呢？据了解，孩子不会系鞋带的主要原因是没学过，平常都是由家长代劳。

说起来，现在的有些孩子动手能力还真差，其实主要就是因为家长的宠爱让孩子根本没有动手的机会。

我有个朋友家小孩就特别能干，孩子刚满 8 岁，会自己做饭，会简单的炒菜，她最拿手的就是西红柿炒鸡蛋。

有一次周六，我和朋友一起外出办事，她孩子自己在家，到饭点的时候，孩子打电话催她回去吃饭，说饭已经做好了，菜也炒了，就等妈妈回去吃饭。我听了很惊讶，问朋友：“你女儿这才多大就能做饭了，你不担心她？”

朋友说，从女儿上小学开始，她做饭的时候就会把女儿叫到厨房学习，告诉她怎么煮饭，怎么做菜，现在女儿大点了，有时候她有事回去晚，女儿就会把饭煮好，做好一些简单的菜，就跟今天一样。

她说平常周末孩子在家，每次也都会把她叫到厨房，让她动手做饭，她在一旁指导。

我问她是怎么教孩子，她说其实没有什么诀窍，只要让孩子去做，给孩子机会，孩子就愿意去做而且能很快学会做。

动手做事是养成教育的基本要求，是孩子成长的基础，也是开发孩子智力的前提。然而，有些孩子上学了，书包却不会整理，不会扫地……

说起现在的学生，被父母捧在手里怕摔了，含在嘴巴怕化了。从小娇生惯养，不会独立生活，更不会动手做事，皆因父母舍不得。

家长对孩子智力和特长的培养越来越重视，但却忽视了对孩子生存所需最基本的能力——动手能力的培养。俗话说“心灵手巧”“儿童的智力发展体现在手指尖上”“儿童的智慧源于操作”等等，这是教育家的至理名言，也充分说明了手与脑之间的密切联系。

从小多动手长大很受用，儿童时期正是躯体动作和双手动作发展的最佳阶段，而手腕和手指等小肌肉群的运动能直接刺激大脑皮层，促进大脑皮层机能的发展完善。大脑的完善又促进手的运动更加灵活精细，并对孩子的智力和创造才能的开发打下基础。

从小培养孩子的动脑动手能力很重要。孩子都具有聪明的天性，只要有足够的空间和良好的环境，他们就能得到发挥和提高。鼓励孩子多玩，在玩的过程中多看、多听、多想、多动手，培养孩子的自信、乐观、创造能力。

总之，**让孩子多动手动脑，让孩子的智慧在动动手指的各种活动中成长！**

9.3 手工 DIY 的乐趣

在工业生产飞速发展的今天，人们的生活节奏加快，使用的物品丰富多样而快速迭代。当我们已经习惯使用机器大批量生产出的物品，那一件件使用传统工艺打造的、散发着质朴原始风貌和乡土气息的物件，愈发显示出它的独特与珍贵，也越来越被人们所喜爱。

就像电视节目《了不起的匠人》里的那些普通匠人们的手艺生活，平凡的匠人们“一生只做一件事”，用他们的一生去打磨自己的作品，赋予作品灵性，他们的乐趣就在于用心去打磨自己的作品。

在快节奏的生活中，慢节奏的生活、耐心的等待、打磨出来的手工制品非常受欢迎，尤其受到年轻人的追崇。手工作品多样化、种类繁多、特色鲜明，具有创意又蕴含着历史文化信息，能让大家发现手工劳作的乐趣。

虽然手工课不像钢琴、舞蹈、绘画之类的兴趣班受孩子们热捧，但也有很多孩子喜欢，它也属于素质教育德智体美劳全面发展的“劳”这一重要环节。小时候我们有劳动课，现在的孩子们就有手工课，国家提倡素质教育，自然也不能忽视孩子们动手能力的培养。

小智在上手工兴趣班，10 岁的他学手工已经 4 年了。

从幼儿园开始，小智学校老师就会要求他们做一些手工作品交上去，一学期要做好几个作品。每次遇到这样的作业，一些家长就痛苦不堪，因为孩子还小，动手能力又差，这无疑就成了家长的作业。而很多家长由于工作忙，有的就随便做做交差，不过还是有家长会认真的陪孩子一起做这样的“家庭作业”的。

小智不一样，他都是自己完成，学校要求做手工，他就把玩具零件和纸壳之类的东拼西凑，剪一剪然后用胶水粘连起来，有点混搭风。虽然大人们看不懂他想表述的是什么意思，但那就是他认知世界里物品的样子，他觉得好看，还别说，有几回他的作品还被老师表扬了，说做得不错。

幼儿园的手工作品也基本都是小智自己完成的，他很有兴趣。看着小智喜欢做这些手工，爸妈干脆在幼儿园大班的时候给他报了手工兴趣班，专门让他去学习。

小智房间里专门有一个书架摆放着他的各种手工作品，每次有客人去他家，他总是得意扬扬地带客人进他房间，参观他的作品，展示他的成果。当别人对他竖起大拇指时，他无比自豪，非常享受这样的乐趣。

他喜欢自己做一些稀奇古怪的东西，把玩具拆了做一些不同的拼接，自己搞一些创造，反正就是随意创作、自由发挥，完全沉浸在自己的世界里。

其实手工 DIY 的乐趣，就表现在随心所欲和突发奇想的创造性，表现在千变万化的乐趣。

在孩子们学习之余，给孩子选择锻炼一下动手能力，手工课是很好的选择。

亲自动手是件幸福的事，虽然需要足够的耐心和时间，但当用心完成了一件作品时，是难以言说的开心，非常有成就感。

孩子学习手工的好处

（1）培养孩子的动手能力。手工制作需要孩子自己动手一点一点完成。对孩子而言，这是培养其独立完成一件事最好的办法，可以很好地培养孩子的动手能力。

（2）锻炼孩子注意力。当孩子完成一个手工作品时，需要在一段时间内保持注意力的集中，这对锻炼注意力大有裨益。

（3）培养孩子的观察力。在制作手工时，通常都是一些日常的简单的事物。这就需要孩子平日对日常生活中各种事物的观察度了，时间长了，自然会养成留心身边事物的习惯。

（4）锻炼孩子想象力。孩子的想象力是最丰富的，通过手工制作，可以锻炼其想象力，让孩子把脑海中的想象力转变成现实中的艺术品，还能培养孩子的创造力。

（5）培养孩子的自信心。独立完成一件手工制作品是需要手脑齐用的，在这个过程中孩子也会遇到很多的问题，如果能坚持做完，就是一种毅力的表现，不管手工制作完成是什么样的，都能让孩子自信心增强。

（6）锻炼思维和解决问题的能力。在制作过程中，孩子肯定会遇到这样那样的难题，需要尽力去解决它，在此过程中，孩子的思维能力和解决问题的能力可以得到很大的提升。

（7）开发孩子手指精细技能。通过手工制作一些小东西，可以增强孩子对于手指的精细控制能力。

（8）培养孩子的耐心。有时候一件手工作品，需要花比较长的时间，孩子在制作的过程中就需要很大的耐心，这可以培养孩子的耐心，这对以后也有帮助。

（9）丰富孩子的童年生活。手工制作，不仅可以让孩子学习到东西，还可以丰富他们的生活，让他们的童年充满欢乐。

手工兴趣班适合什么孩子什么年龄

一般孩子上幼儿园开始就可以开始学习手工制作，这个时候孩子有了一定的认知，身体发育也达到一定的程度，有一定的动手能力。

当然孩子年龄小点也可以开始接触一些简单的手工制作，不必在意作品是什么样的，只要动手就行。

9.4 孩子怎么走进中国非遗瑰宝“剪纸”世界

剪纸作为一种传统的民俗艺术形式，在中华大地上流传已有千年之久。现在很多家长都希望自己的孩子才艺双全，于是乎给孩子报各种兴趣班。尤其艺术类的兴趣班，更是一窝蜂似的。而剪纸这样的传统艺术却算是冷门，学的孩子并不多。

小娟却与众不同，她学剪纸已三年，在她手下剪出来的东西活灵活现，跟有生命一样，可见水平不一般。

刚开始，她爸爸也准备随大流给她选一样乐器作为兴趣培养，带她去试听过钢琴课、古筝课、小提琴课等，可小娟都没兴趣。

一般来说，家里有小孩的家庭都会把剪刀这样的“凶器”收起来，放到小孩拿不到的地方，等大一点再让孩子接触，小娟家也一样。

小娟爸爸说，小孩子都喜欢一些新奇的东西，她开始接触剪刀也就是三岁的时候，谁知道这家伙非常喜欢玩剪刀，可以说是剪刀不离手。

爸爸给她说了剪刀怎么用以及注意事项，小娟就拿着剪刀到处剪，剪着各种纸张，这还不算，看着电视里人家穿那种有洞洞的时尚衣服，小娟就把自己的衣服裤子剪烂，她还剪烂过家里的窗帘，甚至有一回趁着大人没注意，她把自己头发剪了一大把下来，可以说只要是能剪的她都会去试，真是个名副其实的“熊孩子”。

看着小娟如此这般，爸爸才发现小娟可能对剪东西有兴趣，他自然地想到了剪纸艺术，也就这样顺理成章的让她学了个冷门，报了个“与众不同”的剪纸兴趣班。

别说，正中下怀，小娟还真非常喜欢，平常在家她算是自由发挥，毫无章法，到了学校有老师教，可以剪出各种各样的形状，有动物、有花草，栩栩如生，小娟很喜欢，学得也很带劲。

别看小娟在家东剪西剪的，其实她是个安静的女孩子，能坐得住，再加上学得很认真，老师也说她是个剪纸的好苗子。

一般来说，女孩子学剪纸要合适些，因为剪纸需要能坐稳，静下心了才能剪出好的图案来，剪纸是锻炼耐力的一个有效的方法。

就这样，一学三年，现在小娟的水平很高，她会剪很多样东西，而且剪得非常好，还获过几次奖。

物以稀为贵，当大家都在一窝蜂似的学着音乐、舞蹈、乐器等才艺的时候，让孩子有一项剪纸这样与众不同的才艺，其实也挺好。

学习剪纸的好处非常多，家长朋友不妨培养一下孩子在此方面的爱好。而且，现在懂得剪纸的人越来越少，如果让孩子精通的话，也是一项技艺。

学剪纸能对很多方面都很有帮助，而且还是对中国传统艺术的一种继承，两全其美，何乐而不为呢？

孩子学习剪纸的好处

对于孩子而言，剪纸有利于孩子各方面的培养和增进，而且还是对中国传统文化的一种传承。

（1）培养孩子的观察能力

剪纸艺术的题材都来源于生活，来源于大自然。因此，在孩子创作剪纸的同时，首先要有丰富的生活经验，孩子也自然而然的需要在平时的生活中，做一个有心人，学会观察并善于观察。

（2）培养孩子手眼协调能力

剪纸的过程要求眼准手稳，需要眼力、手、心三者之间的结合，只有三者保持一致，才能够剪出好的作品。这样孩子便在不知不觉中，练就了手眼协调的能力。

（3）培养孩子的耐性

剪纸是一种安静的艺术，它需要孩子专心致志按着画好的线条，小心地裁剪，不急不躁。这样久而久之，孩子也就练就了“心静如水”的境界， 而自然而然培养了孩子处事沉稳、耐心细致的好性情。

（4）提升了孩子的智慧

我们也常常将心灵、手巧并称，因此不难看出，培养一双巧手也就意味着智慧的提升。在剪纸中，孩子们通过眼睛的观察，大脑的构思，双手的剪裁等一系列步骤，在完成作品的同时，也使大脑得到了开发与提升。

（5）提高孩子的审美能力

在剪纸的学习过程中，可以欣赏到各种精美的剪纸，了解剪纸的艺术特点，通过长期的训练，孩子的审美能力可以慢慢地提高。

（6）培养孩子的创新能力

说起创新有人会觉得玄之又玄，其实不然，只要发挥自己的想象力并且能表现出来就是创新。创新能力可以在剪纸作品上很好表现出来。在剪纸制作过程中，少剪一刀或多剪一刀就会呈现出不同的作品。

剪纸兴趣班适合什么孩子什么年龄

建议开始学习剪纸的年龄在三岁以上，一般都要求孩子在学会正确使用剪刀的基础上开始练习，这是最基本的条件。

此外一定要注意安全，在孩子使用剪刀前，父母应当告诉孩子如何正确地使用、摆放剪刀，并使孩子了解剪刀的“威力”，毕竟剪刀也算“凶器”，避免使用不当让剪刀伤着孩子或伤到他人。

9.5 如何让孩子在折纸里玩出一份兴趣来

每一位家长都希望自己的孩子聪明、活泼可爱，长大以后能有所作为。现在，国内外许多教育专家越来越清楚地认识到：培养孩子的观察力、思维力、想象性和动手能力必须从幼儿抓起。

有人说，给我一个支点，就能撬动整个地球。那么，如果给你一张纸呢？也许就能创造一个地球？

折纸飞机应该是很多人童年爱玩的游戏，那时候的童年没什么娱乐设施，小朋友在一起玩也就是折纸飞机一类的游戏。时代也变了，电子产品高速发展，玩折纸的人少了，偶尔在小区里能发现几个孩子在玩纸飞机，比赛谁飞得远。而现在有的培训机构开设了一些折纸兴趣班，不少家长会选择送孩子去学习折纸。

果果爸爸就给孩子送去学折纸，说起选择并不热门的折纸兴趣班时，果果爸爸说，现在的孩子动手能力太差，大概是科技的发展导致孩子动手能力退化，让他上折纸班就是想培养一下果果的动手能力。

当果果年龄适合报兴趣班时，他也张罗着给果果选班，带果果去试学，钢琴、舞蹈、绘画这样的班都是热门，人满为患，试学的孩子也很多，可折纸班就是稀稀拉拉十来个人。抱着不想和人家挤的心态，他带果果去了折纸班，看着老师折的各种东西，有飞机、汽车、花、帽子等等，果果觉得很好玩，就说要学这个。

果果爸爸反其道而行之，让果果开始玩折纸，每天学着折不同的东西，一张纸就能变幻无穷，果果玩得很开心。

在折纸兴趣班里，果果照着老师所教的固定步骤来折，后来老师还允许他们自己进行一些改进或改造，折出不同的东西来。

就像折纸飞机，我们都知道并不只是一个固定的模式或一种折法，可以有不同的折法，折出不同的飞机。孩子们可以在原来的折法上改进，或者进行创新，只要是飞机，或者只要孩子觉得那是“飞机”，也未尝不可。

折纸的乐趣大概就在于此，并不像学习其他的东西，必须按一定的规则或套路，折纸完全可以自由发挥，尽情发挥，有时候一步折错或者少折一步，出来的就是不一样的东西，这样的“意外”结果更能激起孩子的乐趣。

果果现在会折很多五花八门的东西，飞机、帽子、百合花、青蛙、玫瑰花等。在学校里，他教同学们折，在家里他教爸爸妈妈折，每一样东西他都会几种折法，果果房间里摆满了各种“艺术品”，看着自己创造的劳动成果很有成就感。

在兴趣班里，老师教他们固定的折法，教一些技巧，也让孩子们自由发挥。果果很喜欢这样的课程，没有死板的套路，可以随心所欲，玩得很开心。刚开始，他只是觉得好玩，玩着玩着，孩子真的感兴趣了。

如果孩子有兴趣，也有时间，不妨让孩子去报个兴趣班学习一下，现在很多孩子都被父母宠着，失去了很多自己动手的机会，动手能力加剧退化，而折纸这样的活动恰恰可以锻炼孩子的动手能力，与其让孩子在家玩着电子产品，倒不如给孩子选择一个折纸兴趣班，**让孩子在实践中提升动手能力，玩出一份兴趣来**，岂不是两全其美。

孩子学习折纸的好处

（1）提高动手能力

在折纸过程中，可以提高孩子的动手能力。将一张张普通的纸，折出各种好看的形状，小孩的动手能力及手指的灵活性能在折纸过程中慢慢提高。

（2）锻炼人的综合协调能力

学习折纸需要用眼睛看折叠的过程，并在看的同时思考、记住过程，在折的时候，孩子们要亲自动手。这样就可以使他开动脑筋、活跃思维，从而达到手、眼、脑三位一体的综合协调。

（3）学会独立思考

在折纸过程中，孩子会思考一系列问题，比如“这一步为什么这样折”“折出来后会变成什么样子”，在不知不觉中小孩就学会了独立思考问题。

（4）培养空间思维能力

每一个折纸都是一个立体空间的物品，因此，在折纸过程中，可以培养孩子空间思维能力。

（5）培养耐心和细心

折纸是一个细致活，每个折痕和步骤都要细心，否则很容易折坏。而折纸也需要耐心，特别是一些复杂的折纸，要坚持到底，才能折出成果。

（6）培养观察力和注意力

孩子在学习折纸的过程中，需要按照步骤有序折叠，这可以培养孩子认真做事的良好习惯，同时还可以培养孩子的观察力和注意力。

（7）培养想象力

折纸具有千变万化的特点，可塑性极强，通过折纸学习可以培养孩子的想象力、创造力和形象思维能力。

（8）增强信心

孩子在做好折纸作品后，会享受自己的劳动成果，很有成就感，这种成就感的积累能增强孩子的信心。

（9）提升审美能力

每一种折纸的原型都是生活中的某一个形象。好的折纸作品，造型优美生动，通过折纸可以增强孩子的好奇心，孩子能潜移默化地受到美的教育，培养孩子的审美能力。

（10）丰富业余生活

课余时间，孩子可以进行折纸来丰富生活。

折纸兴趣班适合什么孩子什么年龄

让孩子接触折纸应该是从 1 岁左右就可以开始，这个时候，宝宝开始喜欢玩弄纸制品，他们主要也都是做一些破坏性动作，比如撕纸，把书页撕下来。等 2~3 岁时，动手能力进一步发展后就会开始折纸，当然也仅限于乱折，由于动手能力差，往往也折不出什么样子，况且这个时候孩子注意力也不容易集中，很难专心学习。

真正进行系统的学习折纸还是建议从 4~5 岁开始比较合适，这个时候孩子的发育也达到一定程度，理解能力、动手能力也增强了，手指也能做一些精细动作，这时学习折纸是最佳时期。

9.6 陶艺让孩子提高专注力

在大街上常常可以看见一些陶艺馆，可以亲自动手制作陶艺品。陶艺是中国传统的一种艺术文化，陶艺制作能满足孩子好动、好奇的需要，孩子一般都喜欢，一块土，一双手，就能捏出一个千变万化的世界。

我们每个大人应该都会有小时候玩泥巴的记忆，其乐无穷。对于孩子而言，玩泥巴也是最惬意不过的事情，虽然对陶艺不太懂，但通过玩泥巴这样游戏的方式制作一件自己喜欢的物件所散发出的魅力的确让人着迷。

时下很多陶艺馆也都开设了培训班，教孩子做陶艺，小孩对陶艺一无所知，但就是喜欢玩泥巴，当作一种娱乐游戏，小时候，我孩子也学过一段时间陶艺。

有一次，我带他路过一家陶艺馆，看到里面的小朋友高兴地玩着泥巴，一堆泥巴在转盘上转来转去，一双手捏着，一会儿就出来不同的造型，孩子看得津津有味。

“爸爸，这个好玩，我也要玩。”他拉着我的手往里走。

陶艺馆老师热情地接待了我们，还让他体验了一番，老师握着他的手控制着泥巴，做出了一个碗，他开心地对我说：“爸爸，你看，我做了一个碗。”

后来，老师也给我介绍了专门教孩子陶艺的兴趣培训班，他一听立马就要报名学，他有点冲动，我还想考虑考虑，可看他那渴望的眼神，看他这么想学，也不想打消他的积极性，便答应了他。

玩泥巴是孩子的天性，孩子也就这样每周去玩泥巴、学陶艺，孩子们自由自在地玩耍，释放天性。

不过只学了一个学期，孩子就没学了，并不是他不喜欢，只是因为与别的课程有冲突，时间安排不过来，只能择优选择忍痛舍弃，后来有时间孩子也会偶尔去玩玩。

其实那时候他玩得挺开心，虽然他学的时候年龄不大，只能做一些简单的动作，稍微复杂一点的东西就必须要老师帮忙握着他的手辅助完成。

陶艺要求孩子手部的精细动作，力量的控制。力量大小不一样，出来的作品也不一样，年龄小的孩子，手部精细动作有些欠缺，这就需要老师帮忙。

孩子学陶艺最让我感到欣慰的是让他变得有耐心，这是他学陶艺最大的收获。他平常做事总是浮躁，没有什么耐心，做陶艺恰恰需要安静地坐下来，刚开始我不太同意他报名，就是有这方面的担忧。

没想到他能安静地坐下来，变得有耐心，就因为他喜欢玩泥巴。其实有时候我们说孩子没耐心，那是因为他对那件事情不喜欢不感兴趣，如果让孩子做他喜欢做的事，那他就能安静地有耐心地做完。

做陶艺最需要的恰恰就是耐心和专注力，没有耐心是什么也做不好。在陶艺的学习过程中，最能锻炼孩子的耐心，这对孩子以后学习和别的方面都大有帮助。

让孩子学习一样东西，真还不要有什么功利性的想法，不一定非要孩子学到什么程度，孩子学得开心，玩得开心就好，有时候还能意外地收获，比如培养孩子的耐心等能力。

孩子学习陶艺的好处

（1）带给孩子快乐

玩泥巴是孩子的天性，在每一个孩子的眼里，陶艺能带给孩子快乐。在陶艺制作时，孩子们能接触到柔软的陶土，让孩子能感受到与大自然接触的一种感觉。

（2）提高艺术欣赏力

陶艺是一门综合创作的艺术，培养孩子的艺术素质，需要孩子不断地操作，不好看又重来，如此反复，孩子的艺术欣赏能力得到了提高。

（3）促进左右脑协调发展

陶艺制作需要动手操作能力，需要左右脑积极思考，能够培养孩子左右手协调操作能力，促进左右脑协调发展。

（4）激发创造力

孩子学习陶艺能够激发自己的创造力。因为陶土的性质就是自己随意捏造，什么形态是完全控制在你自己手中的。

（5）培养耐心

做陶艺是一件非常需要耐心的事情。对于没什么耐心的人来说，陶艺是一件非常难的事，通过学陶艺能够让孩子变得很耐心，培养孩子细致的性格。

（6）提高乐趣

学陶艺能够改变孩子对生活的态度，如果家长可以和孩子一起去做陶艺，不仅能让孩子的动手能力变强，还能增加你和孩子的沟通，让你们的感情更好。

（7）发展创新思维

孩子在学习陶艺时，可站立、可坐下、手可动、口可说，无拘无束、自由操作，这样能释放孩子的天性，满足好动的需要，加上陶土的柔软，可随意自由发挥，能丰富想象，张扬个性，能发展孩子的创新思维。

陶艺兴趣班适合什么孩子什么年龄

陶艺课主要内容包括：捏塑课、拉坯课、黏土课等，一般而言，适合 5 岁以上的小朋友学习，因为学陶艺，需要孩子坐得住，有一定的耐心，也需要手部的一些精细动作。

对于 5 岁以下的孩子，可以进行对陶土的一些启蒙学习，进行拉、捏、揉、搓、卷、压等动作，做一些简单的作品，主要以培养孩子对陶土的兴趣为主。

9.7 体验泥塑的乐趣，提高创造力

孩子捏的泥塑，特别像80后、90后小时候玩的泥巴，说到泥巴，想必大家都是满满的童年回忆。泥塑又称黏土，是一种无毒环保的材料，塑形容易，多种颜色搭配后变化非常多。

泥塑也是孩子们最喜欢玩的玩具之一，孩子都喜欢捏泥塑，可以毫不夸张地说每个家长都给孩子买过橡皮泥一类的玩具，孩子也喜欢捏着玩，毕竟玩泥巴是孩子的天性。

现在让孩子专业学泥塑的培训机构不多，但还是有一些孩子在学着“玩泥巴”，还是有部分家长给孩子选择了泥塑兴趣班。

在大部分家长都选择诸如钢琴、绘画、舞蹈这样的热门兴趣班时，小江爸爸给小江选择了泥塑班。经常有朋友调侃他，“你这是小时候在农村玩泥巴没玩够吗？现在还让下一代感受感受。”小江爸爸总是一笑置之，在他内心无比地坚定，因为他在意的就是泥塑带给孩子的创造力，他清楚知道创造力是无价的。

是的，很多时候，我们被条条框框限制了，思维固化了，就缺乏一定的想象力和创造力，做什么事也比较古板，孩子年龄小，可塑性强，这个时候多开发他们的创造力非常有利于孩子身心发展。

小江和其他孩子一样，小时候也喜欢玩橡皮泥，爸爸给他买了很多，他总能捏出各种各样的东西来。相比其他孩子，有的爱运动，有的爱音乐，可小江没事就爱玩橡皮泥，爸爸看在眼里，甚至有些发愁，也和妻子讨论着：“小江就跟我们小时候一样爱玩泥巴，等长大了别的孩子都学音乐舞蹈，他学什么呢，总不能学玩泥巴吧。”

到了该上兴趣班的时候，爸爸就各个培训机构了解，还别说，在众多的兴趣班里，他还真发现有跟玩泥巴相关的兴趣班，那就是泥塑。泥塑班的宗旨就

是培养孩子的创造力，这恰恰也是小江爸爸看重的，加上平常小江喜欢玩橡皮泥，爸爸还真就给小江选择了泥塑班。这可是合了小江的意，在家一个人玩泥巴，以后可以在学校和很多小朋友在老师的带领下一起“玩泥巴”。

学泥塑是一件很有趣的事情，给孩子一块泥巴，孩子用手揉、搓、捏、黏各种动作，充分发挥其想象力，可以做出千变万化的东西来，锻炼孩子的动手能力。

在泥塑学习中，老师会教孩子们一些基本动作、步骤，但更注重的是创造力的培养，照着老师的步骤学习，孩子们可以通过自己的想象，创造出不一样的作品。**艺术的本质其实不在于模仿，而在于创造。**每当孩子们兴高采烈地举起那些不同的作品对老师说：“老师，你看，我捏出来的。”这样的作品，恰恰才是老师最想看到的。

泥塑乐趣无限、创造无限，可以自由塑形，随意发挥，任凭孩子怎么做都是一件有特点的作品，泥塑就是会带来这样的意外惊喜。学泥塑，不仅仅是体验它千变万化的乐趣，除了锻炼孩子的动手能力，也让孩子大胆表现自我挖掘创造力。如果家长想让孩子在闲暇时间锻炼一下动手能力，同时又想培养一下他的想象力和创造力，那么上泥塑兴趣班是个不错的选择。

孩子学习泥塑的好处

（1）可以锻炼孩子的动手能力。借助揉、搓、捏、黏合等手部动作，可让孩子练习操作技巧，促进手部小肌肉的发展，增强孩子的手眼协调能力。提升手指力量、灵活协调度，增加手部精细动作能力。

（2）培养孩子的艺术和美感。学习泥塑过程是一个长期反复的欣赏、操作、再欣赏、再操作的过程，能让孩子用手和幼小的心灵发现美、体验美、表现美，孩子的艺术欣赏能力得到提升。

（3）培养孩子的专注力。要完成一件泥塑，需要付出不少经历，孩子在捏制的过程中，注意力会高度集中，好的专注力对孩子以后的学习很有帮助。

（4）让孩子变得自信强大。当孩子完成一个作品时，能很好地提升孩子的自信心。

（5）能带给孩子快乐。在每一个孩子的眼里，世上的万物只分为好玩与不好玩，而泥塑无疑属于好玩的行列。带给孩子一份快乐的心情是每个爸爸妈妈都希望的，当孩子们通过玩耍随意地糊泥、用力敲打泥巴、捏塑泥块等等所获得的快乐，不正是爸爸妈妈的所希望带给孩子的快乐吗？

（6）可以开发孩子的智力、感知力、观察力和创造力，提高幼儿的动手能力。

（7）激发孩子的创造力。泥塑任凭孩子怎么捏、揉都是一件很有特色的作品，而孩子想象力越丰富，出现的作品越充满童趣的美，它自由塑形的特点能激发孩子的创造力。

（8）泥塑制作还需要一定的意志力。因为哪怕完成一条粗线，也要经过搓、磨等等工序，更别说完成一件小作品。

（9）促进亲子关系。现在一般泥塑培训班都允许父母陪着孩子，而与孩子一起做艺术品的过程是美妙的，跟孩子共同动手的过程是亲切的，这对亲子关系是一种促进。

（10）拓展孩子的思维空间。泥塑有很多形状，发挥想象力，塑造各种形象，有利于拓展孩子的思维空间。

（11）孩子完成一个作品，倾注了自己的心血，完成一个作品给孩子内心特别大满足感，孩子也会因此而变得自信。

泥塑兴趣班适合什么孩子什么年龄

泥塑是比较有乐趣的，趣味性很高，一般孩子 3 岁以后就可以开始接触学习，现在很多家长都会给孩子买一些彩泥玩，这其实就是对孩子的动手能力在做一些启蒙训练，只不过这个时候孩子捏出来的东西大多都是四不像。

3 岁以下的孩子不建议接触，因为泥塑虽然无毒，但孩子年龄太小认知不够，很容易当成食物入口。

如果要想进行一些专业的学习，建议 6~8 岁之间学习比较好，这个时候孩子的动手能力和手指的精细动作都发展到一定的程度，有一定的想象力，适合泥塑的造型。

第十章
学科类班让孩子学业更上一层楼

10.1 补习类兴趣班可以让孩子补上短板

孩子的学习是家长最关心的问题，家里有一个学习习惯和成绩都好的孩子，家长放心省心。然而不少家长可能会有这样的烦恼，孩子成绩很差，在学校学习成绩跟不上进度，或者某一学科较差。补课是大多数家长的首选。为了让孩子跟上进度，补在学校欠下的“账”，家长会给孩子报一些提升补习类型的辅导班。

补课，顾名思义就是补足所学的课程，把过去所学的知识再学一遍，这也成了这些成绩较差的学生的家常便饭。

小艺是留守儿童，爸爸妈妈在福建打工难得回来一趟。小艺平常就由爷爷奶奶照看。爷爷奶奶没什么文化，对小艺的学习管不了，也辅导不了孩子的作业，每次只能关心一下小艺作业做完没，小艺自觉性很差，有时候没做作业也说做完了。

小艺经常被老师点名批评，爷爷奶奶也常被老师请到学校，小艺成绩不理想。由于小艺对作业的不重视，爷爷奶奶又无能为力，后来家人商量给他报名了学校附近的一个托管类的辅导班，给小艺补上欠缺的短板。

辅导班里有很多像小艺一样的孩子，大部分都是因为爸妈不在家或者没时间管孩子的，只能选择托管。在辅导班里老师给孩子们温故一下平常学的知识，查漏补缺，然后辅导和监督孩子做作业。

小艺自控能力差，没人管他，他就经常不做作业，在托管机构有老师管着、监督着，作业也就能够完成了。其实很多孩子都有这样的情况，课堂作业他们都会做得好好的，可家庭作业就完成不了，原因就是没人监督。很多学生也有一个通病，那就是不“畏惧”家长却“畏惧”老师，在老师的管理下他就会老老实实的。

小艺就是这样的学生，爷爷奶奶没有能力也管不了他，他就“放肆”，在辅导班有老师管着，他自然就无法“放肆”。

孩子们学习成绩差，并非是他笨，只是因为他不爱学习，学习习惯、学习态度不好。像小艺这样的孩子，就是因为自觉性差、不爱学习，自己放松了，成绩自然也就差。在辅导班有着老师的监督管理和辅导，成绩自然能提升不少，当然提升的还有学习习惯，小艺刚开始可能是在老师的“逼迫”下做作业，慢慢地就自觉起来。

小艺现在做作业都不需要催，能主动完成。这就是改变，是除了成绩之外最大的收获。

其实给孩子补课，家长的初衷一般也就是希望提升孩子的学习成绩，但是培养孩子良好的学习习惯、学习态度更重要。态度决定一生，习惯成自然，好习惯受益终身。

为孩子选择这些查漏补缺补习类辅导班时，首要因素还是根据孩子的学业成绩来选择，比如某一科跟不上进度，“欠账”太多，就要及时给孩子补上，选择适合他的补习辅导班。

孩子上补课类学习培训班的好处

首先，提高了学生学习的效率。

在小学阶段的学生，自主学习的能力还比较薄弱。一般放学回到家后，都习惯于边玩边做作业，注意力不集中，也导致了作业经常出错，更有甚者将作业、学习完全丢到一边置之不顾。但是，如果上了补习班，效果就会不一样，有了老师的管束和课堂纪律的约束，学习的效率自然会得到提高。

其次，对课堂上的知识点进行查漏补缺。

对于学生而言，补课班是课堂教育的延伸、补充和扩展。在传统课堂上，一般老师都是照本宣科，严格按照备课方案传道、授业，虽然在一定程度上能帮助学生学到一些知识，但是却缺乏知识的延展性和扩张性，内容也就显得枯燥乏味。而补课班有一些个性化的教学方式，其内容丰富多彩，对问题的分析也更多元和灵活，这不仅能扩大学生的知识面，也有利于学生的兴趣和才能得到充分发展。

第三，灵活多样的课堂形式及因材施教。

一般补课班的规模都不是很大，班上的人数也相对比较少，老师不用再面对几十个人的大班学生。这更有利于老师了解每个学生的情况，以便根据不同学生的学习情况因材施教。所以老师会为学生提供更好的舞台，给每个学生展现自我的机会，为学生营造更好的学习氛围，让学生能在补课学习中充满自信、自由发挥，这都是传统课堂所不能比拟的。

总之，补课班作为一种课外辅导形式，不仅能拓宽学生的知识面，还能提高学生学习的积极性，对学生学习起到了不可磨灭的促进作用。

补课类培训班适合什么孩子

如果你孩子存在以下情况的，建议上补习辅导班。当然一定要多听听孩子班主任和任课老师的意见，在学习这件事情上，没有人比孩子的老师更专业。

（1）孩子单科成绩比较差的，可以去补习班，进行专项训练。

（2）孩子基础比较差，平时上课听不懂、写作业都非常吃力，家长也无法辅导的这些孩子，上补习班。

（3）孩子学习习惯不太好的，学习时间安排不合理，加上学习方法不正确，可以去辅导班找老师训练这块。例如，让辅导班老师帮忙制定学习计划，科学安排时间，提高他的学习效率，规范他的学习过程，养成自主学习能力。

（4）家长没有时间在家陪伴孩子的。特别是周末，家长工作比较忙，或是父母在外地打工，孩子是爷爷奶奶带的留守孩子，家长担心孩子在家看电视、玩电脑、沉迷游戏的，可以安排上辅导班，在辅导班多少能学到知识。

10.2 幼小衔接班该怎么上

“望子成龙”已经成为大部分家长在孩子教育上的“教育方针”。有的家长相信笨鸟先飞，于是让孩子提前学些东西，还有的家长则是跟风，看到别的孩子学习，自己也要跟上。

小学一年级作为学生生涯的开端，一直以来都备受家长重视。特别是近年随着幼儿园“去小学化”后，各种各样的“幼小衔接班”如雨后春笋般冒了出来。面对五花八门的“幼小衔接班”，不少家长几乎丧失了“理智”，纷纷不惜重金送孩子读“幼小衔接班”，希望自己的孩子在进入新的学习阶段后能够一路“领跑”。

现在除了部分私立小学设置全日制学前班以外，公办学校几乎没有学前班一说，而“幼小衔接班”就成了小学教育的提前延伸存在着。因为学前班的缺失，又正好迎合家长们“抢跑”的心态，“幼小衔接班”成了香饽饽，火热得很。

目前市场上的幼小衔接课程主要是拼音、识字、数学、英语等基础课程，在小学之前给孩子“补”一下，也成了很多即将上一年级新生家长的选择。

馨蕊妈妈就给她报了拼音和数学两门衔接课程。“女儿幼儿园还没毕业，就收到很多培训班的招生广告，都是幼小衔接的。”她妈妈说。

刚开始她们都没在意，根本就没想报这些班，想着孩子以后还有十几年的书要读，不想让孩子原本自由自在的童年时光大打折扣。

但了解了一下后，听到培训老师说衔接的重要性，身边也确实有很多小朋友正在上，好几个都是在大班的时候就开始上幼小衔接班。回家和家人一商量，也就没有坚持当初的想法，还是选择给女儿报了名。

因为女儿读的是公立幼儿园，拼音、数学什么的都没有教过，听人家说一年级拼音、数学教得快，没学过的孩子会跟不上。再说也可以通过这样的课程让孩子提前感受小学的课堂氛围，是很有好处的，于是就下决定给她报了幼小衔接班。

小李的爸爸对幼小衔接班有着理智的看法和意识，他说："听说幼小衔接班对孩子有影响，有的孩子会因为认识几个字、会做几道数学题，就在小学课堂上不认真听讲，最终得不偿失。"虽然这些道理他都明白，但是别人家的孩子都在上幼小衔接班，想着自己的孩子不上肯定落后，所以考量再三还是让孩子去了。

给孩子报幼小衔接班的家长基本上也都是觉得小学课程进度快、难度大，孩子在幼儿园没打下什么基础，零基础接触小学内容让孩子有点措手不及，很难跟上课程。提前让孩子适应下小学的生活规律，上小学时也会轻松些。有些家长则是担忧大家都在上，自己孩子不上会跟不上进度。

幼小衔接班主要承担的是承上启下的作用，可以教会学生如何学习的能力，也会教一些小学的启蒙课程。上与不上需要家长谨慎选择，很大程度上取决于辅导机构的教学理念和教学水平。

10.3 小升初衔接班真的有必要上吗

孩子是父母的希望，家庭的未来。为人父母，对孩子的教育责无旁贷。小升初也成为目前大部分家长看重的阶段。孩子小学刚毕业，本以为可以好好休息下，可家长们又面临一个新问题，外面小升初衔接班如此火爆，到底要不要让自己的孩子上？

因为初中不管在学习内容还是老师的授课方式上，都和小学有较大的差异，上小升初衔接班可以让孩子提前适应初中学习环境。但是也有很多家长反对小升初衔接，理由是提前学习后，会影响孩子开学后正常上课的状态。

锦素是一名六年级孩子，终于熬到了没有暑假作业，可以无忧无虑玩耍的假期，可没开心多久，妈妈又给她报了小升初衔接班，这让锦素有些难以接受，她甚至不想去学，可妈妈硬逼着她上，无奈也只有踏上小升初衔接班学习之路。

其实，刚开始父母也没想给她报班，因为锦素成绩在小学时一直名列前茅，中考成绩也不错，考上了自己理想的学校。本该是件高兴的事情，可锦素父母没过多久却发起愁来，因为他们听说很多孩子在小学时学习成绩很好，但到了初中学习成绩就下降。本想着孩子刚度过漫长而精致的小升初考试，身心俱疲，让孩子放松一段时间再努力也来得及，可看着外面很多培训机构都是小升初衔接班，身边也有不少孩子都报了名，于是她妈妈去咨询是否有必要给孩子也报个班。经过一番权衡，也就下定决心给锦素报了个小升初衔接班。

虽然锦素刚开始有些不太情愿，甚至有些反抗，可终究拗不过父母，只是前面几天闹点小脾气，后面还是规规矩矩地学习。事实证明妈妈逼她一把的决定是对的，步入初中后，学科从三门一下增加到七门，锦素经过小升初班的学习很快就进入初中生的状态，学习起来很轻松，也更能轻松地理解老师所讲解的内容，半期考后锦素仍然是名列前茅。

到底要不要给孩子上小升初衔接班？很多家长也为此困惑，各有各的看法，基本上也是两面倒，仁者见仁智者见智，我觉得要看条件。

担忧小学和初中学习科目和老师教授方法不一样，害怕孩子一下适应不了的家长，可以选择提前让孩子感受一下初中的学习氛围，但最好不要逼迫孩子去学。我们都知道小学六年级升学后是没有暑假作业，孩子们可以肆意地玩耍，家长又忙于上班，无暇管理孩子。很多孩子处于过度自由的状态容易沉迷于电视或者上网。如果不想孩子整日玩着手机、电脑，就可以给孩子适当的安排学习。

当然，有一些孩子本来小学成绩就不太理想，这个时候家长更不能让其放松，应该抓紧小升初暑假这个过渡期，给孩子补一补基础知识，只有打好基础才能跟得上进度。

上小升初衔接班学习知识都是次要的，关键是孩子学习方法、学习习惯、学习心理的衔接。让孩子学会科学合理地安排时间，培养自主学习能力和良好的学习习惯，并让他们爱上学习。掌握多少知识不应该是学习的最终目的，培养孩子爱学习、会学习的能力才能受用终身。

10.4 上作文培训班百利而无一害

作文对于学生们来说非常重要，是语文课必不可少的一部分。小学三四年级学生就开始写作文，一直延续到高考，甚至以后步入社会、参加工作，也需要写个总结、报告什么的，这都需要有一定的写作功底。

目前高考语文试卷阅读和作文基本上是六四开，作文占 60 分，可见其重要性，是高考拉开分数差距的地方。万丈高楼平地起，如果孩子在小学时候没有打好基础，对作文毫无兴趣，甚至厌恶，自然也写不好作文，这将是一个无底洞，会影响孩子的一生。

写作文是很多孩子最头疼的一件事，小邓爸爸说他自己小时候最害怕写作文，每次拿到作文题目头脑都一片空白，作为过来人他知道作文的重要性。为此，小邓刚上小学就要求儿子写日记，他跟儿子讲只要把“时间、地点、人物、起因、过程、结果”六要素大概写一下就可以，哪怕是流水账。小邓爸爸的初衷就是想让儿子多动笔，锻炼他的写作能力。

小邓写的日记也都是“今天我和爸爸去公园玩了，我很开心。”“我爱爸爸，我爱妈妈，爸爸爱妈妈，爸爸爱我，妈妈爱我。”诸如此类的，一家三个人互相爱来爱去，这日记虽说有点搞笑，但不管怎么样他也算是动笔写了。

虽然从小他就让小邓多动笔写，可效果甚微，大概辅导方式不对，等小邓开始学写作文的时候就像爸爸写作文时一个状态，坐在那冥思苦想，也只写了个题目在那，正文一个字都写不出来。那时候他们老师一周布置一篇作文，看到小邓写个作文这么费劲，爸爸也只有告诉他怎么写，这样每周的作文总算是交了差。

后来，小邓爸爸实在没辙了，就在小区旁边针对性地给小邓报了一个作文辅导班，可学了段时间，小邓依然是原地踏步。后来爸爸一问才发现，原来小邓每次在老师那，老师也大概讲一下架构，然后命题作文，孩子们写个作文交给老师评判一下，没怎么教孩子实际性的东西。这可怎么办，后来爸爸给小邓换了一个作文辅导班。

这个班老师的教学方法截然不同，他要求家长给孩子们买很多优秀作文书，让孩子们没事就多读优秀作文，然后每周必须做摘抄，把看到作文书里的好词好句摘抄下来。每周还要求写周记，把孩子自己看到的、想到的表达出来，或许写一些感兴趣的事。

小邓经过一段时间的培训，虽然说谈不上写得多优秀，但至少能独立完成。每次老师评价也都是良，偶尔老师还点评一下他的词和句子用得好，小邓爸爸说那些都是读优秀作文上的好词好句运用了起来，是一个大的提高。

其实写作文就是模仿和学习，关键在于培养兴趣，另外就是多读多写，鲁迅曾说："文章应该怎样做，我说不出来，因为自己的作文，是因为多看和练习，此外并无心得和方法"，让孩子多看一些优秀作文书，多动笔写，这就是提高作文能力的一大途径。

在写作方面有些欠缺的孩子，家长可以让孩子去参加一下作文培训班，在专业老师的指导下进行系统地写作培训，这样才能事半功倍，为孩子的学业和将来打好基础。

不过，在选择作文培训班时，也要谨慎选择，一定选择那些能教孩子写作方法的专业培训机构，为孩子选择一个专业的老师，让孩子真正提高写作方法、写作技能，并爱上写作文。

孩子上作文培训班的好处

小学阶段是培养孩子语言的关键时期，写作水平的培养和兴趣的培养对孩子十分重要，作文培训很有必要，好处也很多。

（1）提高写作能力

多看一些优秀作文，词汇量累积就会越来越多，看到的一些好词好句可以运用到自己文章中去，别人的写作技巧、结构都可以借鉴和学习，孩子通过系统地学习，可以很好地提高写作能力。

（2）为以后奠定基础

不管是读书时代还是步入社会参加工作，孩子们都离不开写作。可以说孩子的写作能力影响其一生，从小学好写作，为孩子奠定坚实的基础，这将对孩子一生都有益。

（3）提高文学素养

上作文培训班能增强孩子的遣词造句能力，提升其语言表达能力和文学素养。

（4）增强各方面能力

写作需要对生活中各种感兴趣的事情细致观察，然后通过写作搭配艺术加工的方式展现出来，同时加入自己的感想感悟，这些就需要孩子认真观察生活，提高了孩子对生活的感悟力以及联想、想象能力。

（5）为考试提分

作文在语文考试中占很大比例，作文写得好，分数自然高，这对孩子的考试提分很有帮助，尤其以后高考。

作文培训班适合什么孩子什么年龄

现在学校都是三四年级左右就开始写简单的作文，写一些记叙文，记人记事，这个时候虽然要求不高，只需要孩子能清晰地、有条理地表达自己的想法即可。一般作文培训班也都是这个时候上合适，孩子太小去学这个也没必要，另外就是一般也都是孩子有需求的、需要加强的，进行有针对性地学习。

10.5 阅读是孩子基础教育的“重头戏”

古人云“书中自有黄金屋，书中自有颜如玉。”由此可见，古人对阅读是多么的情有独钟。其实阅读好处多多，不仅可以让我们从中获得知识，还能让无知的人变得有学问。培根曾说过：“读书使人明智，读诗使人聪慧，演算使人精密，哲理使人深刻，道德使人高尚，逻辑修辞使人善辩。”这句话高度概括了读书的益处。

现在教育体制下也十分注重学生的阅读能力，像高考就是现代文阅读、文言文阅读，然后作文。阅读比例占 60%，增加了阅读量，对学生的阅读速度和阅读能力要求都非常高，阅读也是孩子基础教育的“重头戏”。

从小，豆豆学校的老师总是要求他们买各种各样的课外书籍阅读，要求他们读国内外名著小说。为此，妈妈给他也买了很多，书架上摆得满满当当。

豆豆妈妈刚开始确实有一些担忧，觉得课外阅读会影响孩子的学习，就像自己上学时老师不准看课外书籍，一经发现还要没收。现在的孩子，老师还要求他们看，提倡孩子们多看，真有点天壤之别。

可没想到她的担心多余的，其实豆豆根本就不爱读书，虽然老师要求他们读各种课外书，妈妈也按要求给他买了很多，可那些书也只是安静地“躺在”书架上。豆豆都难得看一次，大多都还是新的，每次妈妈叫他看书，他也都是重复拿着桌上那本翻过来翻过去，到底看没看不知道，反正妈妈催促他的话，他就会拿着书做做样子。

豆豆不爱看书，不喜欢阅读，妈妈可苦恼了。后来，朋友介绍说培训机构有阅读培训班，专门针对这些不爱阅读的孩子，可以培养他们的阅读兴趣。豆豆妈妈也就给豆豆报了阅读班。

在阅读班里，老师有一套专门针对这些不爱阅读的孩子的教学方法，课堂气氛很活跃，老师选择了一些有故事情节的书籍吸引孩子，通过一些引人入胜的故事，跌宕起伏的情节，再加上一些角色扮演等游戏环节来帮助孩子爱上阅读。

上了一段时间的阅读班后，豆豆真的由从不阅读转变成爱上阅读，他被书中的故事吸引着，有时候还爱不释手，想一口气把一本书读完，就这样豆豆看的书越来越多，也慢慢地养成了爱阅读的好习惯。

其实，有时候孩子不爱阅读很大的原因就是在于孩子觉得书无趣。在阅读班里老师会根据孩子的年龄段推荐孩子们阅读的书籍，并选择那些最适合孩子阅读的经典书籍。一本好书、一个好的故事情节，会让孩子觉得很有趣，孩子自然也就爱上了阅读。

孩子不喜欢阅读，可以考虑为孩子选择一个阅读兴趣班，着重培养一下孩子的阅读能力，通过老师专业的教导，让孩子爱上阅读。在为孩子选择时，可以先带孩子去感受一下阅读班的氛围，了解一下老师的教学方式，如果孩子也喜欢，对孩子也有帮助，那么就可以考虑给孩子选择报班，最好不要强迫孩子报班，否则会适得其反。

孩子学习阅读的好处

阅读是一种非常好的习惯，不仅可以丰富知识面，更是对人格上的熏陶。

（1）阅读好习惯受益终身

课外阅读有助于培养自主学习的好习惯，如今网络疯狂的时代，孩子的注意力总是被网络所吸引，如果我们给孩子一本好书读，这样他的注意力就被转移到书中去，如此一来他就会远离网络，投入到有趣的故事世界里。从小培养孩子好读书、读好书的习惯，定会让孩子受益终身。

（2）阅读有助于陶冶情操，培养孩子良好品德

一本好的书籍是正能量的，那些有着光辉形象的书籍，主人公都有着美好品格，很容易打动读者的心灵，很容易和孩子心里达成共振。读这样的书籍有助于孩子形成良好道德品德，也能提高孩子们的道德素质，一本好书，可以影响孩子的一生，可以教孩子明辨是非，有所为有所不为。

（3）阅读有助于开阔视野

知识是人类进步的阶梯，而阅读恰恰是了解人生和获取知识的重要手段和途径。阅读课外书给了孩子们另外一种拓宽知识面的平台，更多的课外阅读有助于开阔视野，有助于培养广泛的兴趣爱好，有助于增长见识，甚至可以让学生足不出户便知天下事。

（4）阅读课外书有助于扩充词汇，提高写作技能

读的书越多，孩子碰到的词汇也就越多，词汇量也就增加得越多。孩子可以通过阅读他人作品中学到好词好句，而用词得当与好坏在任何学习和工作中

都很重要。阅读扩大了孩子的阅读面，丰富了知识量，可以将之运用到写作中去，从而提高孩子的写作技能，提高孩子的文学素养。

（5）阅读可以锻炼思维能力，发展智力，提高记忆力

持续不断的课外阅读，对锻炼思维能力、发展智力，起着巨大的作用，同时还可以提高记忆力，当读一本好书的时候，我们总会记住书中各种有趣、美妙的情节。

（6）阅读有助于增长知识

阅读得越多，掌握的知识也就越多，对于将来所面临的各种挑战，也就准备得越充分。或许有一天我们会失去工作、会失去财产、会失去金钱，甚至会失去我们的健康，所有的一切我们都可能失去，唯独知识我们永远不会失去。

（7）阅读有助于培养气质

读书的孩子让人感觉是那么的优雅，言谈举止总是显示着一种特有的气质，这种气质将会伴随孩子的一生。俗语“一天不读书，根本看不出；一周不读书，出口就爆粗；一月不读书，智商输给猪”说的正是这样的道理。读得万卷书便可行万里路，孩子所接触的层面更广，在与他人交谈时就不会显得胸无点墨。

（8）阅读可以让生活丰富多彩

如今花花世界，孩子们的生活过得貌似丰富多彩，网络的高速发展丰富了孩子们的世界，可却慢慢让他们远离另一个世界，那就是书的世界。读书可以让精神变得更加丰满，可以让我们的生活变得更有情趣、更有品质，更美好。

（9）阅读有助于减轻压力

孩子正处于青少年时期，学习生活中难免会遇到各种压力及不愉快的事情，一本好的小说、一个好的故事、一段好的情节，带领孩子来到另一个境界，分散着孩子的注意力，让孩子身上的压力都消失殆尽。忘记压力享受着轻松愉悦。

阅读兴趣班适合什么年龄的孩子

孩子只要开始识字就可以阅读，一般来说 3 岁左右就适合了，这个时候孩

子开始学习拼音并认识一些字，父母再指导一下阅读完全没问题。

3 岁以下的孩子，由于不识字，可以由父母给孩子阅读，让孩子听，比如讲一些睡前故事。

10.6 国学从小该学

近年来传统文化已成为了热门。国学教育也受到了众多家长的热捧，一些幼儿园、学校甚至把国学当成基础课程，传统文化的厚重和底蕴让浮躁的我们感受到了不一样的精神。

国学兴趣培训班也应运而生，一个个穿着汉服的孩子英姿飒爽地学着传统文化。

让孩子学国学，应该是除了艺术类兴趣班之外的又一个热门，让孩子从古人的言行、思想中学到如何做人、做事，培养其人生素养，是很多家长让孩子学习国学的原因。

缺啥补啥，传统文化的缺失让很多家长着重给孩子“加餐”，孩子除了学习成绩，还应该学会为人处世。有人说，中国式父母的悲哀就是孩子只会读书，其他的什么也不会。

曾在网上看到一篇文章，一网友吐槽自己 10 岁小侄子。他成绩出类拔萃，却嫌弃自己父母配不上如此好的自己，他的价值追求就是努力优秀，早日脱离无知无能的家庭。

父母把孩子捧在手心，放在心尖上，付出了自己能给的最好的，却被自己的孩子所嫌弃，真的是有点悲哀，父母竭尽全力培养出来的是一个不懂得感恩的“白眼狼”。

父母全身心的爱让孩子觉得是理所当然，一些孩子都没有感恩之心，国学文化恰恰能让孩子学到这些。西方国家有感恩节，而国学文化里关于感恩的价值观念尤为深入人心，像“知恩图报，善莫大焉”“羊有跪乳之恩，鸦有反哺之义”“父恩比天高，母恩比海深”这些都广为流传。

朋友的孩子小坤就是国学的受益者，他学国学已有四年，除了语文成绩大大提升外，朋友给他最大的评价就是“孩子很懂事”。在外人看来，小坤也的确非常懂事。

有一次周末，朋友有事外出，她将两个孩子小坤和小艺托我照看一天。在家玩了半天后，他们要我带他们出去玩，其实我不太想带孩子出去，毕竟涉及到安全问题不好管理。

我带着他们去公园玩，三个孩子跑来跑去的，我生怕他们跑丢了，又或者摔了碰了，尤其是朋友的两个孩子都比较小，这要是出点问题咋办。我跟着他们三个后面跑着，还真是累。

玩了一会，三个家伙累了，饿了，想吃东西，在一个小摊上一人买了一个饼吃。可能是真的又累又饿，儿子和小艺几下就吃完了，唯独小坤只吃了半个，留了一半。

我问：“刚才不是说饿了吗？怎么只吃了一半，不好吃吗？”我催他吃，可小坤说等下吃，就把半个饼留在塑料袋里提着。

过了一会儿我又给他们买了些蛋糕，和刚才一样，大家都吃完了，小坤又留了一半不吃，我有些不解，这孩子到底因为啥。正常人想法可能是觉得好吃要慢慢吃，大概小坤是想留着慢慢吃，可一路上他光提着个塑料袋，里面的半个饼和面包也没见他吃过。

后来我们又去吃了串串，带着孩子又吃又玩，一天照看孩子的任务总算完成，送小坤和小艺回家时，他手上依然提着那个塑料袋。我心想，这家伙还真留得住，原来是要回家再吃。

然而我错了，小坤见到妈妈第一件事就是把塑料袋交给妈妈说：“妈妈，这是我给你留的，叔叔请我们吃的，我们还吃了串串，可惜没法带回来给你。”

小坤拿出来塞给妈妈吃，他妈妈很淡定地吃着小坤给他留的。这一刻，我被震撼了，不解地问他：“你都不感动啊？”

她说：“习惯了。”第一次超感动，现在习惯了，小坤吃东西都要给她留。我终于知道了小坤为什么不舍得吃了，原来是给妈妈留着，小坤一个小小的举动，让我知道这就是感恩。

同样是她的孩子，小坤和小艺却截然不同，就因为他受过国学的熏陶，而小艺没有。

国学文化博大精深，教会孩子为人处世是对孩子最大的益处。

孩子学习国学的好处

国学是中国传统文化的精髓。学习国学好处也非常多。

（1）记忆力得到锻炼

人的大脑越用越灵活，让孩子学习国学，经常诵读经典，长期坚持，孩子的大脑能得以开发。加上孩子本身在这个年龄是记忆力最旺盛的时刻，能很大程度地锻炼孩子的记忆力。

（2）增强语文基础能力

学习国学，可以让孩子多认识字词，奠定语文基础，而语文基础好是一切知识学习的基石。在学习和朗诵古典文学经典的同时，孩子也学习了优美经典的文字、语句、文章，为孩子今后语文课程的学习打下了良好的基础。

（3）奠定道德根基

国学经典作品如《弟子规》、《道德经》等，都提倡尊师、孝道，让孩子从小学习国学，可以让他从小明白孝敬长辈、尊敬师长的道理，奠定道德根基。

（4）丰富语言表达能力，培养语言节奏感

古代的一些经典著作语言都是很精炼的，像三字经、弟子规，三字一停顿，读起来朗朗上口，让孩子们在学习和诵读的时候有节奏感、有感染力。边读边背，丰富了孩子的语言表达能力，同时也培养孩子的语言节奏感。

（5）养成良好的阅读习惯

三岁看大、七岁看老，孩子的习惯养成非常重要。学习国学的孩子，每天阅读经典几十分钟，对孩子而言是一种很好的坚持，同时也培养了孩子良好的阅读意识、阅读兴趣和阅读习惯。

（6）培养孩子良好品质

国学传统文化中有很多宝贵的教人为人处世的道理，比如《论语》中很多经典的语句。孩子在诵读时不仅能提高知识面，更是在潜移默化中学到了中国传统文化及其中包含的美德，培养起良好的人文素养、心理品质、道德品质和人生修养。

（7）提高写作能力

学习国学经典，尤其是一些经典语句，孩子可以学以致用，这对提高孩子们的写作能力是非常有好处的。

（8）学会为人处事之道

国学经典里很多内容都是教人如何为人处世的，这些圣人的思维和言行无形地教导我们的孩子学做人、做事以及如何和他人相处。

（9）提高普通话水平

学习国学经典，就需要经常诵读，还要听一些标准的国学经典音频，在跟读、诵读的过程中，能纠正孩子的发音，提高其普通话水平。

国学兴趣班适合什么孩子什么年龄

孩子接触国学，当然是越小越好。

4 岁以前的孩子，记忆是无意识、无目的、短暂的，属于机械记忆，虽然这时候记忆力强，但他不理解其中的含义，这个年龄段的孩子，父母可以让他多听国学，为以后的学习打下基础。

4 岁左右的孩子开始学习国学比较合适，因为孩子已经开始识字了，也变得有意识，理解能力也达到了一定的程度，这个时候就可以听、读、背诵并理解。孩子通过识字和对经典语句的记忆、理解应用于生活，在提高语文成绩的同时提高综合素质，这个年龄学习国学为最佳年龄。

附录
各类技能开始学习年龄

大类	兴趣班类别	建议开始学习年龄
艺术类	舞蹈	4~5 岁 专业 10 岁 +
	钢琴	4~5 岁
	古筝	5~6 岁
	小提琴	5~6 岁
	架子鼓	4 岁
	葫芦丝	7~8 岁
	萨克斯	7~8 岁
	音乐	3~6 岁
书法类	绘画	4~5 岁
	国画	6~10 岁
	水粉水彩	初中
	素描	初中
	油画	9~10 岁
	蜡笔画	3 岁
	钢笔字	6~8 岁
	毛笔字	7~10 岁
运动类	乒乓球	6~10 岁
	足球	7~9 岁
	篮球	6~10 岁
	排球	7~8 岁
	羽毛球	6 岁
	游泳	4~8 岁
	轮滑	4~6 岁
	跆拳道	4~7 岁
	武术	4~7 岁
思维类	围棋	4~6 岁
	象棋	4~6 岁
	编程	7~12 岁
	机器人	3~8 岁

续上表

大类	兴趣班类别	建议开始学习年龄
语言类	小主持人	5 岁
	演讲	5~7 岁
	口才	4 岁
	英语	4~7 岁
	朗诵	6 岁
手工类	剪纸	3 岁
	折纸	4~5 岁
	陶艺	4~5 岁
	泥塑	6~8 岁
学科类	奥数	8~9 岁
	珠心算	4~6 岁
	作文	8~9 岁
	阅读	3 岁
	国学	4 岁